Carola Kuhlmann

„So erzieht man keinen Menschen!"

Carola Kuhlmann

„So erzieht man keinen Menschen!"

Lebens- und Berufserinnerungen
aus der Heimerziehung
der 50er und 60er Jahre

VS VERLAG FÜR SOZIALWISSENSCHAFTEN

Bibliografische Information Der Deutschen Nationalbibliothek
Die Deutsche Nationalbibliothek verzeichnet diese Publikation in der
Deutschen Nationalbibliografie; detaillierte bibliografische Daten sind im Internet über
<http://dnb.d-nb.de> abrufbar.

1. Auflage 2008

Alle Rechte vorbehalten
© VS Verlag für Sozialwissenschaften | GWV Fachverlage GmbH, Wiesbaden 2008

Lektorat: Stefanie Laux / Monika Mülhausen

Der VS Verlag für Sozialwissenschaften ist ein Unternehmen von Springer Science+Business Media.
www.vs-verlag.de

Umschlaggestaltung: KünkelLopka Medienentwicklung, Heidelberg
Druck und buchbinderische Verarbeitung: Krips b.v., Meppel
Gedruckt auf säurefreiem und chlorfrei gebleichtem Papier
Printed in the Netherlands

ISBN 978-3-531-15814-3

Inhalt

1 Einleitung: Nur Schläge im Namen des Herrn?

Seit vor ungefähr drei Jahren in den Medien die entwürdigenden pädagogischen Maßnahmen in der früheren Heimerziehung zum Thema gemacht wurden, hat sich die Debatte um „Schläge im Namen des Herrn" noch nicht wieder beruhigt. Zwar überraschten viele der beschriebenen Missstände nicht, denn sie waren bereits während der Heimrevolten Ende der 1960er Jahre zum Skandal gemacht worden (Brosch 1971, Gothe/Kippe 1975; Homes 1981). Aber die nicht nachlassende Entschiedenheit, mit der ehemalige „Heimkinder" ihre zum Teil traumatischen Erlebnisse auf die Tagesordnung setzten, war neu. Neben zahlreichen Zeitungsartikeln, Fernsehberichten und Autobiographien[1] zu diesem Thema, fanden daher inzwischen auch eine Reihe von Veranstaltungen statt, bei denen Jugendhilfeträger Betroffene eingeladen haben, über ihre Erfahrungen zu berichten (exemplarisch: Landeswohlfahrtsverband Hessen 2006). Einige der Betroffenen haben sich inzwischen im „Verein ehemaliger Heimkinder" organisiert. Dieser Verein ist an den Petitionsausschuss des Deutschen Bundestages herangetreten und fordert neben einer Anerkennung der erlittenen Menschenrechtsverletzungen, Wiedergutmachung in Form von Rentenansprüchen, Finanzierung von Therapien sowie Anerkennung einer moralischen Schuld des Staates. Eine erste Anhörung von Betroffenen und Trägervertretern hat bereits stattgefunden, aber eine Entscheidung über die Petition steht noch aus.

Von den Kirchen forderte der Verein ebenfalls eine offizielle Stellungnahme. Bisher haben beide Kirchen vor allem auf die Tatsache verwiesen, dass die in dem Verein organisierten Menschen, nicht für die Mehrheit der „ehemaligen Heimkinder" sprechen könnten, da es auch eine große Zahl gebe, die positive Erinnerungen an ihre Zeit im Heim hätten. Misshandlungen seien auf jeden Fall nicht die generelle Praxis in den Heimen gewesen (vgl. FOCUS vom 13.8.07).

Der Streit um die Frage von Verantwortung für Schläge, Misshandlungen, Freiheitsentzug und Arbeitserziehung, um die richtige Entschuldigung oder sogar

---

1 Vgl. Höhle 2005 über Heimerziehung in der ehemaligen DDR; Graeber 2006 über lieblose und angsteinflößende Erziehung in einem süddeutschen Heim; Page 2006 über stigmatisierende Behandlung in einem katholischen Mädchenheim; Krone 2007 über Prügel und Kinderarbeit in einem rheinländischen Erziehungsheim; Hermann 2007 über sexualfeindliche, aber auch erlebnispädagogisch orientierte und positiv erlebte Heimerziehung der Salesianer; Heising 2005 als autobiographisch geprägter Roman über Missbrauch in einem Heim.

Entschädigung wurde bisher auf der Ebene der direkt Betroffenen ausgeführt. Bisher gibt es wenig wissenschaftliche Studien über diese Zeitspanne in der Jugendhilfe, die an den Alltagserfahrungen der damals Beteiligten ansetzt.

Im Rahmen eines Forschungsprojektes zur Geschichte der Heimerziehung an der Evangelischen Fachhochschule Bochum ist daher in Kooperation mit dem Neukirchener Jugendhilfeinstitut im Frühjahr 2007 eine systematische Studie begonnen worden, deren Ziel es war, zur Klärung der Frage beizutragen, wie realistisch die Darstellung im Rahmen der oben genannten Debatte ist und wie man mit den Erlebnissen von Menschen umgehen sollte, die in dieser Zeit im Heim lebten.

Ein wesentlicher Faktor, der zu einer solchen Klärung beitragen kann, besteht darin, dass im Rahmen dieses Forschungsprojektes neben ehemaligen Kindern und Jugendlichen, die im Heim waren, auch ehemalige Mitarbeiterinnen aus Heimen befragt wurden, um auch deren subjektive Sichtweisen zur Sprache zu bringen. Obwohl sich diese Sichtweisen in einigen Punkten unterschieden, so lassen sie sich doch in Bezug auf die Verurteilung der pädagogischen Methoden der früheren Heimerziehung mehrheitlich auf einen Nenner bringen, welcher sich im Titel des vorliegenden Buches zusammenfassen lässt: „So erzieht man keinen Menschen." Dieser Satz ist ein Zitat aus dem Interview mit einer Frau, die als 12jährige in die Heimerziehung kam. Sie antwortete damit auf die Frage nach den damaligen Erziehungszielen. Diese – so die Befragte – habe sie aus den Strafen, die sie zu erleiden hatte, nicht herauslesen können. Sie musste einmal die ganze Nacht auf dem Flur stehen, weil sie im Schlafsaal laut gelacht hatte. Das sei definitiv unmenschlich gewesen und habe bestimmt *nicht* dem Ziel gedient, einen Menschen aus ihr zu machen.

Menschen zu erziehen – selbständige, kritikfähige, emotional gesunde – bei dieser Aufgabe hat die damaligen Heimerziehung offenbar versagt und das nicht nur, weil ihre Rahmenbedingungen dies nicht ermöglichten oder das Ziel der Erziehung vorrangig noch im Gehorsam der Kinder bestand. Menschen zu erziehen gelang ihr auch deshalb nicht, weil die damaligen Erziehungsmethoden die Menschenwürde der Kinder in sehr vielen Fällen missachtete. Und so drückt das Zitat Kritik und Anspruch zugleich aus: Ziel der Heimerziehung hätte es sein müssen und muss es heute sein, Kinder zu Menschen zu erziehen, die die Würde anderer achten, wie man ihre Würde achtet. Da sich dem oben genannten Zitat und der damit ausgedrückten Haltung viele – wenn auch nicht alle – der Befragten anschließen könnten, habe ich ihn als Buchtitel gewählt.

An dieser Stelle möchte ich meinen Dank an alle Befragten für die Bereitschaft zum Interview und für Ihre Offenheit ausdrücken. Daneben gilt er auch den Mitarbeiterinnen aus Neukirchen-Vluyn, die mich bei der Organisation der Interviews unterstützten.

2 Zur historischen Einordnung der Heimerziehung der 50er und 60er Jahre

2.1 Entstehung der „Heimerziehung" – Minderjährigenfürsorge und Fürsorgeerziehung nach 1900

Um den Alltag und die Pädagogik in den Heimen zwischen 1950 und 1970 verstehen zu können, ist es notwendig, die Entstehungsbedingungen der Jugendhilfe zu Anfang des 20. Jahrhundert nachzuvollziehen. In die Heimerziehung kamen Kinder zu dieser Zeit aus verschiedenen Gründen, die jeweils etwas mit den zwei verschiedenen Aufgabenbereichen der öffentlichen Erziehung zu tun hatten: einerseits der kommunalen Aufgabe der Betreuung von Waisenkindern und der Vormundschaft über verwaiste und uneheliche Kinder, anderseits der Aufgabe der „Verwahrung" und Disziplinierung von „verwahrlosten" Kindern und Jugendlichen, die nicht von den Gemeinden, sondern von den Landesbehörden, den späteren Landesjugendämtern organisiert wurden. Während es bei den „Kommunekindern" – wie sie auch in den 60er Jahren noch genannt wurden – um die Betreuung und Versorgung von verlassenen oder sozial verwaisten Kindern ging, war die „Fürsorgeerziehung" und später auch die „Freiwillige Fürsorgeerziehung" als eine Art Ersatz für den Strafvollzug von Kindern entstanden. Der rechtliche Vorläufer der Fürsorgeerziehung war die sogenannte „Zwangserziehung" von 1878, die regelte, dass kriminell gewordene Kinder und Jugendliche statt ins Gefängnis in eine „Erziehungsanstalt" eingewiesen werden konnten, weil man bei ihnen noch auf eine erzieherische Beeinflussung und nicht nur auf Strafe setzen wollte (Peukert 1986).

Bei der 1900 eingeführten Fürsorgeerziehung musste zwar nicht einmal eine Straftat mehr vorliegen, um in eine Erziehungsanstalt eingewiesen zu werden, sondern lediglich eine eingetretene oder nur drohende „Verwahrlosung". Trotzdem änderte dies nichts an dem Strafcharakter der Erziehungsanstalten. Man ging weiter davon aus, dass die Erziehungsmaßnahmen durchaus als Strafe empfunden werden sollten, weil das Verhalten der Kinder oder Jugendlichen diese strafende Behandlung in den Augen derer, die die Fürsorgeerziehung anordneten, rechtfertigte.

Die oben ausgeführte Trennung in Minderjährigenfürsorge (§ 5/6 Reichsjugend-wohlfahrtsgesetz) und Fürsorgeerziehung (§ 62/64 RJWG) war auch in den 50er und 60er Jahren noch gültig und spiegelte sich im Alltag und in den Strafen der Kinder-, bzw. Erziehungsheime wieder. Kinderheime waren pädagogisch mehr auf Versorgung und Ausbildung ausgerichtet, während es in den Erziehungshei-men, die vorwiegend ältere Jugendliche (bis zur Volljährigkeit mit 21 Jahren) aufnahmen, auf Besserung und Erziehung ankam, weshalb die Vermittlung von bürgerlichen Tugenden wie Fleiß, Ordnung, Pünktlichkeit, Sauberkeit und sexu-elle Enthaltsamkeit im Vordergrund stand.

Für die Geschichte der Maßnahme der „Fürsorgeerziehung" ist entscheidend, dass der Begriff der Verwahrlosung, der als zentrale Ursache einer Anordnung zur Fürsorgeerziehung galt, nirgends klar definiert war und somit stets der subjekti-ven Interpretation der Fürsorgerinnen, Geistlichen, Richtern und Pädagogen un-terlag. Trotzdem bildete er fast ein Jahrhundert lang die Voraussetzung für das Eingreifen des Staates in das Elternrecht und für die zwangsweise Unterbringung von Jugendlichen in geschlossenen Anstalten. Verwahrlosung wurde zu Beginn des Jahrhunderts (und noch lange danach) als ein Ausdruck und eine Folge „sün-diger" Triebe gesehen. Sie konnte sich nicht nur in einem „Hang zum Stehlen und Lügen" zeigen, sondern auch – so in einem bekannten, pädagogischen Handbuch von 1903 nachzulesen – in Eigenschaften wie „Trotz", „Eitelkeit", „Hochmut", „Trägheit", „Egoismus", „Rücksichtslosigkeit" oder „sexueller Erregbarkeit" (Spitzner 1903 zum Stichwort Verwahrlosung in Rein 1903, S. 627).

Während die „objektive Verwahrlosung" die Umstände beschrieb, in denen ein Kind lebte (also bspw. Vernachlässigung), wurde mit der „subjektiven Ver-wahrlosung" bereits dem Kind selbst ein bösartiges Verhalten bescheinigt, des-sen Ursache vor allem in einem Mangel an disziplinierender Kontrolle gesehen wurde. Folgerichtung musste eine Pädagogik, die solchen Verhaltensauffälligkeit begegnen wollte, besonders streng und einschränkend sein. Vorrangiges Erzie-hungsmittel war daher die Erziehung zur Arbeit durch Arbeit.

Bei Fürsorgeerziehung reichte – wie bereits erwähnt – für die Einweisung oft lediglich die *Gefahr* einer „Verwahrlosung" (Preußisches Fürsorgeerziehungsge-setz vom 2.6.1900, § 1 Abs. 1).

Diese wurde nicht nur dann als gegeben gesehen, wenn Eltern ihre Kinder vernachlässigten oder misshandelten, sondern oft auch dann, wenn diese oder ihre Kinder kein gesellschaftskonformes, also „bürgerliches" Verhalten zeigten und damit einen Grund für das Eintreten öffentlicher Erziehung lieferten. Die Verwahrlosung und ihre jeweilige Definition und Auslegung prägte die Entwick-lung der Erziehungshilfen bis zum Inkrafttreten des Kinder- und Jugendhilfege-setzes (KJHG) von 1991.

In diesen 90 Jahren, in denen die Fürsorgeerziehung in Deutschland existierte, zählten zu den Hauptursachen der Unterbringung auf diesem Weg neben kriminellen Handlungen von Jugendlichen auch „Herumtreiben" und Schul- oder Arbeitsverweigerung, bei den Mädchen vor allem die sogenannte sexuelle Verwahrlosung. Ob ein Mädchen eine Nacht außerhalb der elterlichen Wohnung verbrachte, ob sie sexuell missbraucht worden war oder „häufig wechselnden Geschlechtsverkehr" hatte – dies alles wurde durch die Kategorie „sexuell verwahrlost" ausgedrückt. Verwahrlosung wurde aber auch häufig dann unterstellt, wenn Kinder unehelich geboren waren. Automatisch war in diesen Fällen das Jugendamt der Vormund dieser Kinder und achtete besondern auf ein möglicherweise auffälliges Verhalten dieser Kinder.

Die Bedingungen, die zu einer unehelichen Geburt führten, waren bis zur Verbreitung der „Pille" als einem zuverlässigen Verhütungsmittel über das Frauen die Kontrolle haben konnten, ganz andere als heute. Uneheliche Kinder waren in der Regel ungewollte Kinder, deren Geburt die Mütter und deren Familien gesellschaftlich abwertete. Uneheliche Mütter waren in den Augen der Gesellschaft unmoralische Personen und ihre Ächtung färbte auf die Kinder ab.

Zwar hatten bereits Vertreterinnen der „weiblichen Fürsorge" zu Beginn des letzten Jahrhunderts darauf hingewiesen, dass viele der „gefallenen Mädchen" eigentlich „zu Fall gebrachte" (Agnes Neuhaus in Hopmann 1972, S. 75) Mädchen waren, aber an deren gesellschaftlicher Position änderte dies bis zur zweiten deutschen Frauenbewegung der 1970er Jahre nichts. Erst danach wurde uneheliche Geburt nicht automatisch mit Unmoral verbunden und unehelich Geborene müssen heute nur noch selten Stigmatisierungen fürchten

Zur Klärung der Frage, was „Verwahrlosung" bedeutete und warum die Stigmatisierung durch diesen Begriff negative Folgen für die Pädagogik in den Heimen hatte, ist es wichtig, die ambivalente Rolle der psychiatrischen Wissenschaft zu beleuchten, die sich ebenfalls seit Beginn des 20. Jahrhunderts verstärkt für jugendliche Auffälligkeit zu interessieren begann.

Damals wurde das Phänomen der Verwahrlosung von vielen Psychiatern als Ausdruck einer „Psychopathologie" untersucht. Verwahrlosung erschien in dieser Perspektive nicht mehr ausschließlich als Folge mangelnder Erziehung und Pflege durch die Eltern oder als willentlicher, rebellischer Akt der Kinder und Jugendlichen selbst, sondern als Folge einer krankhaften Störung des Gehirns.

Diese Perspektive, die nicht mehr nach Sünde oder Schuld fragte, führte zunächst durchaus zu reformerischen Bestrebungen. Vor Aufnahme in eine Erziehungsanstalt sollten Jugendliche psychiatrisch diagnostiziert werden, um ihnen angemessen helfen zu können. Der Leiter des ersten deutschen Jugendamtes in Hamburg (1910) war Psychiater, und in vielen anderen Städten und Provinzen entstanden ebenfalls im Rahmen der Fürsorgeerziehung jugendpsychiatrische

Abteilungen oder Aufnahmeheime unter psychiatrischer Leitung. Um 1900 war mit diesen Prozessen noch eine Hoffnung auf bessere, angemessenere *Hilfe* für Kinder mit auffälligem Verhalten verbunden. Aber schon bald und spätestens 1933 mit der Einführung und Durchführung von Zwangssterilisierung „erbkranker" Fürsorgezöglinge war diese Hoffnung in das Gegenteil umgeschlagen. Dies ist neben der Bedeutung der Veränderung der sozialpolitischen Rahmenbedingungen hin zu sozialrassistischen Paradigmen auch auf die einseitige Forschung auf diesem Gebiet zurückzuführen, die von frühkindlichen Traumatisierungen oder der Bedeutung einer mangelnden Mutter-Kindbindung noch nichts wusste. So kamen die psychiatrischen Forschungen dieser Zeit zu Fehlschlüssen, die im Nachhinein betrachtet nichts bewiesen, als die Voreingenommenheit eben dieser Forscher.

Als Beispiel mag hier eine bis in die 1950er Jahre viel zitierte Untersuchung von Gruhle gelten, der Anfang des Jahrhunderts anhand der Lebensläufe von 105 Zöglingen aus einer badischen Zwangserziehungsanstalt meinte beweisen zu können, dass bei 82% dieser „schlimmsten Elemente" die Veranlagung und nicht das Milieu eine Rolle gespielt habe.[1] Es gehört zu den großen Versäumnissen der Zeit nach dem Zweiten Weltkrieg, dass diese Forschungtradition, die in der NS-Zeit besonders im Vordergrund stand, auch in den 50er und 60er Jahren im Rahmen der Jugendhilfe nicht in Frage gestellt wurde und dass beispielsweise die Marburger Psychiatrieprofessoren Hermann Stutte und Werner Villinger eine im Dritten Reich begründete akademische Karriere mit erbbiologisch orientierten Studien im Bereich der Jugendhilfe fortsetzen konnten (Stutte 1958; Villinger 1962).

2.2 Erste reformpädagogische Ansätze in der Heimerziehung im Weimarer Wohlfahrtsstaat

Im Reichsjugendwohlfahrtsgesetzt (RJWG) von 1922 wurde die Ausführung der Minderjährigenfürsorge wie auch die Fürsorgeerziehung geregelt und zugleich als Aufgabengebiete einer neuen Institution definiert, dem Jugendamt, bzw. dem Landesjugendamt. Das Jugendamt als Anwalt des „Wohls des Kindes" sollte die Bedürfnisse *aller* Jugendlichen, der gefährdeten wie der nicht gefährdeten, vertreten und war selbst der institutionelle Ausdruck vielfältiger Reformbestrebungen der Jahrhundertwende. Als Amtsvormund hatte es die Rechte der unehelichen Kinder und Waisen zu schützen sowie die Kinder zu beaufsichtigen, deren Eltern das Recht auf Erziehung ihrer Kinder eingebüßt hatten (§ 1666 BGB). Die vom Jugendamt beauftragten Familienfürsorgerinnen hatten die Aufgabe, dro-

---

1 Vgl. ähnliche Studien wie z.B. Gregor/Voigtläner 1918, die eine erbliche Belastung von 85-95% behaupteten, in: Kuhlmann 1989, S. 78ff.

hende oder bereits eingetretene Verwahrlosung zu erkennen und – wo notwendig – eine Unterbringung in einer Anstalt oder einer Pflegefamilie zu veranlassen. Die Landesjugendämter übernahmen als Fürsorgeerziehungsbehörden die Beaufsichtigung der konfessionellen Anstaltserziehung. Züchtigungen und Arreste der Zöglinge beispielsweise mussten gegenüber dieser Behörde nun vertreten und begründet werden (vgl. Kuhlmann 1989, S. 26ff.).

Gesetzlich festgelegt und bis heute (auch im KJHG) nicht revidiert wurde das sogenannte Subsidiaritätsprinzip, das eine Arbeitsteilung der freien Träger (hier der konfessionellen Anstalten und Fürsorgevereine) und der öffentlichen Träger (Jugendämter) vorsah. Anders als im Schulbereich konnten und können daher Reformen (auch pädagogischer Art) nicht einfach von der öffentlichen Seite eingeführt und durchgesetzt werden. Obwohl nach 1918 immer mehr ausgebildete Fachkräfte – im Wesentlichen aus den neu gegründeten Wohlfahrtsschulen – im Rahmen der freien und öffentlichen Jugendwohlfahrt tätig wurden, setzten sich genuin pädagogische Reformdebatten nur mühsam durch. Menschen, die im Rahmen der Jugendwohlfahrt im besonderen Sinne pädagogisch interessiert waren, fanden sich in der „sozialpädagogischen Bewegung" zusammen, aus der heraus auch die „Gilde Soziale Arbeit" hervorging, die regelmäßig Tagungen und Treffen organisierte und zum Sprachrohr der reformorientierten Pädagoginnen und –pädagogen im Bereich der Jugendwohlfahrt wurde (Dudek 1988). Allerdings beeinflussten sie weit mehr die öffentliche Diskussion als die Praxis der Kinderheime und Erziehungsanstalten, die erst um 1980 einen wirklichen Bruch mit der Tradition der alten „Zwangserziehung" vollzog. Allerdings soll hier darauf hingewiesen werden, dass es durchaus bereits in den 1920er Jahren massive Kritik an der Strafpädagogik der Heime gegeben hat. Diese Kritik wurde nicht nur im Rahmen der „Anstaltsskandale" um 1930 von Sozialdemokraten und Kommunisten – vorwiegend politisch motiviert – formuliert, sondern wurde auch von pädagogischen Fachvertretern geäußert (zusammenfassend in Herrmann 1956).

Es gab bis 1933 zwar nur wenige, für die fachlich-pädagogische Entwicklung jedoch sehr bedeutsame Reformprojekte, die einen anderen erzieherischen Umgang mit den Kindern und Jugendlichen forderten und umsetzten, wie es bis dahin üblich war. Eines davon war der Lindenhof in Berlin, welcher von Karl Wilker geleitet wurde, ein anderes das Westendheim in Frankfurt, in dem Paul Verleger tätig war, daneben kann auch das Mädchenheim des Jüdischen Frauenvereins in Isenburg, das Bertha Pappenheim leitete, zu den Reformprojekten zählen (vgl. Wilker 1921; Herrmann 1956; Heubach 1994).

In diesen und einigen anderen reformpädagogisch orientierten Heimen wurden Körperstrafen und andere Zwangsmaßnahmen wie Einsperren abgelehnt. Man versuchte auffälligem Verhalten mit Verständnis zu begegnen, wobei Bezüge zu Alfred Adlers Theorie vom Minderwertigkeitsgefühl aufgegriffen (Verleger) oder eine liberalere Sexualtheorie (Pappenheim) vertreten wurden. Auch die soziale Lage der Armutsbevölkerung in der „Großstadt" spielte in diesen Arbeitsansätzen eine Rolle für die Erklärung von Auffälligkeiten sowie die Kriegsfolgen. Auch wurde eine „Pathologisierung", wie sie durch die Psychiatrie geschah, abgelehnt. In einigen Projekten fanden sich Selbst- bzw. Mitbestimmungsmöglichkeiten der Jugendlichen (Jungengericht, Rat, etc.).

Besonders die „sozialpädagogische Bewegung" forderte auch eine neue Ethik des Erziehungsverhältnisses. Es sollten „echte", d.h. engagierte Beziehungen zu den Zöglingen entwickelt werden, die auf der Achtung der Persönlichkeit des anderen fußte (Kameradschaftlichkeit) und auf einer gemeinsamen Alltagsbewältigung (vgl. Nohl 1935; 1965; Herrmann 1956; Dudek 1988).

Dass man Körperstrafen ablehnte bedeutet aber nicht, dass Werte wie Disziplin, Ordnung oder Fleiß abgelehnt wurden. Im Gegenteil sollten diese Werte gründlicher verankert werden, indem die Kinder sie aus Einsicht, durch eine „Selbstdisziplinierung" verinnerlichten. In vielen Reformprojekten gab es eine starke Orientierung an asketischen Idealen der Abstinenz (nicht rauchen, trinken, keine „Luxusartikel" genießen).

Wie bereits erwähnt waren diese Heime Ausnahmeerscheinungen. In der Regel war der Heimalltag zu über 90% nach wie vor von strenger Unterwerfung der „Zöglinge" unter die Anstaltsordnung und –disziplin gekennzeichnet. In fast allen Heimen war Arbeit über dem Spiel und Gehorsam über der Selbstbestimmung angesiedelt.

Auch geriet die sozialpädagogische Bewegung schon vor 1933 zum Teil an ihre selbstverantworteten Grenzen. Das lag unter anderem daran, dass man weder mit dem Appell an die Selbstdisziplin, noch mit dem „echten" Beziehungsangebot oder mit dem Glauben an den „guten Kern" in jedem Menschen allein dem begegnen konnte und kann, was früher unter dem Begriff der „Verwahrlosung" zusammengefasst wurde und was wir heute mit Begriffen wie „dissozial", „verhaltensauffällig" oder „besonders problembeladen" ausdrücken. Erst die tiefenpsychologisch argumentierenden Arbeiten von Bruno Bettelheim, Alfred Adler, Fritz Redl, Helm Stierlin, Alice Miller, Horts Eberhardt Richter und andere haben gelehrt, Verhaltensauffälligkeiten auch als Folge und Verarbeitung erlittener Gewalt und/oder Vernachlässigung zu verstehen und darauf angemessen zu reagieren. Dieses zu berücksichtigen blieb und bleibt bis heute eine Aufgabe professioneller Kinder- und Jugendhilfe.

Viele reformpädagogische Projekte und Ideen fanden nicht erst 1933 ein Ende, sondern gerieten bereits um 1929 in eine tiefe Krise. Die Jugendwohlfahrt bekam es zu dieser Zeit mit drei Gegnern zu tun, die auch in späteren historischen Phasen die öffentliche Erziehung immer wieder herausforderten. Während der Weltwirtschaftskrise reagierten die Jugendämter auf den ökonomischen Druck mit stark verringerten Überweisungen in Anstalten und vorzeitigen Entlassungen. Es kam zu einem großen „Anstaltssterben" – viele traditionsreiche Einrichtungen mussten ihre Arbeit aufgeben (auch das Westendheim).

Zum zweiten wuchs die politische Kritik, die Anfang der 30er Jahre von den stärker werdenden Kommunisten geäußert wurde. Diese sahen in der Fürsorgeerziehung ein Unterdrückungsinstrument der herrschenden Klasse, die die proletarische Jugend der eigenen Klasse zu entfremden versuchte. Es kam zu zahlreichen Anstaltsrevolten, die von den Parteien unterstützt wurden und in denen von „mittelalterlicher Foltererziehung" und „Zöglingshöllen" die Rede war (Kuhlmann 1989, S. 33).

Die dritte und bedeutendste Krise wurde jedoch durch die Debatte um die sogenannte „Unerziehbaren" ausgelöst. Viele der reformorientierten Mitarbeiter der Anstalten und Behörden hatten in dem Klima ökonomischen und politischen Drucks bereits resigniert und setzten diesen Diskussionen nur noch halbherzigen Widerstand entgegen. Die Ausgrenzung der Unerziehbaren schien nicht nur Kosten und Ärger zu sparen. Auch war es entlastend, wenn diejenigen, die sich den reformpädagogischen Bemühungen um Integration verweigerten als „Kranke" nun an die Psychiatrie abgegeben werden konnten (vgl. den Fall des Zöglings Georg Glaser, in: Dudek 1988, S. 167ff.) Das Thema „Unerziehbarkeit" stand schon bald auf der Tagesordnung jeder Fachtagung.

Dass sich leider auch viele engagierte Vertreter der sozialpädagogischen Bewegung einiges vom Nationalsozialismus versprachen – nicht zuletzt eine möglicherweise schnellere Durchsetzung ihrer Reformen, dafür steht neben Selbstaussagen früherer Sozialarbeiterinnen auch der Rundbrief der „Gilde Soziale Arbeit", in dem es heißt, dass sich wohl vieles von dem, was die Jugendbewegung immer gewollt habe, nach 1933 verwirklichen lassen werde (Dudek 1988, S. 194).

Der Preis für die folgenden Reformen (Ausbreitung von Mütter- und Erziehungsberatungsstellen, Jugendheimstätten etc.) war die Ausgrenzung der „Unerziehbaren" und dieser Preis schien nicht zu hoch zu sein. Denn die Ausschöpfung aller, auch reformpädagogischer Mittel hatte schließlich auch zu einer besonderen Frustration geführt, die in Hass gegen diejenigen Zöglinge umschlagen konnte, die sich trotz der „kameradschaftlichen" Bemühungen weiterhin widersetzten und auffällig verhielten.

2.3 Abwertung der Fürsorgeerziehung als „Minderwertigenfürsorge" im Nationalsozialismus

Schon gleich zu Beginn des „Dritten Reiches" begann im gesamten Bereich der früheren „Wohlfahrtspflege" und damit auch im Bereich der Heimerziehung eine Kampagne gegen die sogenannten „Ballastexistenzen", gegen angeblich durch Erbkrankheiten zu „asozialen Elementen" gewordenen Menschen, worunter Prostituierte, Straftäter, Alkoholiker und eben auch Fürsorgezöglinge gezählt wurden.

Hermann Althaus, der das Amt für Wohlfahrtspflege und Jugendhilfe im Hauptamt für Volkswohlfahrt der Reichsleitung der Nationalsozialistischen Deutschen Arbeiterpartei (NSDAP) leitete, fasste die Gedanken der neuen „Nationalsozialistischen Volkswohlfahrt" (NSV), dem parteieigenen Wohlfahrtsverband folgendermaßen zusammen:

> „Nationalsozialistische Weltanschauung und somit auch nationalsozialistische Volkswohlfahrt wertet nicht vom einzelnen Individuum, sondern vom Ganzen des Volkes her. (...) *Der Teil gilt nur soviel, als er Wert ist für das Ganze.*" (Althaus 1937, S. 7, Herv. C.K.)

Da die „asozialen Elemente" keinen Wert für die Gemeinschaft hatten, gestand man ihnen auch keine Förderung und Unterstützung zu, sondern plante die Kasernierung der „Gemeinschaftsfremden" in strengen Arbeitslagern.

Wiederholt kritisierte die NSV folgerichtig auch die im Reichsjugendwohlfahrtsgesetz (RJWG) festgehaltene Grundrichtung der Erziehung. Im § 1 des RJWG offenbare sich eine „liberalistische Einstellung". Es könne künftig nicht mehr vorrangig um die körperliche, seelische und gesellschaftliche Entfaltung des Kindes gehen. Es sollte nicht mehr vom Kind, seinen Bedürfnissen „oder gar Wünschen" her erzogen werden, sondern vom Volk aus" (Ernst Krieck, zit. n. Althaus 1937, S. 31f.).

Einer der bedeutenden Erziehungswissenschaftler der Nationalsozialisten, Ernst Krieck, hatte bereits in seinem Hauptwerk von 1922 eine Erziehung zur Eingliederung in die deutsche Volksgemeinschaft gefordert. „Deutschsein" war für ihn die „Sondergestalt des Humanen schlechtweg" (Krieck 1922, S. 123) Bei der Eingliederung in die Volksgemeinschaft kann keine Rücksicht auf individuelle Selbstverwirklichung genommen werden oder Rücksicht auf Vorstellungen, welche von den Normen des „gesunden Volksempfindens" abwichen. Diese Abweichungen sind im Verständnis nationalsozialistischer Pädagogik immer Ausdruck eines Scheiterns von Erziehung. Die Pflicht des einzelnen besteht darin, seinen Platz in der gegebenen Ordnung der Gemeinschaft einzunehmen. Unangepasstes Verhalten ist Ausdruck von charakterlicher Schwäche und erblicher Minderwertigkeit. Zum Ziel nationalsozialistischer Erziehung gehörte auch die Erziehung an den Glauben einer vererbbaren Höher-, bzw. Minderwertigkeit von Menschen. Jugendliche sollten sich ihrer Verantwortung als „Erbträger" bewusst sein und bei einer belastenden Familiengeschichte auf Nachwuchs ver- *Ziel der* zichten sowie bei vorhandener „Höherwertigkeit" möglichst viele Kinder in die *Erziehung* Welt setzen. Erziehung sollte daher auch immer der „Pflege" der deutschen „Rasse" dienen (vgl. auch Krieck 1939).

Aufgrund dieses rassistischen und nationalistischen Menschenbildes richtete sich die Polemik der nationalsozialistischen Pädagogik konsequenterweise deutlich gegen die wenigen reformpädagogischen Versuche in der Heimerziehung richtete, da diese das Recht und die Bedürfnisse des einzelnen Kindes eingefordert und daneben auch auf die soziale Verursachung von Verhaltensauffälligkeiten hingewiesen hatten. Den Großteil der Anstaltserziehung in kirchlicher Trägerschaft konnte die nationalsozialistische Kritik dagegen nur am Rande treffen, da sie in der Regel in ihren pädagogischen Vorstellungen von Zucht und Gehorsam manchmal auch in Bezug auf die Rassenideologie, mit den neuen Machthabern konform gingen. So hatte der Theologe Helmut Schreiner bereits 1931 in der Zeitschrift „Innere Mission" klargestellt:

> „Aus einer zerstörten Erbmasse ist mit keiner Milieupädagogik noch etwas herauszuholen. Wir können das beklagen, aber nicht ändern. Die Erbsünde ist auch auf diesem Gebiet eine gegenwärtige Realität. (...) Die sittlich autonome freie Persönlichkeit ist ein Phantom." (zit. n. Herrmann, 1956, S. 82)

Trotz einer Übereinstimmung in vielen pädagogischen Fragen, mussten aber auch die kirchlichen Heime und Anstalten fürchten, ihre Unabhängigkeit zu verlieren. Dass dies weitgehend nicht geschah, lag auch daran, dass sich der nationalsozialistische Staat im Unterschied zu den Kindern in der Schule und der Jugendarbeit nicht genug für die Randgruppe der Heimkinder interessierte. Auch garantierte die Tatsache, dass die Hitlerjugend in den Jugendämtern und die NSV im „Reichszusammenschluss der freien Wohlfahrtspflege" die Führung übernahm, dass die Nationalsozialisten die Kontrolle über die Heimerziehung behielten. Auf diese Weise konnten sie Sorge dafür tragen, dass die kirchlichen Heime im Sinne einer nationalistischen Pädagogik und einer „rassebewußten Auslese" beeinflusst wurden. Die Fachvertreter der Jugendhilfe (z.B. der 1908 gegründete „Allgemeine Fürsorgeerziehungstag", AFET) – setzten sich zwar vehement gegen die Propaganda zur Wehr, wonach besonders die Fürsorgeerziehung eine reine „Minderwertigenfürsorge" sei. Sie gaben aber zu, dass die Jugendfürsorge von den „Minderwertigen" „gereinigt" werden müsse. Etwa 12% der Zöglinge wurden zwangssterilisiert, um anschließend mit dem Rest – so eine Fachvertreterin des AFET – eine erfolgreiche „volksaufbauende Erziehungsar-

beit" leisten zu können. Daher sollte auch nicht mehr von Jugendfürsorge, sondern von „Jugend*hilfe*" gesprochen werden (Kuhlmann 1989, S. 85).

Trotz solcher Art von Bemühungen konnte sich die Fürsorgeerziehung nicht
erfolgreich aus ihrer historisch entstandenen Zwitterposition als Verwahrungs-,
Straf- und Erziehungsmaßnahme befreien. An den Rändern entstanden jedoch
neue, zum Teil spezifisch nationalsozialistische Institutionen, die vor allem eine
stärkere Differenzierung nach „rassischen" Kriterien im Bereich der Jugendfürsorge bewirken sollten. In direkter Trägerschaft der Fürsorgeerziehungsbehörden
(Landesjugendämtern) wurden in jeder Provinz „Beobachtungsheime" unter
psychiatrischer Leitung geschaffen, um die „erbgesunden Erfolgsfälle von den
erbgeschädigten Nichterfolgsfällen" zu trennen (Kuhlmann 1989, S. 128) und
auf dezentrale Sonderheime zu verteilen. Dabei sollte die frühere Differenzierung nach Alter, Geschlecht und Bildungsgrad durch eine Differenzierung nach
Schweregrad der „Erbbelastung" ersetzt werden.

Daneben richtete die NSV „Jugendheimstätten" für die „erbgesunden" Fälle
ein, wobei eine „Erbgesundheit" in den Fällen unterstellt wurde, in denen die
Kinder keine Verhaltensauffälligkeiten zeigten, d.h. in Fällen mit einer positiven
Prognose. Nur hier lohnte sich nach Ansicht der Nationalsozialisten ein staatli-
ches Engagement. In den „Jugendheimstätten" gab es „moderne" Formen der
Heimerziehung: Es gab regelmäßige Dienstbesprechungen und einen individuell
gestalteten Erziehungsplan. Die Gruppen umfassten nicht mehr als 15 Kinder,
waren familienähnlich gestaltet und die Kinder besuchten die Schule des Ortes.
Die Heimbewohner wurden nicht mehr Zöglinge, sondern „Heimkameraden und
Heimkameradinnen", die Heimerzieherinnen, die meist aus HJ und BDM kamen,
„Heimscharführer" genannt. Die Jugendheimstätten wurden erst kurz vor dem
Krieg in größerer Zahl errichtet. Ihre weitere Ausbreitung wurde durch den Personalmangel, der durch den Krieg hervorgerufen wurde, verhindert, war aber
geplant. Die familienorientierten Jugendheimstätten sollten die kirchliche „Anstaltserziehung" langfristig ersetzen, lediglich die „schwierigen" und aussichtslo-
sen Fällen, sollten den Kirchen überlassen bleiben.

Allerdings wurden für die besonders „schweren" Fälle, für die sogenannten
„Unerziehbaren" ebenfalls eine staatliche Lösung gesucht, die diesmal nach dem
Muster eines „Konzentrationslagers" aufgebaut wurde. 1940 wurde das erste
„Jugendkonzentrationslager" in Moringen für Jungen und kurz darauf für Mädchen eines in der Uckermark eingerichtet. Die Funktion dieser Lager, die es in
abgemilderter Form in verschiedenen Provinzen auch als Arbeitslager für jugendliche „Arbeitsbummelanten" gab (Kuhlmann 1989; S. 221ff.), bestand vor
allem in der Drohung, dorthin überwiesen zu werden, wie auch darin, „Endstati-
on" für diejenigen zu sein, die in den Erziehungsanstalten nicht mehr tragbar
schienen. In Moringen gab es sechs verschiedene Blöcke, vom U-Block (für

sogenannte Untaugliche) über die sog Dauer- und Gelegenheitsversager bis zum
E-Block der „Erziehungsfähigen". Aus dem U-Block kamen die Jugendlichen
bei Erreichen der Volljährigkeit in eine Heilanstalt oder in ein Konzentrationslager, aus dem E-Block zur Wehrmacht. Die in diesen Lagern eingesperrten Jugendlichen bekamen nach dem Krieg jahrzehntelang keine Entschädigung. Dies
wurde damit begründet, dass sie nicht in einem Konzentrationslager, sondern in
einer Erziehungseinrichtung gewesen seien, liegt aber vor allem daran, dass noch
lange nach 1945 die Auffassung weit verbreitet war, dass ein „Lager" den besten
Aufenthaltsort für „schwererziehbare" Jugendliche darstellt.

2.4 Heimerziehung in der Nachkriegszeit: der lange Schatten der NS-Pädagogik

In den ersten Nachkriegsjahren war die Jugendhilfe überwiegend mit der Besei-
tigung der direkten, existentiellen Not junger Menschen beschäftigt. Für eine
Änderung der pädagogischen Methoden schien es keine Veranlassung zu geben.
Zwar formierte sich der Kreis der „sozialpädagogischen Bewegung" erneut und
erreichte eine große Wirkung im akademischen Bereich über die dort ausgebildeten (Hochschul-) lehrer und Sozialpädagoginnen und –pädagogen. In der Praxis
der Waisen- und Fürsorgeerziehung wurden die dort formulierten Ideale des
„pädagogischen Bezugs" jedoch nur selten umgesetzt. Im Gegenteil scheint in
der Jugendhilfe – trotz der Schließung von Jugendheimstätten und Jugendkon-
zentrationslagern – die Fortsetzung einer autoritären Gehorsamkeitserziehung an
der Tagesordnung gewesen zu sein. Nur zögerlich kam – u.a. mit Bezug auf das
Grundgesetz – eine Reformdebatte im Bereich der Jugendhilfe in Gang (vgl.
Kuhlmann 2006).

   In neueren Forschungsarbeiten über die Nachkriegsgeschichte der Heimerziehung wird wiederholt auf mehrfache Beschwerden der englischen Besat-
zungsmacht hingewiesen, die die Zustände der deutschen Heimerziehung damals
schon mit ähnlichen Argumenten kritisierte, wie wir sie aus den Heimskandalen
Ende der 60er Jahre und den neueren Debatten kennen (Lützke 2002, S. 122)
Köster verweist auf den Bericht einer Sachverständigenkommission, die Ende
1947 im Auftrage des englischen Innenministeriums mehr als siebzig deutsche
Jugendfürsorgeeinrichtungen besichtigte und zu folgender Beurteilung kam:

> „Unser genereller Eindruck von den Heimen in Deutschland ist, daß es diesen nicht
> gelingt, die fundamentalen Bedürfnisse der Kinder zu verstehen, und dies war insge-
> samt besonders in Westfalen der Fall, wo auf allen Ebenen ein auffälliger Mangel an
> Ideenreichtum in der Behandlung schwieriger Kinder besteht. … In der Praxis ist
> klar, daß ein oder zwei Hauptprinzipien im Betrieb aller Heime akzeptiert werden:

a) daß Kinder beständig überwacht werden müssen,
b) daß ein Kind nicht fähig ist irgendeine Wahl von irgendwelcher Bedeutung ohne Anleitung zu treffen,
c) daß die Einheit im Heim immer die Gruppe und nicht das Individuum ist,
d) daß die Hauptarbeit des Heimes darin besteht, dem Kind das beizubringen, was ihm fehlt und nicht darin, seine bestehenden Fähigkeiten weiter zu entwickeln. Wir hätten uns damit begnügen können, die Bedingungen in den Heimen auf Unterschiede in nationalen Wesenszügen oder Anschauungsdifferenzen zurückzuführen, wenn es nicht so wäre, daß wir in einem auffallenden Ausmaß in Westfalen ständig genau jene praktischen Probleme angetroffen hätten, wie sie in den englischen Besserungsanstalten und Gewerbeschulen vor 25 oder 30 Jahren zu finden waren. Wir fanden die gleichen Tendenzen, *Kinder als billige Arbeitskräfte zu gebrauchen*, den gleichen Mangel an Phantasie in der Freizeitplanung, den gleichen bärbeißigen Gehorsam älterer Jungen und Mädchen, *die gleichen Strafen* (*wie das Scheren der Köpfe und Einzelhaft*), das gleiche Mißverhältnis zwischen Landarbeit und anderen Beschäftigungen, das gleiche unterbezahlte und sozial unterprivilegierte Personal, *das gleiche Fehlen kommunaler Überwachung und kommunalen Interesses, den gleichen Mangel an Inspiration und Ermutigung von höherer Stelle.*" (zit. n.. Köster 1999, S. 12).

Dass es – wie im Buch „Schläge im Namen des Herrn" dargestellt wurde – besonders in den 1950er Jahren eine Reihe von nicht nur autoritären, sondern zum Teil sadistischen Erziehungspraxen gegeben hat, ist vermutlich als eine lange Nachwirkung nationalsozialistischer Erziehungsvorstellungen sowie als Folge von nicht verarbeiteten Erfahrungen in der NS- und Kriegszeit zu verstehen. Wenn in einem Kinderheim der Nachkriegszeit Bettnässer damit bestraft wurden, dass ihnen ein Plakat umgehängt wurde auf dem stand „Ich bin das größte Schwein im ganzen Kinderheim" (Wensierski 2006, S. 101), so erinnert das direkt an die Strafen, welche die Nationalsozialisten verhängten, wenn Frauen verdächtigt wurden, mit Juden oder Kriegsgefangenen intime Beziehungen zu haben. Sie mussten ebenfalls ein Schild mit der Aufschrift trage: „Ich bin am Ort das größte Schwein, ließ mich mit einem Juden ein." Ein anderes Beispiel stellt die Strafkleidung für entlaufene Fürsorgezöglinge dar. Diese war in einigen Einrichtungen ähnlich gestaltet wie die Häftlingskleidung in den Konzentrationslagern.

Es ist zu vermuten, dass auch andere Umgangsformen, wenn schon nicht direkt von den Nationalsozialisten, so doch von Ritualen und Tagesabläufen bei der Wehrmacht, dem Reichsarbeitsdienst, der HJ oder anderen nationalsozialistischen Organisationen kopiert wurden. Diese Praxen wurden nicht nur für die Männer, sondern auch für die Frauen zum Vorbild eines Umgangs mit Gruppen und wurden – manchmal möglicherweise völlig unbewusst – übernommen in die Nachkriegszeit. Von der Ordnung im „Spind" bis zum „Schuh-Appell" wird in den Erzählungen vieler ehemaliger Kinder aus Heimen deutlich, dass ihre Betreuer und Betreuerinnen offenbar nicht nur eine HJ- und BDM-Vergangenheit, sondern oft auch eine militärische Prägung erfahren hatten. Zwar durfte man nach 1945 offiziell nicht mehr nationalsozialistisches Gedankengut propagieren, aber die pädagogischen Vorstellungen von Zucht und Ordnung, die ja tatsächlich auch vor 1933 vorherrschend waren, schienen davon unberührt. Eine ganze Generation, die geprägt war durch eine Ethik des Rechts des Stärkeren und dem Lob des Gehorsams, konnte oder wollte nicht von heute auf morgen in der eigenen pädagogischen Praxis als Eltern, Lehrer oder Heimerzieherin davon Abstand nehmen.

Zu dieser allgemeinen gesellschaftlichen Stimmung kam in den Heimen hinzu, dass hier recht unbeobachtet von möglichen Kritikern, ein Umgang mit Kindern und Jugendlichen exerziert werden konnte, der es ermöglichte, eigene Traumatisierungen aus der Kriegszeit durch aggressive Akte auszuagieren.

Dies trifft selbstverständlich nicht auf alle Heime und Mitarbeiter zu, erklärt aber möglicherweise die große Verbreitung und die lang andauernde strenge und oft grausame Erziehung nach 1945. Erschwerend kam hinzu, dass die meisten Betreuer in den Heimen gar keine pädagogische Ausbildung hatten und viele Einrichtungen, nehmen mussten, wer sich als Mitarbeiter bewarb, da immer ein Mangel an Personal herrschte. Immer wieder wurde daher auf Tagungen der Fachverbände der Jugendhilfe auf die Notwendigkeit von Schulungen und auf eine Höherqualifizierung des erzieherischen Personals hingewiesen (vgl. Resolution der Mitgliederversammlung des AFET von 1950, Mitgliederrundbrief 12/13, S. 3)

Zu den unreflektierten Folgen der NS-Zeit muss auch der stigmatisierende Umgang mit den unehelichen oder auffälligen Kindern und Jugendlichen durch die Gesellschaft im Allgemeinen und die Jugendbehörden im Besonderen gezählt werden. In den Akten aus dieser Zeit findet sich noch bis die 70er Jahre eine deutlich abwertende, zum Teil latent rassistische Sprache. Die Jugendlichen wurden als „triebhaft", „minderwertig", „dirnenhaft" und „ordinär" bezeichnet, ihre Mütter als „unsauber", „schwachsinnig" oder sie kamen aus einer „belasteten Sippe", ihre Väter wurden u.a. als „arbeitsscheu" und „asozial" beschrieben. Bei den Mädchen wurde auch besonders moniert, wenn sie sich mit „Fremdarbeitern" trafen oder wenn sie ein „Zigeunerhalbblut" (Lützke 2002, S. 179) waren. Die Zuschreibungen der 50er und 60er Jahre unterschieden sich nicht von denen, die im Nationalsozialismus bereits üblich gewesen waren (Lützke 2002, S. 159 mit Verweis auf Kuhlmann 1989, S. 90). Brusten und Müller haben Anfang der 1970er Jahre Analysen von Jugendamtsakten aus den 60er Jahren vorgenommen und die dort üblichen Beurteilungen und Forderungen scharf kritisiert. Dort hieß es beispielsweise:

„Dieter muss nacherzogen werden. Diese Erziehung muss konsequent und zielstrebig sein. Der Junge gehört unter die Anleitung und Aufsicht erfahrener Erzieher. Nur in einer festen Ordnung besteht die Möglichkeit, ihn zu erfassen und auf die rechte Bahn zu lenken." (zit. n. Hollstein/Meinhold 1973, S. 196)

In der Perspektive der meisten Jugendämter waren Heime dazu da, eben diese Aufsicht und Einbindung in feste Ordnungen zu garantieren und notfalls mit *„ganz strammer Hand"* die Kinder und Jugendlichen *„von ihren dummen Flausen"* abzubringen (zit. n. Hollstein/Meinhold 1973, S. 196, vgl. auch Colla 1973) In einer neueren Untersuchung von Jugendamtsakten aus dieser Zeit kam auch Lützke zu dem Befund, dass die Ämter mit der in den Heimen praktizierte Strafpädagogik mehr als einverstanden waren, diese im Einzelfall geradezu forderten. So stand dort des Öfteren zu lesen, dass ein Mädchen eine „straffe Führung und wohl jahrelange Internierung" brauche (Lützke 2002, S. 212).

bo Freiheitsentzug, Isolierung, Quarantäne

2.5 Die fachliche Debatte über Strafen und Züchtigungen in den 50er und 60er Jahren

Allerdings zeichnete sich in der Heimerziehung bereits Anfang der 60er Jahre ein Wandel in vielen Einrichtungen ab. Die meisten der von mir interviewten Mitarbeiterinnen gehören einer Generation an, die in den 60er Jahren als junge Menschen in die Einrichtungen kamen und zum Teil die dort erlebten Erziehungsmethoden ablehnten, ohne dass sie als Einzelne daran bereits etwas ändern konnten. Je stärker und schneller der Generationenwechsel jedoch voranschritt, desto mehr entfernten sich die Heime von der reinen Strafpädagogik, wie sie sich aus der Anfangszeit der Fürsorgeerziehung als Strafmaßnahme entwickelt und welche ihre letzte Verschärfung in der NS-Zeit erfahren hatte.

Vor allem von Seiten der Justiz setzte bereits in den 1950er Jahren eine Debatte um die im Grundgesetz verankerte Rechte von Kindern und Jugendlichen ein. Zwar wurde auf Anfrage des AFET 1954 das Züchtigungsrecht im Rahmen der Heimerziehung als Bestandteil des Erziehungsrechtes der Heime juristisch bestätigt, allerdings rief der AFET dazu auf, dies nur als Recht der Notwehr zu interpretieren, weil der Fachverband die Gefahr eines Missbrauchs dieses Rechtes durchaus sah (Kuhlmann 2006, S. 358). Über die Grundrechte von Jugendlichen (Briefgeheimnis, Bewegungsfreiheit, Sexualität etc.) wurde aber zu diesem Zeitpunkt noch nicht gesprochen, dies änderte sich erst Ende der 60er Jahre.

Sieht man die Fachdiskurse der Fachverbände der Jugendhilfe wie des AFETs und der beiden kirchlichen Fachverbände als Spiegel der Themen, die die Heimerziehung bewegten, so ging es in den 50er Jahren noch vorwiegend um die „Unerziehbaren" und ihre Verwahrung und erst in den 60er kamen langsam Themen auf, die auch nach den Bedingungen der Erziehung in den Heimen fragen.

In Bezug auf die Frage wie die damalige Fachöffentlichkeit zu Fragen der Strafpraxen in den Heimen standen, ergibt sich ein uneinheitliches Bild. In der damals hauptsächlich zu Ausbildungszwecken genutzten „Heimerziehungslehre" von Helmut Rünger werden bei „offenem Ungehorsam" neben Warnungen, Drohungen und Verweisen auch Strafen empfohlen, neben dem Entzug von Vergünstigungen durchaus auch Freiheits- und Körperstrafen, die Rünger in Maßen durchaus für „pädagogische wertvoll" erachtet (Rünger 1962, S. 35f.), eine „Ohrfeige zur rechten Zeit" könne – so der Autor des Lehrbuches – eine „echte erzieherische Maßnahme" (ebd., S. 24).

Im „Handbuch der Heimerziehung", dem damaligen Standardwerk, das ebenfalls vorwiegend der Aus- und Weiterbildung dienen sollte, wurde zwar mehrfach zur Vorsicht bei Körperstrafen aufgerufen, die Notwendigkeit von Strafen im Allgemein und auch von Körperstrafen im Besonderen wurde aber ebenso wie bei Rünger betont und von manchen auch mit Bezug auf ein christliches Menschenbild begründet. So führte Kurt Frör in seinem Artikel über die „Grundfragen der evangelischen Heimerziehung" von 1954 zur Strafe aus:

> „Gebot und Strafe sind der Menschheit gegeben als Hilfe zum Leben. Das wird die Erziehung unter dem Wort ganz ernst nehmen müssen. Sie hat den göttlichen Auftrag, den rebellischen, unheiligen, maßlosen Menschen unter die Zucht und Ordnung des göttlichen Gebotes zu stellen." (Frör 1954, S. 588)

Frör lehnte den in seinen Augen idealistischen Glauben an die Möglichkeit einer straffreien Erziehung ab. Dies sei auch aus religiösen Gründen geboten, da der Mensch ansonsten nicht demütig genug erzogen würde. Frör stellte sich mit dieser Haltung in eine lange, schon bei Wichern theologisch begründete Befürwortung körperlicher Strafen, die zum absichtlichen Zwecke der Demütigung einer zu „rettenden" Kinderseele durchgeführt werden sollte (Wichern 1979, S. S. 281ff.).

Allerdings finden sich in den 50er und 60er Jahren bereits andere Stimmen, die behaupten, dass ein „guter Erzieher" Strafen, insbesondere Körperstrafen, nicht nötig hätte. In diese Richtung äußerte sich auch der bekannte Reformer der Heimerziehung Andreas Mehringer in der katholischen Jugendhilfezeitschrift „Jugendwohl", allerdings wandte er sich gleichzeitig auch gegen ein generelles Verbot der körperlichen Züchtigung, da diese als „Vater- und Mutterstrafen" unter bestimmten Bedingungen – nämlich wenn sie aus Liebe erfolgten – legitim sei (Mehringer 1952, S. 109).

In derselben Zeitschrift lehnte die Psychologin Loofs die Strafe, besonders die körperliche Züchtigung, als pädagogisches Mittel ab, vor allem, wenn sie

Angst mache. Allerdings müsse ein Klaps nicht dazu gezählt werden (Loofs 1956, S. 210). Dagegen wandte sich einige Jahre später in derselben Zeitschrift ein Theologe gegen die grundsätzliche Forderung „Nie Schläge", da diese nicht zu erfüllen sei:

> „Wenngleich der Erzieher bemüht sein sollte, die körperliche Strafe – wie auch jede andere Strafe – überflüssig zu machen, so wäre das Wort: Nie Schläge! Ebenfalls ein Schlagwort, gegen das man zu Felde ziehen müsste." (Ell 1961, S. 257)

Ell verweist darauf, dass Kinder oft selbst ein Strafbedürfnis hätten und dass körperliche Züchtigungen oft menschlicher seien als „psychologische" Strafen. Trotz dieser grundsätzlichen Befürwortung sollte sich jeder Erzieher vor einer Bestrafung prüfen und diese vor allem *nicht* mit dem Bibelwort rechtfertigen, dass man den züchtigt, den man liebt. Er solle vielmehr prüfen, ob er wirklich eher den züchtigt, den er besonders liebt (was Ell nicht glaubt), oder den, den er weniger liebt (was Ell offenbar befürchtet).

In der Zeitschrift „Evangelische Jugendhilfe" sind ähnlich widersprüchliche oder ungenaue, im Großen und Ganzen aber gegen die Körperstrafen gerichteten Ratschläge zu finden. Eine evangelische Diakonisse wies bereits 1952 in ihrem Grundsatzartikel über die Strafe darauf hin, dass vieles was im Heim noch praktiziert wurde, einer „mittelalterlichen Pädagogik" angehöre. Wer als Erzieher Kinder in dunkle Strafräume sperre, gehörte ihrer Meinung nach abgesetzt. Insgesamt lehnte die Autorin Arbeits-, Körper- und Ehrenstrafen ab. Lieber sollte der Zögling sich selbst eine Strafe aussuchen. Die Autorin sprach auch offen aus, dass es zu einem Machtmissbrauch durch den strafenden Erzieher kommen könne. Sie möchte aber diese Erzieher nicht belehren, sondern entlasten, da unmäßiges Strafen oft Ausdruck von Überforderung sei (Meinzholt 1952, S. 22).

In derselben Zeitschrift wurde zwei Jahre später erneut das Thema aufgegriffen und die Hoffnung ausgedrückt, dass allgemein bekannt sei, dass „körperliche Züchtigung" untersagt ist (Staak 1954, S. 135) Auf Strafe könne allerdings – so der Autor – nicht verzichtet werden, daher schlägt er vor, dem Zögling einen besonderen Sitzplatz beim Essen oder Strafarbeiten zuzuweisen oder ihm ein Sprechverbot zu erteilen. 1956 lehnte ein anderer Autor die geforderte „Wiedereinführung der Prügelstrafe" sowie „ähnlich veraltete Zuchtmittel" ab und forderte der zu beobachtenden Ausbreitung der „Halbstarken" und deren „Motorradraserei" und „Tanzwut" mit anderen Mitteln zu begegnen (Janssen 1956, S. 152f.)

Gegen Ende der 60er Jahre scheinen sich die Erörterungen über die Strafe von selbst zu erledigen. Ab 1967 fehlt das Stichwort Strafe im Register. Es kann hier festgehalten werden, dass der fachliche Diskurs der 50er und Anfang der 60er Jahre noch von der Notwendigkeit von Strafen, in Einzelfällen auch von

Körperstrafen ausging und diese rechtfertigte. Zwischen den Zeilen wird deutlich, dass sich die Fachöffentlichkeit der Gefahr einer Legitimierung von Körperstrafen aber durchaus bewusst war. Die überforderten Mitarbeiter wurden zudem in manchen Fällen mit dem Hinweis allein gelassen, ein „guter" Erzieher habe es eben gar nicht nötig zu strafen. An der Überforderungssituation angesichts der großen Gruppen von Kindern änderte dieser Rat nichts.

2.6 Institutionelle und rechtliche Rahmenbedingungen der Heimerziehung bis zur Heimreform der 70er und 80er Jahre

Zu den institutionellen Rahmenbedingungen gehörte in den 50er und 60er Jahren, dass die Gruppen sehr groß waren, meist 15-30 Kinder und die Zahl der Betreuerinnen klein, meist nur ein bis zwei Kräfte pro Gruppe, die darüber hinaus den ganzen Tag zuständig waren (vgl. Kap. 7.5). Die Jugendämter verfügten in der Regel allein, wer ins Heim kam oder von dort verlegt wurden, ohne dass Mitarbeiterinnen der Heime gefragt oder auch nur informiert wurden. Den meisten Eltern war das Sorgerecht entzogen und es gab kein Bewusstsein davon, dass diese Eltern ein Recht auf eine Beziehung zu ihren Kindern hatten – geschweige denn, dass die Kinder überhaupt irgendwelche Rechte hatten. Es war ebenfalls üblich, dass, wer einmal im Heim war, dort erst mit dem Ende der Schulzeit (bei Kinderheimen), bzw. mit Erreichen der Volljährigkeit (bei Erziehungsheimen) heraus kam.

Rechtlich war seit den 40er Jahren zunehmend Rechtsform der Freiwilligen Erziehungshilfe (FEH) neben die Fürsorgeerziehung (FE) getreten und auch im Jugendwohlfahrtsgesetz von 1961 verankert. Dies bedeutete, dass die Landesjugendämter auch diejenigen Kinder unterbringen konnten, deren Eltern das Sorgerecht nicht entzogen werden sollte, die sich aber freiwillig mit der Unterbringung ihrer Kinder einverstanden erklärten. Allerdings war diese Freiwilligkeit manchmal nur eine scheinbare, da im Zweigfelsfall das Jugendamt mit dem Entzug des Sorgerechtes drohen konnte.

Zuständig für die Entziehung dieses Rechtes war das Vormundschaftsgericht, welches in der Regel den Empfehlungen der Fürsorgerinnen folgte. An der Art der Unterbringung änderte es in vielen Fällen nichts, ob ein „Zögling" auf dem Weg der FE (§64 JWG) oder FEH (§62 JWG) untergebracht war. Die Unterbringung war in der FE immer, in der FEH oft eine geschlossene, da sie nach wie vor als eine Art Ersatz für den Strafvollzug, bzw. als ein Äquivalent für eine Besserungserziehung gesehen wurde. Ganz selbstverständlich war die tägliche Arbeit in diesen Anstalten ein Mittel, um die gewünschte „Besserung" der Zöglinge herbeizuführen.

Unter den Einrichtungen gab es eine bestimmte Hierarchie: es gab Heime für die „leichteren Fällen" und andere, in welche diejenigen kamen, die in anderen Heimen bereits weggelaufen waren und zuviel Ärger bereitet hatten. Besonders die Landesaufnahmeheime, die alle Kinder und Jugendliche nehmen mussten, welche aufgegriffen wurden, standen in einem schlechten Ruf und hatten besonders strenge Regeln und Strafen.

Auf die Trennung der Geschlechter wurde besonderer Wert gelegt. In den Kinderheimen wurde spätestens im Schulalter in Mädchen- und Jungengruppen getrennt. In den Erziehungsheimen wurden jeweils nur Jungen oder Mädchen aufgenommen und je nach Geschlecht unterschiedlich behandelt. Es scheint, dass Körperstrafen in den Mädchenheimen weitaus weniger verbreitet waren, dafür aber andere Formen der Zurechtweisung (Strafen durch Nichtbeachtung) häufiger vorkamen. Auch die Art der Arbeit unterschied sich wesentlich. Die Mädchen wurden in hauswirtschaftlichen Tätigkeiten beschäftigt, v.a. mit Wäsche waschen und Bügeln, manchmal wurde ihnen auch eine Ausbildung als Hauswirtschafterin oder Schneiderin ermöglicht. Die Jungen wurden mit landwirtschaftlicher oder handwerklicher Tätigkeit beschäftigt, einige Heime unterhielten auch Lehrwerkstätten, in denen die Jungen als Tischler oder Schlosser ausgebildet werden konnten.

Erst durch die allgemeine öffentliche Aufmerksamkeit, welche die Fürsorge- und Heimzöglinge durch die Heimskandale nach 1969 fanden, kamen alternative pädagogische Konzepte wieder auf die Tagesordnung. Es entstanden Lehrlingskollektive, Jugendwohngemeinschaften und Kleinstkinderheime, eine flexible ambulante Betreuung wurde etabliert, die sich an den Bedürfnissen des Jugendlichen orientierte und weitere ambulante Hilfen für die Familien. Die „alte" Heimerziehung galt mehr und mehr als überholt, sie sollte zeitweise ganz abgeschafft werden (Gerber 1974[1]; Roth/Zovkic 1973). Die neuen „Erziehungshilfen" waren den Idealen der Bedürfnisorientierung und (in einigen Fällen auch) der Selbstverwaltung, dem gemeinsamen Leben, Arbeiten und Wohnen, der Erziehung zur Selbstbestimmungs- und Demokratiefähigkeit verpflichtet. Der Begriff der „Verwahrlosung" wurde als stigmatisierend verworfen und die Fürsorgererziehung mehr und mehr abgeschafft. Dies geschah jedoch nicht direkt als Anknüpfung an die sozialpädagogische Bewegung der 20er Jahre, die als „geisteswissenschaftlich" belastet abgelehnt wurde, sondern unter Zuhilfenahme von sozialwissenschaftlichen Theorien der Stigmatisierung, vor allem des „labelingapproaches". (vgl. Herriger 1979; Keupp 1976; Becker 1973; Goffman 1973). Die Heimreform begann in den 70er Jahren, intensivierte und verbreitete sich in den etablierten Heimen in den 80er Jahren und wurde in den 90er Jahren noch

---

[1] Bis heute gibt es allerdings keine familientherapeutischen Interventionen, die Heimerziehung wirksam zu verhindern vermögen: siehe Koch/Lambach 2000.

einmal durch die Einführung des neuen Kinder- und Jugendhilfegesetzes mit seinen Vorgaben der Partizipation und dem Vorrang ambulanter Hilfen gefestigt.

Bis heute gab und gibt es jedoch immer wieder Tendenzen in der (Fach-) Öffentlichkeit, auffällige Kinder und Jugendliche zu pathologisieren, sie einzusperren oder sie strengen (therapeutischen) Regeln zu unterwerfen. Erneute Debatten um die genetische Verursachung auffälligen Verhaltens (z.b. im Bereich der Hyperaktivität), immer wieder auftauchende Rufe nach geschlossener Unterbringung in der Jugendhilfe, wie auch die Erfolge autoritärer Erziehungsratgeber (vgl. Super-Nanny) und Elterntrainings (z.b. Triple P) zeigen, dass es möglicherweise eine neue Tendenz zu konservativen, autoritären Entwürfen von Erziehung gibt. Erklären lässt sich diese Tendenz möglicherweise mit einer unbewussten kollektiven Aggression von Erwachsenen gegenüber „ungehorsamen" und „eigenwilligen" Kindern aufgrund eigner verdrängter Familienerfahrungen, die noch immer ihre Ursachen in einer nicht bewältigten Vergangenheit haben (vgl. dazu Miller 1980).

Zusammenfassend kann gesagt werden, dass sich pädagogische Reformen im Bereich der Erziehungspraxis der Jugendwohlfahrt in den Jahren von 1878 (Zwangserziehung) bis 1933 in Deutschland nur marginal entfalten konnten. Der nachhaltige Bruch mit der Tradition, Verhaltensauffälligkeiten mit Strafe, Disziplin oder psychiatrischen Diagnosen zu begegnen, fand erst in den 1970er Jahren statt. Dies fand schließlich seinen Ausdruck in dem Abschied vom Begriff der „Verwahrlosung" und dem Ende der „Fürsorgeerziehung" durch das neue Kinder- und Jugendhilfegesetz von 1991. Insofern kann für die vorliegende Untersuchung festgehalten werden, dass hier eine historische Entwicklungsphase der Heimerziehung behandelt wird, in der weitgehend unberührt von öffentlicher Kritik autoritäre Erziehungsvorstellungen durchgesetzt wurden und in denen die Rahmenbedingungen eine individuelle Umgangweise mit den Schicksalen der Kinder und Jugendlichen besonders erschwerte.

3 Zum Forschungsstand und zu Ansatz und Methode der vorliegenden Studie

3.1 Zum Forschungsstand: „Lebensbewährung" und Biographie ehemaliger „Heimzöglinge"

Der Anspruch der vorliegenden Studie ist es, die Heimerziehung einer bestimmten historischen Epoche aus Sicht der ehemaligen Kinder, Jugendlichen und Mitarbeiterinnen darzustellen. Forschungen, die diesen Ansatz wählen oder gewählt haben, gibt es nur wenige und erst seit kurzem. Es war ein langer Weg bis zu der Idee, dass ehemalige Kinder und Jugendliche aus Heimen selbst ihre Lebenssituation einschätzen könnten und ein noch längerer Weg zur Idee, dass sie auch die erfolgten Erziehungsbemühungen rückblickend bewerten könnten. Da es in der Debatte um die Bewertung der früheren Heimerziehung immer auch um die Folgen dieser Erziehung geht und die Interviews auch zu diesem Aspekt Auskunft geben, soll hier ein Blick auf die Forschungen zu diesem Themenbereich erfolgen. Denn über die Wirkungen von Heimerziehung und die Biographie ehemaliger Kinder und Jugendlicher aus Heimen aus der Perspektive von Jugendbehörden und Anstaltsleitungen gibt es Forschung seit langem und in großem Umfang.

Schon Hinrich Wichern veröffentlichte 1868 die Ergebnisse einer nachgehenden Untersuchung von mehreren tausend ehemaligen Bewohnerinnen und Bewohnern seiner Rettungshäuser. Auch die nach 1900 gegründeten Fürsorgeerziehungsbehörden erhoben in regelmäßigen Abständen Daten über den „Lebenserfolg" der ehemaligen Fürsorgezöglinge. Um die gleiche Zeit begann auch die psychiatrische Berufsgruppe sich über Ursachen und Folgen von „Verwahrlosung", „Schwererziehbarkeit" und Heimerziehung Gedanken zu machen. Leider hat die medizinische Forschung den „Heimzögling" zwar entlastet von der Betrachtung seiner Auffälligkeit als Schuld oder Sünde, andererseits aber bereits zu Beginn und besonders im Nationalsozialismus dazu beigetragen, dass mit einem als mangelhaft eingestuften Lebenserfolg oder mit der Herkunft auch die „erbliche Minderwertigkeit" eines Zöglings behauptet wurde (vgl. Gruhle 1912; Gregor/Voigtländer 1918; Stutte 1958, vgl. 2.1).

Bis 1945 wurden über 30 solcher Untersuchungen über den Verbleib ehemaliger Zöglinge mit hohen Fallzahlen durchgeführt und veröffentlicht[1]. Die Untersuchungen fällten ihr Urteil auf der Grundlage von Fragebögen an Gerichte, Anstalten, Polizei, Fürsorgerinnen, Lehrer und variierten in der Beurteilung stark. Eine gute bis befriedigende Bewährung wurde in manchen Untersuchungen in 84% der Fälle gesehen in anderen nur bei 21%, bei den sogenannten „Misserfolgen" variierte die Beurteilung von 10% bis zu 60% , meist lag sie bei 20% (vgl. zusammenfassend Stutte in Trost 1966, S. 553-566). Die Übrigen galten als teilweise oder zweifelhaft „gebessert".

Nach 1945 wurde die Tradition der Forschungen über die „Lebensbewährung", die vor allem das Kriterium der Straffälligkeit überprüfte, ungebrochen fortgesetzt. Im Rückblick auf die Geschichte dieser Forschungen bis in die 1990er Jahre ist besonders auffällig, dass sie in ihren Argumentationsmustern jeweils dem gerade vorherrschenden öffentlichen Diskurs folgten, der maßgeblich die Kriterien für den Erfolg mitdefinierte. Vom „sündigen" Zögling, der „gerettet" werden musste, über den „erbkranken", der „behandelt", notfalls zwangssterilisiert werden musste, den „proletarischen", der „agitiert" werden sollte bis zum „besonders problembeladenen", der Expertenhilfe benötigt, hat gerade die öffentliche Jugendhilfe im 20. Jahrhundert eine Vielzahl widersprüchlicher Interpretationen ihrer „Zielgruppe" und sehr verschiedene gesellschaftlich geforderte Erziehungsziele erlebt. In der Forschung findet sich daher auch immer ein Niederschlag solcher Interpretationen und andererseits auch ein Bezug auf jeweilig vorherrschende Forschungsrichtungen und Theorien. So haben Pongratz/Hübner 1959 in ihrer Untersuchung über die „Lebensbewährung nach öffentlicher Erziehung" mit aufwändigen Methoden einen Prozentsatz von sich „bewährenden", bzw. „teilbewährenden Erwachsenen errechnet (65%), daneben aber vor allem auch Zeugnis über die damaligen bürgerlichen Vorurteile über abweichendes Verhalten („Einordnungsmängel" wie uneheliche Sexualität, „Verlogenheit", „Umhertreiben", „Arbeitsunlust" etc.) abgelegt. Eine ähnlich vorurteilsvolle Sprache findet sich auch in der 1958 erschienenen Untersuchung von Dührssen, die Entwicklungsverzögerungen von Heimkindern im Vergleich mit Pflege- und Familienkindern untersuchte.

Die meisten der ungefähr 80 Untersuchungen über die Lebensläufe Ehemaliger kamen bis heute zu dem Ergebnis, dass ungefähr zwei Drittel eine positive oder vorwiegend positive Entwicklung nach der Heimerziehung nahm, während sich ein Drittel nach Ansicht der Forscher nicht positiv entwickelt hatte.[2]

---

[1] Zu den umfangreicheren Forschungen, meist im Rahmen von Dissertationen zählen Goeze 1910; Heimann 1923; Fuchs-Kamp 1929; Hoffmann 1932; Kohnle 1938.
[2] Vgl. zusammenfassend für die Studien im Dritten Reich Kuhlmann 1989; wichtige Studien nach 1945 sind: Düchting 1952; Stutte 1958; Dührssen 1958; Piecha 1959; Pongratz/Hübner 1959; Bur-

Welche Konsequenzen und Interpretationen lassen sich aber aus diesen Berechnungen ziehen? Sind zwei Drittel ehemaliger Kinder und Jugendlicher aus Heimen, die ein unauffälliges und nach außen angepasstes Leben führen, viel oder wenig? Wie würde die Lebenssituation einer Vergleichsgruppe, die in Familien aufwuchs, bewertet werden – ergäbe sich ein ähnlicher Prozentsatz? Leider fehlen in den meisten Studien solcherart vergleichende Zahlen. Zwar gibt es allgemeine Vergleichsdaten zu Sterblichkeit, Bildungsgrad oder Kriminalität, diese wurden aber nur selten in die Kategorien der Untersuchungen überführt oder anhand von Kontrollgruppen überprüft.

Lediglich Ulrich Bürger verglich 1990 in seinem Buch „Heimerziehung und soziale Teilnahmechancen " den Bildungserfolg mit einer von den Herkunftsdaten her ähnlichen Gruppe von Kindern und stellte fest, dass die Heimerziehung die beruflichen Startpositionen der Kinder eindeutig verbessert hatte.

Wer die Wirkungen und Folgen von Heimerziehung erheben will, muss daneben vor allem auch berücksichtigen, dass die öffentliche Erziehung in der Regel dann eintritt, wenn bereits traumatisierende Ereignisse (Beziehungsabbrüche, Vernachlässigung, Misshandlung) innerhalb der Herkunftsfamilie stattgefunden haben, d.h. hier liegt bereits eine nicht repräsentative Auswahl von Kindern vor, die (selbst und mit ihnen ihre Erzieherinnen und Erzieher) mit besonderen Ausgangsschwierigkeiten in der Erziehung zu kämpfen haben. Auf dieses Problem haben sich bisher nur wenige Untersuchungen bezogen, aber dort, wo die psychosoziale Belastung zu Beginn und am Ende der Maßnahme erhoben wurde, konnten eindeutige Verbesserungen durch die Heimerziehung nachgewiesen werden (vgl. Hebborn-Brass 1991; Gehres 1997; Knab/ Mascsenaere 2004)

Viel wichtiger als die hier vorgetragenen Einwände gegen die bisherige Forschung über die Biographieverläufe von ehemaligen Kindern und Jugendlichen aus Heimen ist aber der, dass diese Forschungen die Eigendeutung der Beurteilten in nicht zulässiger Weise ausschloss. Da sich aber positive wie negative Wirkungen von Erziehung weder „herstellen", noch aus einer Außenperspektive zuschreiben lassen, erlangen wir aussagekräftige Beurteilungen von erfolgreicher Erziehung vor allem – wenn auch nicht allein – durch die Erzogenen selbst. Lediglich ein Teilbereich des Erziehungserfolges – der Bereich der Anpassung an bestehende gesellschaftliche Verhältnisse – kann von außen beurteilt werden, aber dies ist nicht gleichzusetzen mit erfolgreicher Erziehung. Leider erliegen diesem Fehler auch neuere – ähnlich aufwändig gestaltete Studien wie die von Pongratz/Hübner. Ein Beispiel ist die 1996 erschienene Untersu-

---

chardt 1961; Kindt 1962; Martikke 1965; Roth 1973; Schüpp 1978; Scheuber 1983; Baas 1985; Landenberger/Trost 1988; Bürger 1990; Hebborn-Brass 1991; Wieland 1992; Hansen 1994; Lambers 1996; Hartmann 1996; Gehres 1997; Bundesministerium f. Familie, Senioren, Frauen und Gesundheit 1998; Normann 2003; Finkel 2004; Knab/ Mascsenaere 2004.

chung des Psychiaters Klaus Hartmann, der in den 1970er Jahren bereits eine Untersuchung von über 1000 männlichen „Fürsorgezöglingen" des 1971 geschlossenen Aufnahmeheimes „Grünes Haus" Berlin vorgestellt hatte. Eine Auswahl von 300 ehemaligen Jugendlichen war jeweils ein halbes, und dann noch einmal zwei Jahre später besucht und befragt worden. Das Erkenntnisinteresse der damaligen Recherche bestand darin, zu prüfen, ob die im Heim erstellte „Sozialprognose" eingetroffen war. Zwanzig Jahre danach besuchte Hartmann hundert aus dieser Gruppe erneut und interviewte sie ausführlicher im Sinne von qualitativen Fallstudien. Obwohl die Studie methodisch als qualitative angelegt ist, ist Hartmanns Interesse an der subjektiven Beurteilung und dem Erleben der Befragten gering und nicht Gegenstand seiner Auswertung. Er behält den diagnostischen Blick des Psychiaters, den auch in dieser Untersuchung vorrangig interessiert, ob die von ihm gestellten Diagnosen einer „soziopathischen Dissozialität als Folge sozialer Retardierung" und die aus verschiedenen Testverfahren entwickelten Prognosen in den von ihm als „Krankengeschichten" erzählten Fälle zutrafen und ob das ICD 10 (International Classification of Diseases), in bezug auf die „soziale Retardierung" in entsprechenden Punkten ergänzt werden sollte (Hartmann 1996, S. 383 ff.). Trotzdem lässt sich aus den dargestellten Fällgeschichten einiges aus der Eigenperspektive der Befragten herauslesen und die als erfolgreich beschriebenen Fälle offenbaren nebenbei, dass einer der wesentlichen Faktoren für eine gelungene gesellschaftliche Integration der Befragten der offene Arbeitsmarkt der 1960er Jahre war, der vielen damals eine Chance gab, die sie heute nicht mehr bekommen würden.

Eine Ausnahme von den bisher vorgestellten Untersuchungen zur weiteren Biographie von Kindern aus dem Heim stellte die Studie über „Leistungen und Grenzen von Heimerziehung (JULE-Studie) von 1998 dar. Sie erhob neben der Frage nach Straffälligkeit erstmals auch die subjektive Einschätzung der Kinder selbst und fragte, ob sie selbst im Rückblick auf ihre Geschichte das Gefühl haben, ein gelingendes Leben zu führen.[1] Weitere Ausnahmen stellen die bereits 1992 durchgeführte Befragung von Norbert Wieland und die 2004 durchgeführte Befragung von Margarete Finkel dar. Wieland ließ ehemalige Jugendliche aus Heimen über ihre Erfahrungen mit der Heimerziehung berichten, explizit mit dem Ziel, deren subjektive Sichtweisen zu erfassen. Ein Ergebnis war dabei, dass sich die jungen Erwachsenen vor allem an geglückte und exklusive Beziehungen erinnerten, dass sie sich ihre Bezugsbetreuer selbständig auswählten und dass sie einen Betreuerwechsel negativ beurteilten (Wieland 1992). Finkel befragte junge

---

[1] Die aktuell neueste Evaluationsstudie von Knab/ Mascsenaere (wie auch die Jugendhilfe-Effekte-Studie, JES) greift diesen in meinen Augen sehr fruchtbaren Ansatz der JULE-Studie nicht wieder auf.

Frauen zu ihren Erlebnissen in der Heimerziehung der 80er/90er Jahre. Auch in ihrer Untersuchung wir deutlich, wie entscheidend gelingende Beziehungen zu den Jugendlichen sind, aber auch dass einige Mädchen erst durch die Aufnahme in Jugendschutzstellen mit Drogen und Kriminalität in Berührung kamen oder wie sie durch andere Jugendliche „gemobbt" wurden (Finkel 2004, S. 201ff. und S. 258ff.).

Im Zuge eines neu entstandenen Interesses an den subjektiven Sichtweisen ehemaliger Heimkinder wurde schließlich auch mit retrospektiven Befragungen von Ehemaligen aus der Zeit von 1945 bis 1970 begonnen. Eine Langzeitstudie – nur an einem einzigen ehemaligen Heimkind aus den 1960er Jahren – legte Werner Baur 1996 vor. Seine These ist, dass nur über einen langandauernden Kontakt zu einem Menschen wirklich beurteilt werde kann, welche Folgen die Institution Heim für die dort aufgewachsenen Menschen hat. Er beschreibt die Lebenslage des von ihm untersuchten Mannes – Willi Beier[1] – aufwändig in verschiedenen Monaten des Jahres 1992. Baur untersuchte seine Lebensgeschichte und –situation unter zu Hilfenahme des Bourdieuschen Ansatzes von verschiedenen Kapitalsorten, welche die Lebenslage eines Menschen in seinen Augen zutreffend beschreiben kann. Nach Bourdieu entsteht in einem spezifischen Herkunftsmilieu ein lebenslang wirksamer „Habitus", den Baur im Falle von Herrn Beier als Folge einer institutionalisierten Kindheit interpretiert. Die Lebenslage von Herrn Beier wechselte häufig: er war zeitweilig als Bäckergehilfe integriert und lebte konfliktfrei in der Familie des Chefs, wo er auch verpflegt wurde, aber bei Konflikten mit der Familie brach er aus und lebte wieder zeitweise auf der Straße bis er ein ähnlich strukturiertes Arbeits- und Lebensverhältnis wiederfand. Baur sieht in diesem Verhalten die Folgen des Aufwachsens in einer Institution, die es versäumt Kindern notwendige Strategien zur Alltagsbewältigung mitzugeben und welche zudem negativ auf das Selbstwertgefühl wirkt (zu einem ähnlichen Ergebnis kam Baas 1985). Obwohl Herr Beier zu seiner gegenwärtigen Lebenslage und –geschichte ausführlich zur Sprache kommt, wird seine Perspektive auf die Zeit im Heim in dieser Arbeit nicht dargestellt.

Zu den retrospektiven Untersuchungen, welche die Perspektive der ehemaligen Kinder und Jugendlichen auch in Bezug auf die Bewertung der Heimerziehung erhoben haben, gehören die Dissertationen von Lützke (2002) und Fontana (2007). Die Ergebnisse dieser Befragungen werden gemeinsam mit den Ergebnissen der vorliegenden Befragung in Kapitel 10.3 diskutiert.

---

[1] Herr Beier wurde 1956 geboren und kam als Achtjähriger in ein Heim, da sein Vater ihn misshandelte und seine Mutter ihn vernachlässigte. Dies war durch seine unterdurchschnittlichen Leistungen und sein Verhalten in der Schule aufgefallen. Herr Beier verbrachte daraufhin seine Kindheit und Jugend in einem Heim.

3.2 Ansatz und Methode der vorliegenden Studie

Die vorliegende Studie verfolgt den Anspruch, die bisher vernachlässigten Perspektiven von ehemaligen Kindern und Jugendlichen sowie von Mitarbeitern aus Heimen in bezug auf die frühere Erziehung in Heimen und ihre Folgen zu erheben und darzustellen. Sie befindet sich damit auf einer Schnittstelle zwischen „oral history" (Niethammer 2007) – einer Befragung von Zeitzeugen als Beitrag zur historischen Forschung – und Biographieforschung (Rosenthal 1995) als eine Methode der Sozialwissenschaften. Sie ordnet sich in Bezug auf den Forschungsanspruch und die Forschungspraxis der rekonstruktiven Sozialforschung zu (vgl. Bohnsack 2007).

In Bezug auf die Stichprobenwahl ist sie beeinflusst von der Idee der ‚grounded theory', einer Theoriegenerierung durch eine sukzessive Auswahl von Fällen. In diesem Forschungsansatz wird die Stichprobe nicht nach zuvor festgelegten Kriterien der Repräsentativität bestimmt, sondern danach, dass möglichst viele unterschiedliche Aspekte erfasst werden sollen, sodass je mehr Fälle studiert werden, ein umso differenzierteres Bild entsteht. Für meine Fragestellung nach der Realität der Heimerziehung zwischen 1950 und 1970 ergab sich daraus, dass die Ursachen und Probleme der Heimerziehung, wie auch die Heime selbst möglichst nicht homogen strukturiert sein durften. Aus einem Pool von Personen, die sich auf eine Anzeige in einer überörtlichen Tageszeitung gemeldet hatten, wurden daher insgesamt 22 ehemalige Kinder, Jugendliche und Mitarbeiterinnen aus Heimen nach diesen Kriterien ausgewählt, jeweils elf aus einer Gruppe, welche diesen Kriterien entsprachen.

Methodisch geht die Studie den Weg problemzentrierter, narrativer Interviews, die zwar einem Frageleitfaden folgen, dies aber dem Erzählbedürfnis des Interviewten unterordnen, über weite Strecken dem Erzählfluss folgen und diesen lediglich ermuntern. Der Fragebogen enthielt Fragen zu den Erinnerungen an die Heimerziehung der 50er/60er Jahre, besonders zu pädagogischen Maßnahmen, deren Folgen und zur Frage einer heutigen Beurteilung. Auch die Einschätzung der Debatte über „Schläge im Namen des Herrn" wurde erfragt.

Innerhalb der Erziehungswissenschaft hat sich die qualitative Forschung, v.a. die Biographieforschung zu einem wichtigen Forschungsbereich entwickelt. Allerdings wurde im Rahmen der erziehungswissenschaftlichen Debatte bisher mehr Wert auf die Methodologie und auf die Begründung der Berechtigung dieser Forschungsmethode gelegt, als auf die Entwicklung fachspezifischer Fragestellungen. Auch fehlen vergleichende Interpretationen der bisher vorliegenden Ergebnisse und Reflexionen der ethischen Dimensionen von biographischen Interviews. Inhaltlich konzentrierte sich die Forschung zudem mehr auf Bildungsverläufe als auf Wirkungen von Erziehung. Dieser Mangel macht es

schwierig, die in dieser Studie vorgestellten Ergebnisse in eine allgemeinpäda-
gogische Debatte über Erziehungsziele- und Methoden der 50er/60er Jahre, bzw.
in eine forschungsethische Debatte einzuordnen. Daher wurde in der Darstellung
des bisherigen Forschungsstandes vor allem bezug auf bisherige Untersuchungen
zur „Lebensbewährung" genommen.

Neben der Fragestellung, ob sich die Beschreibung der Heimerziehung auf
die These, dass „Nur Schläge im Namen des Herrn" stattgefunden haben, redu-
zieren lässt, entwickelten sich die Interviews mit den ehemaligen Kindern aus
dem Heim – ohne dass dies zunächst beabsichtigt war – zu autobiographischen
Erzählungen. Die interviewten ehemaligen ‚Heimkinder" haben mir sehr bereitwillig auch ihre Lebensgeschichte erzählt und die Auswirkungen der Heimerziehung auf ihr Leben geschildert. Alle haben in beeindruckender Weise ihr Leben
gestaltet und so kann die Studie auch einen Beitrag zur Resilienzforschung leisten, denn die Befragten können sehr genau die hilfreichen Faktoren ihrer erfolg-
reichen, wenn auch sehr mühsamen Lebensbewältigung nennen (vgl. Kapitel
10). Die Auswertung erfolgt hier aber dennoch nicht vorrangig mit dem Schwerpunkt der Frage nach „Lebensbewährung" oder nach Verarbeitungsmustern von
Kindheitserlebnissen, sondern verfolgt hauptsächlich den Schwerpunkt der retro-
spektive Beurteilung der Pädagogik der Heimerziehung der 50er und 60er Jahre
und die Konsequenzen, die aus dieser Beurteilung zu ziehen sind.

Der Weg der Suche nach Interviewpartnern über eine Tageszeitung hatte für
die vorliegende Fragestellung den Vorteil, dass nicht von vornherein Menschen
angesprochen wurden, die sich „beschweren" wollten oder sich als „Opfer" fühlten, sondern Menschen, die sich als „Zeitzeugen" zur Verfügung stellen wollten.
Umso eindrücklicher ist die Tatsache – das sei an dieser Stelle vorweggenommen –, dass gegen meine eigene Erwartung, die deutliche Mehrheit der befragten ehemaligen „Heimkinder" von negativen Erfahrungen berichteten, allerdings
auch oft von noch schlimmeren Erfahrungen in Schule und Elternhaus. Der
Nachteil des Weges über die Zeitung liegt möglicherweise darin, dass ich mehrheitlich eine besondere Gruppe der ehemaligen Kinder und Jugendlichen angesprochen habe, nämlich diejenigen, die regelmäßig Zeitung lesen und die zudem
darüber reden konnten und wollten, dass das, was man ihnen früher unterstellt
hat, dass nämlich aus „Heimblagen" sowieso nichts wird, nicht eingetroffen ist.

Die Auswertung der Interviews erfolgte nach deren Transkription durch
thematisches Kodieren der Texte, indem Themen, die in Antworten und Exkur-
sen der Befragten angesprochen wurden, systematisiert wurden (Flick 1999).

In Bezug auf die ethische Dimension der Studie ist es mir wichtig zu betonen, dass ich mir bewusst bin, dass die Interviewten mir sehr intime Details ihrer
Lebensgeschichte anvertraut haben. Oft habe ich gehört: „Das habe ich noch nie
jemandem erzählt." Neben der Versicherung der Anonymität war es mir daher

wichtig, dass die Interviewten die Passagen und Zusammenfassungen, die ja immer auch Interpretationen beinhalten auch gegenlesen und autorisieren konnten. Dies mag –trotz meiner Benmühungen mich davon nicht beeinflussen zu lassen – an manchen Stellen meine Interpretationsmöglichkeiten eingeschränkt haben, aber die Achtung vor den Selbstdeutungen der befragten Menschen, ist als Preis m.E. nicht zu hoch. Auch auf eine Lektüre von Akten habe ich bewusst verzichtet, weil die dort gefällten Urteile für die Betroffenen bis heute stigmatisierend wirken.

Dass ich den Interviewten zusicherte, dass sie eine Zusammenfassung der Interviews (Falldokumentation und systematische Auswertung) vor einer Veröffentlichung bekommen und noch einmal überprüfen können, hat leider in einem Fall auch dazu geführt, dass ich ein bereits ausgewertetes Interview aus der Studie herausnehmen musste, da die befragte ehemalige Mitarbeiterin, sich falsch verstanden fühlte. Sie hatte zur Gruppe derer gehört, die die frühere Erziehungspraxis zum Teil besser fand und der Meinung war, dass in der heutigen Erziehung zuwenig Grenzen gesetzt würden.

Interessant war, dass die Reaktion auf die Zusendung der Interviews sich deutlich zwischen den beiden Gruppen der Befragten unterschied. Die ehemaligen Kinder und Jugendlichen aus Heimen gaben eine positive Rückmeldung und äußerten ihre Dankbarkeit dafür, dass all das, was sie im Interview gesagt hatten, an die Öffentlichkeit komme. Eine der Befragten schrieb, wenn es nur zwei oder drei Leser ihrer Geschichte gebe, so würde dies reichen, zu verhindern, dass es jemals wieder solche Heime gibt, wie sie sie kennen lernen musste. Einige berichteten, sie hätten geweint, als sie ihre Kindheitserfahrungen noch einmal so zusammengefasst gelesen hatten, wären aber froh, es sich nun von der Seele geredet zu haben:

> „Bis dato sind und werden Sie der einzige Gesprächspartner sein, dem ich meine Geschichte erzählen kann. Durch unser Gespräch empfand ich große Erleichterung." (Interview Debus)

Viele der befragten ehemaligen Mitarbeiterinnen waren dagegen „erschrocken" nach der Lektüre, teilweise weil sie fanden, dass sie sich sprachlich nicht gut genug ausgedrückt hatten oder weil sie etwas gesagt hatten, was sie nachher so nicht stehen lassen wollten, insbesondere wenn es um das sensible Thema der Strafen oder um Aggressionen auf Seiten von Betreuern ging. In einem Fall habe ich die Daten der Befragten noch einmal stärker anonymisiert (Veränderung des Berufs und des Geburtsjahres), weil die Befürchtung bestand, ihr ehemaliger Träger könne ihr das Gesagte übel nehmen.

Die hier vorliegende Studie kann – wie oben erwähnt – nicht den Anspruch erheben, repräsentativ zu sein. Dies zu versuchen würde auch daran scheitern, dass eine Zufallsstichprobe aus allen damals in Heimen untergebrachten Kindern und Jugendlichen aus Datenschutzgründen nicht möglich ist. Die Studie verfolgt aber das Ziel durch intensive Darstellung und Auswertung von Einzelfällen möglichst viele Aspekte des Themas zu erfassen und die unterschiedlichen subjektiven Deutungen von zwei Seiten – der Seite der Kinder und derjenigen der Erzieherinnen – darzustellen, um eine Hypothese zu typischen Erinnerungsmustern und deren Verteilung zu entwickeln.

3.3 Von der Schwierigkeit, mit Erinnerungen richtig umzugehen

Die im Folgenden dokumentierten Interviews beschäftigen sich mit subjektiven Erinnerungen, die in ihrem Wahrheitsgehalt für die erzählende Person nicht angezweifelt werden können und sollen. Keine und keiner der Befragten machte den Eindruck, dass sie oder er sich oder der interviewenden Person etwas vormachen wollte. Jeder Mensch hat selbst aber auch ambivalente Gefühle zu seiner eigenen Biographie und ist sich nicht immer sicher, wie bestimmte Ereignisse im Lebenslauf einzuordnen sind. Diese Ambivalenz hat sich in manchen Erzählungen niedergeschlagen, indem das Aufwachsen oder die Arbeit im Heim im Verlauf eines Interviews mal positiver und dann auch wieder negativer erinnert wurde. So wurde manchmal das Heim als „Knast" beschrieben, kurze Zeit später aber der Wunsch erinnert, nach der Entlassung aus eben diesem Heim, wieder dorthin zurück zu wollen. Im Verlauf einiger Interviews präzisierten die Befragten auf Nachfragen die widersprüchlichen Erinnerungen und viele bekannten sich auch zu ihren bis heute ambivalenten Gefühlen.

Obwohl ich bei allen Interviews bemüht war, hauptsächlich zuzuhören, kann ich darüber hinaus nicht ausschließen, dass die Interviewten mir bestimmte Absichten bei meinen Interviews unterstellten, von denen ich nicht unbedingt erfuhr. Manche mögen geglaubt haben, ich wollte eine „Opfergeschichte" hören, andere dachten vielleicht, ich wollte dies gerade nicht. Da der Aufruf, auf den sich die Interviewten meldeten, ohne Hinweis auf die aktuelle Debatte um Entschädigungen oder Entschuldigungen lediglich nach Zeitzeugen suchte, gehe ich jedoch davon aus, dass die meisten weder ihre Erlebnisse dramatisierten noch verharmlosten.

In einem Fall wurde auch deutlich, dass ein und dieselbe Erfahrung oder ein und derselbe Mensch sehr unterschiedlich von den Befragten bewertet wurde. Frau Ehlers und Frau Kunstmann (vgl. 4.2.3 und 4.3.5), die zufällig ungefähr zeitgleich in demselben Heim waren, erinnerten beispielsweise den Lehrer der dortigen Schule einmal positiv und einmal negativ. Frau Ehlers hat positive Erinnerungen, da der Lehrer „einmalig" und gewesen sei und sie ihn sehr gemocht hatte. Obwohl von der ersten bis zur achten Klasse alle Kinder in einem Raum waren, hätten sie damals viel gelernt. Die älteren hätten sogar manchmal Rechenaufgaben vom Gymnasium bekommen. Auch habe er oft Scherze gemacht. Er habe zwar ein Stöckchen gehabt, mit dem er ab und zu auf die Finger gehauen habe, sie sei aber nie unter den Geschlagenen gewesen. Denselben Lehrer erinnerte Frau Kunstmann als ein besonderes „Miststück" und begründet dies damit, dass er wahllos Kinder verprügelt habe und manchmal stundenlang in der Ecke stehen ließ. Auch sie habe er oft genug geschlagen, wenn sie im Unterricht redete.

Bei der Durchsicht der Interviews bezweifelte ich zunächst, dass es sich bei dem Lehrer um ein und dieselbe Person gehandelt haben kann, aber aufgrund eines Artikels über die Heimschule (vgl. Warnecke 2001) ist zu vermuten, dass es tatsächlich so ist. Damit wird allerdings deutlich, dass es in anderen vergleichbaren Fällen ebenfalls zu einer unterschiedlichen Bewertung durch andere Befragte hätte kommen können, dass es möglicherweise nicht nur einen Zusammenhang zwischen eigenem Erleben von häufigen Schlägen und negativen Erinnerungen gibt, sondern auch eine mehr oder weniger differenzierte Erinnerung.

Allerdings muss hier betont werden, dass unter den Befragten hauptsächlich Menschen waren, die sich im Interview durch diese differenziertere Art der Betrachtung der Vergangenheit auszeichneten, sodass der beschriebene Fall eher die Ausnahmen darzustellen scheint. Auf die Möglichkeit, dass andere Befragte das gleiche Heim oder die dort Beschäftigten oder betreuten anders in Erinnerung behalten haben könnten, sei hier aber trotzdem noch einmal hingewiesen.

Es folgen in der Darstellung der Interviews kurze Falldokumentationen, in denen Lebensweg und zentrale Themen der Interviews vorgestellt werden und danach eine systematische Auswertung zu zentralen Fragestellungen. Die Namen der Interviewten und der genannten Personen wurden geändert. In einem Fall (Hennig) waren zwei Personen anwesend. Die Interviews fanden vorwiegend in der Wohnung der Interviewten und in einigen Fällen in den Büroräumen einer Jugendhilfeeinrichtung statt. Alle Interviews wurden von der Autorin selbst durchgeführt. Auf eine genaue Beschreibung der Interviewsituation wie sie in manchen qualitativen Forschungsarbeiten gegeben wird (Faltermeier 2001; Fontana 2007) wird bewusst verzichtet, vor allem weil der Informationsgehalt solcher Beschreibung meines Erachtens in keinem Verhältnis zu einer möglichen Missachtung der Privatsphäre der Interviewten steht.

4 Falldokumentation der Interviews: Lebenserinnerungen der „Heimkinder"

Die befragten ehemaligen Kinder und Jugendlichen waren zwischen 38 und 64 Jahre alt, die meisten waren Mitte 50. Fast alle merkten an, dass sie das erste Mal ausführlich über ihre Lebensgeschichte reden würden und waren sehr motiviert. Viele gaben an, dass sie in einem Lebensalter seien, wo man beginne, rückblickend über das Leben nachzudenken, dass daher der Zeitpunkt des Interviews sehr gut passe und dass sie sich in letzter Zeit häufiger mit ihrer Kindheit und Jugend auseinander gesetzt hätten. Umso mehr erstaunt die Tatsache, dass nur wenige etwas von der Debatte „Schläge im Namen des Herrn" mitbekommen hatten, obwohl sie – wenn sie darüber informiert wurden – daran sehr interessiert waren.

Die Heime, in denen die Befragten untergebracht waren, geben die Bandbreite der damaligen Heimerziehung wieder: es waren Einrichtungen in katholischer, evangelischer, städtischer Trägerschaft sowie Heime der Landesbehörden darunter, sie waren in Bayern oder in Ostfriesland, mehrheitlich allerdings in Nordrhein-Westfalen. Nur zwei der Befragten waren zufällig im gleichen Heim gewesen (Frau Ehlers und Frau Kunstmann), ansonsten gehören die beschriebenen Einrichtungen alle anderen Trägern an. Auf die Nennung der Namen der Einrichtungen wurde auf Wunsch von einzelnen Befragten verzichtet.

4.1 Es war gut, im Heim zu sein – Heimerziehung als positive Erfahrung

4.1.1 Edith Jost: Lieber im Heim als zuhause

Frau Jost ist 1947 geboren und lebte vom achten bis zum fünfzehnten Lebensjahr (1954-1963) in einem evangelischen Kinderheim, das von Hauseltern geleitet wurde. Frau Jost ist unehelich geboren und zunächst in einem Säuglings- und Kinderheim aufgewachsen, an das sie aber keine Erinnerungen hat. Ihren Vater hat sie nie kennen gelernt und die Mutter hat auch nie über ihn geredet. Es interessiert sie bis heute nicht, wer es ist. Eine ihrer ersten Erinnerungen ist, dass sie ungefähr mit drei Jahren aus dem ersten Heim von ihrer Großmutter abgeholt wurde, zusammen mit ihrem Bruder. Dieser habe immer bei den Großeltern gelebt, Frau Jost glaubt, dass er dies durfte, weil er ein Junge und damit mehr

Wert war. Der Großvater scheint wohlhabend gewesen zu sein, denn er besaß eine Fabrik. Frau Jost lebte vom dritten bis zum siebten Lebensjahr mit ihrem Bruder bei den Großeltern. Danach erkrankte die Großmutter an Krebs und Frau Jost kam wieder ins Heim. Sie wurde zunächst in die Aufnahmestation („Die Zugvögel!") eines städtischen Kinderheims gebracht und später in ein evangelisches Kinderheim in einer ländlichen Gegend. In diesem Heim gehörte sie zu den ersten Kindern, die das neue Hauselternpaar aufgenommen hatten und sie fühlt sich ihnen bis heute verbunden. Frau Jost blieb in dem Heim bis zum Ende ihrer Volksschulzeit.

Im Heim

Das Heim, an das sich Frau Jost auch heute noch gerne erinnert, bestand aus vier Gruppen, in denen jeweils 20 bis 25 Kinder lebten, die von zwei weltlichen Erzieherinnen betreut wurden. Die kleineren Kinder wurden von einer Diakonisse betreut, die ihre „Kleinstation" Ende der 50er Jahre bis zur Heimentlassung der Kinder weiter als Familiengruppe betreuen „durfte". Daneben gab es eine Mädchengruppe, in der Frau Jost lebte, zwei Jungengruppen, eine für die 8-10jährigen und eine für die älteren Jungen. Insgesamt lebten bis zu hundert Kinder in dem Heim.

Frau Jost erinnert die Heimleitung und die anderen Mitarbeiterinnen positiv, besonders aber eine Erzieherin, die sie oft in den Arm genommen hat. Frau Jost hat sich in dem Heim wohler gefühlt, als bei ihrer Mutter, die nach dem Tod der Großeltern die Fabrik übernahm. Sie wollte auch in den Ferien nicht zu ihr, obwohl ihr Bruder dort lebte:

> „Ich wollte nicht dahin. Denn da habe ich Kloppe gekriegt, in S. (dem Kinderheim C.K.) nicht und darum wollte ich nicht dahin. Einmal habe ich mal einen blauen Fleck mit nach Hause (sic! Sie meint hier das Kinderheim, C.K.) dahin gebracht, aber die konnten nichts machen. Und wir hatten uns schon gefreut, uns ausgemalt, was wir Weihnachten machen und so. Und dann musste ich doch noch da hin. Da habe ich zum A. (dem Hausvater, C.K.) gesagt: ‚Ich will aber nicht.' Da sagte er: ‚ Edith, wir können nichts dafür, du musst.' Na ja, da bin ich dann gefahren. Die Zeit ging auch vorbei. Hat man abgesessen." (Interview Jost)

Frau Jost war damals froh, wenn ihre Mutter vergaß, einen Besuchsantrag zu stellen, da sie lieber im Kinderheim spielen, z.B. Schnitzeljagden machen wollte und auch lieber dort Weihnachten feiern wollte. Zur Mutter habe sie auch später kaum Kontakt gehabt, das habe sich „nicht ergeben" und sie seien nie richtig „warm" miteinander geworden, dazu hätte es nie gereicht.

Frau Jost erinnert sich weder an schlimme Strafen und Schläge, noch an sonstige Dinge, die den Heimaufenthalt belastet hätten. Ihr fallen immer wieder vor allem lustige Begebenheiten ein, so z.B. dass man mit der Nachtwache gerne Scherze gemacht habe, und zwar „Scherze satt und genug":

> „Da schlichen die dann mit ihren Gummischuhen ganz leise durch die Gegend. Da haben wir uns dann auch einen Scherz gemacht. Wir haben erstens laut gesungen, Liederwünschen gemacht. Oder aus einem Besen und einem Kissen einen Männeken gemacht, die Schulter so rauskucken und dann kam dann einer angeschlichen: Jetzt habe ich dich und dann hatte die einen Besen in der Hand gehalten." (Interview Jost)

Das einzige, was Frau Jost bedauert ist, dass sie damals noch kein Radio und auch keinen Kanarienvogel haben durfte, das sei leider erst erlaubt worden, als sie schon das Heim verlassen hatte. Sonntags habe es immer eine Stunde Kinderfunk im Radio des Gemeinschaftsraumes gegeben, später sogar einmal in der Woche Fernsehen. Sie erinnert sich, dass die Briefe, die die Kinder regelmäßig einmal im Monat an die Eltern schreiben mussten, zensiert wurden. Wer sich beispielsweise über das Essen beschwerte, der musste den Brief noch einmal schreiben. Auch die Briefe der Eltern wurden gelesen. Frau Jost findet dies aber nicht schlimm, manchmal sei es auch wichtig gewesen, um die Kinder zu schützen. Frau Jost vermutet heute, die Briefe, welche die Kinder schreiben sollten, hatten vor allem den Zweck, die Mütter an den Besuchssonntag zu erinnern.

Frau Jost meinte, dass man als Kind „nicht immer nur brav" sein könne und daher habe sie auch öfters eine Strafe erhalten. Die Strafe habe meistens darin bestanden, dass sie auswendig lernen „durfte". Das habe ihr gefallen und später sehr geholfen.

Leben danach

Nach dem Heimaufenthalt machte Frau Jost eine Lehre. Die Hauseltern vermittelten für die Jungen damals meist Stellen auf einem Bauernhof oder bei einem Handwerker, bei dem sie auch übernachten konnten. Die Mädchen wurden in eine hauswirtschaftliche Ausbildung geschickt, nur wenige machten eine andere Lehre als Schneiderin oder als Verkäuferin. Als Frau Jost in die Lehre gehen wollte, meldete sich die Mutter und verlangte von ihr, ihre hauswirtschaftliche Lehre in einer Jugendherberge in ihrer Nähe zu machen und nicht in dem christlichen Erholungsheim, in das die Hauseltern sie vermittelt hatten. Frau Jost setzte sich damals mit Hilfe des Vormunds und des Heimleiters gegen ihre Mutter durch und ist heute froh darüber.

Die Lehrzeit hat Frau Jost als viel strenger empfunden als das Kinderheim, da sie in dem Erholungsheim, in dem sie lernte, von einer Pastorenfrau angeleitet wurde. Ins Kino habe sie nicht gehen dürfen. Sie habe 17jährig auf dem Weg zur Berufsschule einen Jungen kennen gelernt und sich nett mit ihm unterhalten. Der habe sie mal besuchen wollen und daraufhin habe die Pastorenfrau gleich Angst gehabt, sie würde auf die schiefe Bahn geraten. Da habe sie dem Jungen gesagt, er solle sie nicht mehr besuchen:

> „Früher durfte man ja noch nicht mit Jungen sprechen, außer in dem Haus, aber wenn man dann ‚poussiert' hat, wie das da hieß, dann war das ja schon eine Sünde."
> (Interview Jost)

Frau Jost hat einige Jahre als Hauswirtschafterin gearbeitet und später eine Stelle als Schreibkraft in einem Elektrohandel angenommen, da man dort besser verdienen konnte. Bald darauf bearbeitete sie auch den Ein- und Verkauf, sowie den Kundendienst. In dem Elektrohandel lernte sie auch ihren Mann kennen, der dort als Monteur arbeitete. Drei Jahre nach der Hochzeit erkrankte Frau Jost an Krebs. Sie gibt an, dass sie seitdem mit dieser Krankheit „lebt" und schon häufig operiert wurde.

Wenn Frau Jost ihr eigenes mit dem Leben ihres Bruders vergleicht, so ist sie den Menschen, die damals in dem Heim gearbeitet haben, dankbar, da sie glaubt, dass aus ihr mehr geworden ist, als aus ihrem Bruder. Dieser habe eine ganz andere Auffassung vom Leben. Ihr Bruder sei einerseits von der Mutter verwöhnt worden, andererseits habe sie ihn oft mit dem Gummiknüppel verprügelt. Frau Jost nimmt aber ihrer Mutter, die ein „lebenslustiger Mensch" gewesen sei, nicht übel, dass sie „ihr Leben gelebt hat" und hofft, dass sie damit zufrieden war. Sie selbst habe aber andere Vorstellungen vom Leben.

Frau Jost hat sich nie geschämt, ein Heimkind zu sein und hat auch nie behauptet, dass sie im Internat war, wie es viele täten, die früher im Heim waren. Frau Jost meint, dass ins Internat eher schwererziehbare Kinder kommen, während ein Heim vom Wort her schon den Anspruch verkörpere, das Heim einer Familie zu ersetzen.

Frau Jost ist heute krankheitsbedingt nicht mehr berufstätig, engagiert sich aber ehrenamtlich in ihrer Kirchengemeinde. Sie betont, dass sie mit ihrem Leben voll und ganz zufrieden ist und nicht bereut im Heim gewesen zu sein:

> „Es hätte mich jedenfalls nicht besser treffen können als wie da. Wenn ich zuhause gewesen wäre, wäre ich schon auf einen anderen Weg gekommen, der nicht so gerade gewesen wäre." (Interview Jost)

4.1.2   Elisabeth Becker: Zuhause war viel schlimmer als im Heim

Frau Becker ist 1956 geboren und war zwischen 1965 und 1967 im Waisenhaus eines evangelischen Missionsvereins, da ihre Eltern sich scheiden ließen. Sie beschreibt die Situation zuhause wie folgt:

> „Wir hatten zuhause Krieg. (…) Mein Vater und meine Mutter, die lieferten sich aufgrund ihrer persönlichen Schwierigkeiten einen derartigen Krieg, nicht lautstark, aber unterschwellig. Mein Vater ist Jude gewesen, … und ist auch von den Nazis verfolgt worden und hat das mit uns gemacht, was er erlitten hat. Das wusste ich aber später erst …. Ich weiß nicht genau, was er erlitten hat, ich weiß auch nicht genau, was er gemacht hat. Ich … kenne meine Schäden, ich kenne die Störungen heute (…) Ich bin mein ganzes Leben wie in einem Nebel gelaufen, den ich aber nicht gemerkt habe. Ich kannte es nicht anders. (…) Meine Mutter sagte mir, dass ich sehr, sehr lange Zeit gebraucht hatte, um trocken zu werden und dass sie meinem Vater immer gesagt hätte: ‚Wenn du die jetzt nicht endlich in Ruhe lässt, damit die endlich trocken kriege.' Also muss da irgendwas gewesen sein. Die hat sich also nicht dazwischen gestellt, sondern die hat von außen gesagt: ‚Wenn du die jetzt nicht endlich in Ruhe lässt.' Ich habe eine Todesangst gehabt. Ich habe eine richtige Todesangst vor meinem Vater gehabt, wusste das aber nicht zu definieren. (…) Als Kind kann man ja auch nicht weglaufen. (…) . Ja, mir konnte keiner helfen, das hat mir keiner angesehen. (…) Die Nachbarn durften nicht wissen, was zuhause passierte. Das war alles nach außen wie geleckt." (Interview Becker)

Ihr Vater sei nach außen sehr charmant und manchmal auch sehr „warm" gewesen und sie habe diese Zwiespältigkeit mit als das Schlimmste gefunden. Zuhause habe der Vater sie mit Psychoterror gequält, alles sei still und leise vergiftet gewesen. Es habe immer so kurz vor einem gefährlichen Ausbruch gestanden, dass man sich fragte:

> „Passiert es jetzt oder passiert es nicht und das jeden Tag, jeden Tag, jeden Tag. Man steht also immer nur unter Anspannung … Als kleines Kind war ich sehr aktiv gewesen, das war schlagartig vorbei, da war ich so zwischen drei und vier. (…) Für mich war das grausame Zuhause absolut normal. Ich konnte nicht verstehen, dass Mädchen keine Angst vor ihrem Vater hatten." (Interview Becker)

Der Hass, die Gereiztheit, der „Krieg" zuhause sei so schlimm gewesen, dass sie, als sie neun Jahre und ihr Bruder 10 ½ gewesen ist, die Mutter gebeten hätten: „Mama, lass dich scheiden und tu uns ins Waisenhaus". Daraufhin hätte die Mutter das dritte Mal die Scheidung eingereicht, zweimal hatte sie diese zuvor zurückgezogen. Frau Becker kam dann mit ihrem Bruder ins Heim, was sie als große Erleichterung empfand.

Im Heim

Frau Becker war in einem evangelischen „Waisenhaus", das aus verschiedenen Häusern bestand. In ihrem Haus lebten zwanzig Schulkinder, es gab jeweils ein Zimmer mit fünf kleinen und fünf großen Jungen und mit fünf großen und kleinen Mädchen. Die „Hauptbetreuerin" sei noch sehr jung gewesen, dazu sei noch eine zweite Betreuerin gekommen, beides weltliche Kräfte, die mit im Haus gewohnt hätten. Dazu seien auch ständig neue Praktikanten gekommen. Die Lehrerinnen der Waisenhausschule hätten im Keller unterrichtet und auf dem Dachboden gewohnt. Die gesamte Einrichtung mit ungefähr vier oder fünf Häusern wurde von einem Hausvater geleitet, der ab und zu nach dem Rechten sah und der sehr autoritär gewesen sei.

Im Heim wurde viel gebetet, vor jedem Essen, abends vor dem Schlafen gehen, morgens beim Aufstehen. Samstags abends gab es zusätzlich besondere Gottesdienstveranstaltungen vom Heim und sonntags vormittags ein Art Kindergottesdienst im Waisenhaus, wo biblische Geschichten erzählt wurden. Diese Veranstaltungen gefielen Frau Becker, da sie sie interessant fand. Im Waisenhaus gab es auch regelmäßig große religiöse Veranstaltungen, wenn Missionare ausgesandt wurden. Mit dem Dorf hatten die Kinder nichts zu tun. Frau Becker hatte damals den Eindruck, dass die meisten Kinder niemanden „draußen" kannten und auch niemanden hatten, der einmal etwas für sie hätte regeln können. In der Heimschule sei sie „irgendwie fehl am Platz" gewesen, da es durch die Kurzschuljahre keine Klasse gab, in die sie gehen konnte. Sie sei dann zur Realschule gegangen, dort sei sie aber nicht mitgekommen. Der Rektor der Schule habe sie auch immer spüren lassen, dass sie aus dem Heim kommt, lediglich die Klassenlehrerin sei nett gewesen.

> „Man hat von mir Leistungen erwartet, die ich aber nicht bringen konnte. Und ständig hieß es: Elisabeth könnte, wenn sie wollte. Ich weiß heute, dass ich alles intuitiv daran gesetzt habe, dass nur ja keiner merkt, was mit mir los ist." (Interview Becker)

Das Leben danach

Nach dem Heimaufenthalt konnte Frau Becker eine normale Schullaufbahn einschlagen und hat die Fachhochschulreife erworben. Zwei und ein halbes Jahr nach der Aufnahme ins Waisenhaus ist Frau Becker zur Mutter gezogen, die inzwischen vom Vater getrennt lebte. Ihr Bruder zog vier Jahre später zum Vater. Nach ihrem Heimaufenthalt erlebte Frau Becker in der Schule und im Freundeskreis oft, dass man sie bemitleidete, weil sie im Heim war und sie hat dieses Mitleid stets zurück gewiesen:

„Da habe ich dann schon mal erzählt, dass ich im Waisenhaus gewesen bin: ‚Oh, du Ärmste, das muss ja ganz schlimm gewesen sein.' Und ich sage: ‚Eigentlich nicht, zuhause war es schlimmer.' Im Waisenhaus war … es besser, dieser Krieg war halt nicht da. Der Krieg war nicht da, aber ich denke der Schaden war da."(Interview Becker)

Frau Becker ist auch später im Erwachsenenalter noch oft auf ihre Zeit im Heim angesprochen und gefragt worden, ob es da sehr schlimm gewesen sei. Sie habe immer geantwortet, zuhause sei es sehr viel schlimmer gewesen. Die große Erleichterung, aus dem „Krieg" der Eltern herausgekommen zu sein, habe danach alles überwogen:

„Das Heim war auf jeden Fall eine bessere Alternative als Zuhause zu bleiben, das ist es auf jeden Fall. Eine bessere Alternative als meinem Vater ausgesetzt zu sein. Ich habe meine Eltern geliebt, ich habe die so sehr geliebt. Ich durfte sie nicht lieben. Ich krepiere da heute noch dran. Wenn es dann heißt, Kinder, die aus grausamen Verhältnissen kommen, ins Heim. Und dann sollen die wieder zurück nach Hause. Ich weiß von Kindern, dass sie wieder zurückgehen, in diese Hölle hinein, weil: ‚Es sind doch meine Eltern.' Wie soll man diesen Kindern gerecht werden? Der Staat kümmert sich so schnell um alles Mögliche, doch da tut er das nicht. Der macht sich seine eigene Grundlage kaputt. Es ist mit Sicherheit das, was bekannt ist, nur die Spitze vom Eisberg. (…) Das Heim war nicht so schlimm wie das Elternhaus, wirklich nicht." (Interview Becker)

Frau Becker glaubt, dass sie (schon früher) versucht hätte, sich das Leben zu nehmen, wenn sie nicht ins Heim gekommen wäre. Frau Becker hat später eine Tischlerlehre absolviert und einen Mann geheiratet, der wie ihr Vater gewesen sei, obwohl sie das nie gewollt habe. Dann habe sie immer vor der schwierigen Situation gestanden, sich zu fragen, ob sie sich etwas einbildet oder nicht. Als sie in einer schwierigen Situation in ihrer Ehe gewesen sei, seien nach einem Gebet die Zeugen Jehovas bei ihr vorbeigekommen. Sie hat das Angebot mit ihnen die Bibel zu lesen angenommen und ist dann jahrelang Zeugin Jehovas gewesen. Erst dort fing sie an, ihre Familiengeschichte aufzuarbeiten. Durch die Bibellektüre entdeckte sie auch eine neue Freiheit, die ihrer Meinung nach das Christentum bietet. Im Heim dagegen sei Religion ein Mittel zum Zweck missbraucht worden, nämlich um Angst einzuflößen und um Druck auszuüben. Bei den Zeugen Jehovas lernte sie Religion als lohnenden Lebensweg kennen:

„Von dem, was ich kennen gelernt habe, das hat mich befreit, das hat mich sogar gegen die Gruppe, also gegen eine Gruppe bei den Zeugen Jehovas befreit… (…) Was hat Jesus gesagt? ‚Wenn ihr in meinem Wort bleibt, werdet ihr die Wahrheit erkennen und die Wahrheit, wird euch frei machen. Zittert nicht vor Menschen.'

Keine Angst vor Menschen zu haben, das ist also mein größter Schwerpunkt: Angst vor Menschen. Vor Autoritäten, nicht vom Kopf her, … aber Schweißausbrüche, die kommen automatisch, …Lähmungen …Da habe ich dann auch ganz bewusst ‚Nein' sagen gelernt. (…) Wenn Menschen kommen und Druck ausüben wollen, ob es die Mutter war, ob es das Heim gewesen ist oder die Erzieher, ob es eben gewisse Zeugen Jehovas waren, wo ich nur sagen kann, in dem Moment, wo ich nur Druck rieche, bin ich weg." (Interview Becker)

Ihr Mann sei Alkoholiker gewesen und als er die elfjährige Tochter nur einmal am Po berühren wollte, sei sie sofort dazwischen gegangen. Ihre Mutter habe das nie getan, aber sie hätte ihren Mann „umgebracht", wenn er sich an den Kindern vergriffen hätte.

Durch die Zeugen Jehovas hätte sie gelernt, ihrem Mann die Stirn zu bieten, sodass er sie nicht mehr „kneten" konnte. Vor zehn Jahren, nach der Scheidung von ihrem ersten Mann, habe sie dann angefangen „durch die Hölle zu gehen". Da seien ihre Kindheitserlebnisse langsam ans Tageslicht gekommen. Aufgrund von Störungen, die sie entwickelt hatte, hätte sie nicht mehr anders gekonnt, als sich diesen zu stellen. Sie sei in „Weinkrämpfen" gelandet und teilweise auch im Krankenhaus. Zunächst habe sie gar nicht gewusst, was los war. Zu der Zeit habe sie auch Selbstmordgedanken gehabt.

Weil es so schmerzhaft sei, sich seinen Gefühlen zu stellen, habe sie im Laufe der Behandlung ihrer Störungen zwei Psychologen und drei Psychiater „hinters Licht geführt". Dies habe sie nicht bewusst getan, es aber hervorragend verstanden, „niemand in das Innere hereinkucken zu lassen." Sie könne vieles bis heute nicht mitteilen und ziehe sich lieber zurück. Das sei auch der Grund, weshalb sie heute lieber alleine ist. Kontakte, vor allem, wenn sie länger dauern, konfrontierten sie zu sehr mit ihren Störungen. Auch früher hat Frau Becker Kontakte oft abgebrochen.

Zu ihren erwachsenen Kindern hat Frau Becker heute nur noch wenig Kontakt, da diese in den letzten Jahren die „materielle Schiene" des Vaters gefahren seien. Sie hätten gute Berufe und würden sich kaum melden. Frau Becker glaubt, dass sie einerseits ihren Kinder viel gegeben und sich für sie eingesetzt habe, dass sie sich ihnen gegenüber aber auch manchmal falsch verhalten hat. Dies habe sie aber im Gegensatz zu ihrer eigenen Mutter immer zugegeben. Frau Becker fühlt sich heute von ihrer Tochter und ihrem Sohn nicht verstanden, macht ihnen aber keine Vorwürfe. Allerdings habe sie ihnen jetzt einen Abschiedsbrief geschrieben.

Frau Becker hat bis heute Angst vor Autoritäten und hat deshalb schon mehrere, auch gute Arbeitsverhältnisse gekündigt, weil sie dort psychosomatische Symptome entwickelte. Als Kind habe sie in einer extremen Anspannung gelebt, die sich „bis auf die Knochen eingefressen" habe. Der Grund für ihre

Störungen sei aber nicht der Aufenthalt im Waisenhaus, da sei der „Zug schon abgefahren" gewesen.

Frau Becker ist zum zweiten Mal verheiratet und berichtet, dass ihr Mann ebenfalls traumatische Misshandlungen in der Kindheit erlebte. Sie ist arbeitslos und hat sich auch bemüht, über das Opferentschädigungsgesetz Geld zu bekommen, aber sie kann nicht nachweisen, dass die misshandelt wurde:

> „Ich weiß, dass ich misshandelt worden bin als Kind, ich kann das aber nicht beweisen. Meine Mutter will ich nicht damit belasten und mein Vater (der inzwischen verstorben ist, C.K.), der hätte das ja nun auf jeden Fall immer abgestritten." (Interview Becker)

4.1.3 Peter Isenburg: Ich habe viel gelernt

Herr Isenburg ist 1943 geboren und war wegen „auffälligem" Verhalten von 1956 bis 1959 in zwei verschiedenen Erziehungsheimen, zuletzt in einem katholischen Erziehungsheim für Jungen im Rheinland. Herr Isenburg ist auf Wunsch seiner Eltern mit 14 Jahren, nach Beendigung der Schulzeit zunächst für 14 Tage in eine Jugendpsychiatrie und anschließend in ein Erziehungsheim gekommen. Er habe zuhause „Druck" gemacht, habe „über die Stränge gehauen", aus Protest Dinge getan, die er hinterher selber nicht mehr verstanden habe. Zwar konnte er damals theoretisch zwischen gutem und schlechtem Verhalten unterscheiden, aber oft habe er einfach etwas ausprobiert und erst hinterher darüber nachgedacht. So stahl er einmal den Feuerwehrwagen, den sein Schwager beruflich benutzte und fuhr damit durch Gegend. Ein anderes Mal betrank er sich bei einem Polterabend so sehr, dass er eine Alkoholvergiftung hatte und gewalttätig wurde:

> „Ich weiß gar nicht, wie ich nach Hause gekommen bin und meine Mutter hat direkt geschimpft und ja ... und dann habe ich die Möbel grade gesetzt, ... ich weiß gar nicht, wie es passiert ist. Und dann hat mein späterer Schwager dann den Krankenwagen gerufen und dann haben die mich angeschnallt und selbst die Gurte habe ich durchgerissen." (Interview Isenburg)

Heute kann sich Herr Isenburg etwas besser erklären, warum er damals so schwer zu bändigen war. Er hätte nicht er selbst sein dürfen, alles sei ihm „diktiert" worden. Heute sei das alles anders in der Erziehung, nicht zu vergleichen mit damals. Auch habe er sich seinen beiden Schwestern gegenüber hat sich Herr Isenburg benachteiligt gefühlt:

„Ich war immer der Böse und das, ... alles hab ich gemacht.... Ich war einfach vielleicht (2) ... ein junger Mensch, der die Freiheit liebte. (...) Wollte auf der andern
Seite aber allen das recht machen ... Und die ganzen Verbote, oah nein, hab ich gedacht, ja. Heute denke ich, dass sind alles so die Umstände, so alles kleine Mosaikchen, die da zusammenkommen. Ich hab das nie früher verstanden, warum ich ins
Bett gemacht ... äh, gepinkelt hab." (Interview Isenburg)

Herr Isenburg berichtet auch, dass er von seinem Vater „sexuell benutzt" worden
sei und dass seine Mutter es herausgefunden hätte, was Herr Isenburg heute auch
für eine mögliche Ursache seines damaligen Verhaltens und seiner Unterbringung hält. Herr Isenburg ist seinen Eltern, auch seinem Vater, aber nicht böse,
sondern behauptet, dass beide Eltern immer zu ihm gestanden hätten.

„Meine Eltern, ... die haben versucht, alles wirklich gut zu machen. Nur, ich hab
viel später erfahren, meine Mutter wollte meinen Vater gar nicht heiraten ...Mein
Vater war selber auch Waise und kam aus Schlesien, ja und im Krieg kennen gelernt
und wie das halt so (...) Die haben beide wirklich versuch, für uns da zu sein. (...)
Es fehlte manchmal ein bisschen, sagen wir mal an Liebe, ...mal in Arm nehmen
..." (Interview Isenburg)

Im ersten Erziehungsheim und wieder zuhause

In dem ersten Heim musste Herr Isenburg Fußmatten flechten, es sei dort „brutalo" gewesen und er habe starke Ängste gehabt. Damals war er nach eigenen
Angaben ein „Schwächling" und kein „Tarzan" und erinnert sich, dass er unter
den Jungs eine Art Prüfung bestehen musste. Die Geschlossenheit des Heims
habe ihn hart getroffen:

„Da wurde morgens Appell gemacht und ... wir kriegten dann alle ... Heimkleidung
...und damit konnte man nicht groß abhauen, hätte ja sofort jeder irgendwo erkannt.
Haare wurden kurz geschnitten ...." (Interview Isenburg)

In dieser ersten Einrichtung habe es auch eine Kapelle gegeben und es sei Pflicht
gewesen, am Gottesdienst teilzunehmen. Das sei ihm damals aber als eine gute
Abwechslung erschienen. Insgesamt sei das Heim gewesen wie heute der offene
Vollzug in der Justizvollzugsanstalt. Er habe die ganze Zeit nur nach Hause zu
seiner Mutter gewollt und sei dann auch abgehauen, sie hätten ihn aber kurze
Zeit darauf erwischt. Aus dem ersten Heim sei er nach Hause entlassen worden,
um dort eine Lehre als Maler bei seinem Großonkel zu machen. Das sei ein dreiviertel Jahr gut gegangen. Dann habe er einen Dienstahl begangen:

„Dann hab ich ein Paar Rollschuhe mitgenommen. Die lagen da und das war zwar Abfall, aber ich hatte nicht gefragt und somit war das Diebstahl. Das war ....ein Schutthaufen, da lag was drauf von den Leuten, ja. (…) Dann hat der Meister mich geschasst. (…) … Da war ich so traurig, und dann hab ich nur Blödsinn noch gemacht. (…) Und dann bin ich …nach Haus F. in K. gekommen. Das war auch eine Einrichtung für … Jungs, war geschlossen. (…) Da hatte ich eigentlich einen guten Betreuer, da waren so zwei, fast so eher Vatertyp war das, der mit uns auch so was machte, Sport und so was, alles … (…)Aber mein Drang war immer wieder dann nach Hause. Immer wieder dieses eingesperrt sein." (Interview Isenburg)

Im zweiten Erziehungsheim

Das katholische Erziehungsheim, in dem Herr Isenburg zwei Jahre war, hatte sieben oder acht Gruppen, die von Handwerksmeistern mit zusätzlicher pädagogischer Ausbildung geleitet wurden. Diese Erzieher sind in der Erinnerung von Herrn Isenburg auch zu regelmäßigen Fortbildungen ins Landesjugendamt gefahren. In dem Heim arbeiteten die Jungen in der Landwirtschaft oder in der Küche. Es gab auch eine Lehrwerkstatt für metallverarbeitende Berufe. Viele der Jungen seien aus kinderreichen Familien gekommen und hätten keinen sozialen Halt gehabt, hätten noch einmal „angeschoben" werden müssen:

> „Ich hab das immer wohl von … Zöglingen gehört, wie es da zu Hause geht: Mutter trinkt, Vater trinkt, kriegst immer Prügel. (…) Wenn man das so in etwa wusste, dann hat man auch diesen … Kameraden … ein bisschen geholfen. Wenn der kein Päckchen kriegte oder so, ne. …dann hat man auch das einfach geteilt …." (Interview Isenburg)

Daneben habe es die „ganz Unverbesserlichen" in dem Heim gegeben, welche schon Straftaten begangen hatten. Vor diesen warnte der Leiter der Einrichtung immer die anderen Jungen, damit sie sich nicht mit ihnen „abgaben", weil sie sonst ebenfalls kriminell würden.
Herr Isenburg arbeitete damals in einer Gruppe, die zuständig war für das Putzen der Innenräume, das Abspülen und das Essen holen. Das habe ihm gefallen, weil er immer sehr häuslich und ordentlich gewesen sei. Nachher sei er in die Großküche gekommen, dort habe er mehr Ruhe gehabt, zwar früh anfangen müssen, aber auch immer gutes Essen gehabt. Er habe dort auch mehr Taschengeld bekommen und sich immer bemüht, der Beste zu sein, um sich in der Bewertung „hochzuarbeiten.":

> „Und dann hat man sich auch dann gefreut, wenn …einem so ein Urlaubsantrag genehmigt wurde, das war schon ein Privileg und dann hat man gesagt, das war so toll,

das möchte ich auch wiederhaben, also musst du etwas dafür tun. (…) Man …hat …mich auch, im Grunde genommen, wahrgenommen. Die haben ja Berichte gemacht und wenn man was hatte, man konnte mit denen dann auch reden …Zählen tat immer nur, wenn man also wirklich sich an die Anordnung hielt. Ob es jetzt Sauberkeit war, ob es Ordnung war, Pünktlichkeit, ja. Auch Kameradschaft, dem anderen gegenüber oder so. Man hatte Ziele, die man erarbeiten konnte, und wenn man die erreichen konnte, hat man auch Belohnungen bekommen." (Interview Isenburg)

Zu den negativen Erinnerungen gehören die Tatsache, dass man sich dem „Leithammel" der Gruppe unterordnen musste, sowie die sexuellen Übergriffe der anderen Jungen, die mit ihm „sexuell was machen wollten". Er habe sich erst gar nichts dabei gedacht, es sei nachts passiert, wenn keine Erzieher anwesend waren, sie hätten ihn mit Sperma bespritzt. Später konnte er die Übergriffe umgehen, da er sich von den betreffenden Jungen fernhielt, die abends im Bett Petting gemacht hätten. Auch ein Küchenbediensteter habe ihn mal bedrängt, was ihn peinlich berührt habe, da er selbst in der Pubertät war und nicht wusste, wie er diese „Annäherungsversuche" einschätzen sollte. In der folgenden Interviewszene wird deutlich, wie schwer es Herrn Isenburg noch nach so vielen Jahren fällt, die sexuellen Übergriffe auch seinem Vater zuzuordnen:

Isenburg: „Da war in der Küche auch einer, äh, dass war wie so ein Bulle, wie so ein Bulle war. Und ich steh draußen in der Türe, zum … zum Hof. Wir hatten Mittag, na und dann kommt der von hinten, und nimmt mich dann so, also packt mich, ich merkte dann auf einmal sein, ja sein Herzallerliebstes, ne. Ich denk, bleib ruhig, bleib ruhig, ja. Da hatte er sich schon … hatte schon seine Eskalation (sic!) stattgefunden, da war das schon … Boah, hab ich gedacht, meiner Güte, meiner Güte, nee, meiner Güte, wo bist du hier eigentlich, ne. Aber wissen Sie, als … als Vierzehn-, Fünfzehnjähriger sind sie ja auch am Pubertieren irgendwo, und das war alles ein bisschen sehr, sehr außergewöhnlich und dann hab ich mich auch wirklich zurückgenommen. Und dann hab ich das auch meinen Eltern erzählt, hab gesagt also Herr T. da …"

Interviewerin: „Nun haben Sie ja erzählt, dass ihr Vater Sie auch sexuell missbraucht hat und das ist ja dann komisch, wenn Sie ihm das erzählen und er sich darüber aufregt, oder nicht? „

Isnburg: „Ich hab das damals nicht begriffen, sag mal, dass nicht so aus dieser Perspektive gesehen, sondern, äh, das waren meine Eltern und meine Mutter. Mein Vater muss man das mal, ich mein, wenn ich das heute so betrachte, …er hat er da sofort auch gehandelt, ne und (2) ja ich nehme an, dass das wohl auf Intervention meiner Mutter wohl war, ne. Mein, äh …

Interviewerin: „Was heißt gehandelt? Hat er es dann unterlassen?"

Isenburg: „Wie?"

Interviewerin: „Was heißt denn sofort gehandelt? Das hab ich jetzt nicht verstanden.

Isenburg: „Ja, da wird meine Mutter wohl meinem Vater wohl Druck gemacht haben."

Interviewerin: „Und was ist dann passiert?"

Isenburg: „Da wird der mit der Verwaltung wohl gesprochen haben, ja und mein Vater war ja Staatsdienst, und na ja, ich denke, die wollten auch keinen Skandal irgendwo, und da haben die ganz schnell ... Hat mich gewundert, ne also." (Interview Isenburg)

Als Herr Isenburg über die sexuellen Erlebnisse sprach, wechselte er häufiger das Thema und kam auf Umwegen doch wieder darauf zurück. Trotz der Übergriffe beschrieb er die Atmosphäre des Heimes als „sicher".

Geschlagen wurde Herr Isenburg von den Erziehern nie, nur manchmal von Mitbewohnern. Der Anstaltsleiter half ihm später, eine Stelle zu finden, wo er seine unterbrochene Lehre fortsetzen konnte. Herr Isenburg erinnert das Heim als „positive Stätte", da seine Leistungen dort anerkannt wurden und er mit der Hilfe des Anstaltsleiters beruflich Fuß fassen konnte. Auch erinnert er die geordnete, „richtige große Gemeinschaft" positiv:

„Ich denke, dass ...die Unterbringung in diesen Einrichtungen nicht ganz negativ war. (...) Ich hab viel gelernt. Ich hab Kartoffeln schälen gelernt, wir haben da um die Wette geschält ... Und dann ... gab es freitags ...immer Schokolade ...Und die faul waren, ja, kriegten nichts. (...) Das sind also auch Dinge, die man für sein Leben behalten hat, ne. Das ist so. Ich kann einen Haushalt führen, ich kann alles." (Interview Isenburg)

Später habe er von anderen Einrichtungen erfahren, in denen es anders zugegangen sei, aber er könne nichts Negatives über seinen Aufenthalt sagen, besonders nicht über das zweite Heim.

Leben danach

Herr Isenburg glaubt, dass der Heimaufenthalt für ihn eine Art „Startschuss vorm Bug" war, dass er sich auf einer Gratwanderung befunden habe. Herr Isenburg schloss seine Malerlehre erfolgreich ab und machte mit 48 Jahren die Meisterprüfung. Davor und danach arbeitet er aber auch als Bildjournalist und ist weit gereist, auch in Krisengebiete. Vor einigen Jahren hatte er einen Arbeitsunfall und zog sich dabei eine Gehirnverletzung zu. Privat blickt er ebenfalls auf ein abwechslungsreiches Leben zurück:

> „Mein Leben ist auch so rauf und runter gegangen, wenn ich das so überleg. Ich habe sieben Kinder, drei Frauen sind verstorben, ja, das war schon alles … Ja, wissen Sie, dann lässt man ab und zu mal das Leben auch mal Revue passieren, ne. Dass man sagt: ‚Na ja.' Und trotzdem muss man immer versuchen jeden Tag positiv zu denken und wenn es mir schlecht geht, dann bete ich zum lieben Gott, so einfach ist das." (Interview Isenburg)

4.2   Ambivalente Erfahrungen

4.2.1   Birgit Hennig: Irgendwie drin großgeworden

Frau Hennig ist 1951 in einem Entbindungsheim geboren, die ersten drei Lebensjahre dort geblieben und danach in einem von zwei Diakonissen geleiteten Kinderheim mit 30 Kindern bis zum 16. Lebensjahr aufgewachsen. Frau Hennig beschreibt die Situation ihrer Mutter, als sie mit ihr schwanger war, sehr mitfühlend. Zwischen den Zeilen wird deutlich, dass sie selbst damals ein Kind war, das schon vor und besonders nach der Geburt keinen Ort hatte, an dem es gewünscht und willkommen war:

> „Meine Mutter ist bei Pflegeltern groß geworden, das war eine Tante von meiner Mutter und die hatte schon eine Tochter, Kirsten, also meine Schwester. (…) Die haben die groß gezogen, weil meine Mutter arbeiten gegangen ist. Also, die war nicht verheiratet, hatte auch keinen Mann. Also den Vater wissen wir gar nicht von meiner Schwester. Also meine Schwester, die ist sechs Jahre älter, die ist zuerst bei den Pflegeeltern mit groß geworden. Meine Mutter, die war in Stellung und die hat auch da geschlafen. Die kam nur am Wochenende zu den Pflegeeltern wieder zurück. Und dann hatte sie mich … gehabt und hat mich auch die ganze Zeit versteckt. Es war ja Winter und unter dem Wintermantel – ich wurde im Winter ja geboren –, damit der Pflegevater das nicht gesehen hat. Aber ganz zum Schluss hat sie dann doch mal gefragt, dass sie schwanger wäre, was sie denn (leise) mit mir denn machen sollte. Ob sie denn mich da lassen kann. Und dann hatte er gesagt: ‚Den Bastard, den will ich nicht. Mach mal bloß, dass du den irgendwo hinbringst. Also hier kommt der nicht rein.' So hat sie mir das auch erzählt. (…) Und dann hat sie gehört von dem …. Haus, wo die Mütter auch die Kinder entbinden können, … wo die Mütter dann keine Väter hatten oder die Kinder, die dann keine Väter hatten oder die wussten nicht wohin damit oder wie sagt man immer, un –, die nicht ehelich waren und so was hat man ja alles dann abgegeben. (…) Auf jeden Fall hat sie da dann gebittelt und gebettelt, …, ob sie mich da gebären darf und sie hat aber noch nicht so

richtig gesagt, ob ich da bleiben könnte. Wo ich dann geboren wurde, hat die Schwester gesagt, ja, so nach zwei Wochen: ‚Es wird aber Zeit, dass sie ihr Kind nehmen und wieder gehen.' Und dann hat sie gesagt: ‚Nein, ich kann das nicht, mein Onkel, oder ist ja Pflegevater gewesen, der nimmt mich nicht auf.' (…) Da hat sie gebittelt und gebettelt und die Schwester Johanna immer angefleht. Sie wüsste wirklich nicht, wohin mit mir. Sie müsste auch arbeiten gehen und sie wäre da in Stellung und sie könnte das Kind nicht mitnehmen. Also ich müsste dableiben, sie würde keine andere Chance sehen." (Interview Hennig)

Frau Hennig wurde aufgenommen und ihre Mutter sei dann alle 14 Tage für zwei Stunden zu Besuch gekommen, solange sie denken kann. Die Mutter sei in ihrem Leben schon „so eine Art Bezugsperson" gewesen, weil sie „draußen" sonst niemanden hatte und weil sie nach dem Heimaufenthalt als Jugendliche bei ihr gewohnt habe.

Im Heim

Bewusst erinnern kann sich Frau Hennig nicht an das Säuglingsheim, nur an das Kinderheim mit den 30 Kindern und den zwei Diakonissen. Eine Diakonisse war als Küchenschwester für Haushalt und Ernährung zuständig und Schwester Greta war „nur für die Kinder da", Tag und Nacht. Sie habe Glück gehabt, dass nicht soviel gewechselt wurde von Seiten der Erzieherinnen und dass diese beiden Schwestern die ganze Zeit, die sie dort lebte, auch da gewesen sind, obwohl sie damals schon älter waren.

Trotz der Aufopferung, die sie bei der sie betreuenden Schwester achtet, weil diese ihr „letztes Hemd" für ihre Kinder gegeben hätte, konnte sie wirkliche mütterliche Gefühle zu Schwester Greta nicht entwickeln, da sie oft gereizt war und die Kinder auch manchmal schlug:

„Die hat wohl – im Nachhinein weiß ich auch, wie das dann ist – die hat jeden Tag von morgens bis abends uns Kinder gehabt, jeden Tag. Dass die mal ganz schnell mal ausgeflippt ist oder mehr geschrien hat. (…) Und dann wurde eben mal in den Haaren gezogen. Da habe ich gemerkt, dass die auch am Ende, mit den Nerven am Ende ist." (Interview Hennig)

Neben den Schwestern habe es manchmal Erzieherinnen gegeben, die im täglichen Umgang netter waren, die es leider aber nicht lange mit Schwester Greta aushielten und umgekehrt:

„Die Rosemarie, die war nur nicht lange bei uns. (…) Die war so was von lieb. Da habe ich erst mal so diese Ruhe kennen gelernt. Die hatte so eine ruhige Ausstrahlung, nicht dieses Nervöse an sich. Bei der habe ich mich so wohl gefühlt. So geschützt auch irgendwie. Aber was war? Die war auf einmal wieder weg. Hat es auch nicht so durchgehalten." (Interview Hennig)

Wenn neue Erzieherinnen mit den Kindern beispielsweise Spaziergänge auf Spielplätze außerhalb machten oder mit den Kindern bastelten und malten, dann behauptete Schwester Greta, sie brächten „andere Allüren hier rein" und damit alles durcheinander.

Allerdings erinnert sich Frau Hennig auch an Erzieherinnen, die strenger waren und härter straften als die Schwester. Eine habe die Kinder Erbrochenes essen lassen, sie zur Strafe mit dem kalten Schlauch abgespritzt und stark geschlagen. Das habe aber Schwester Greta „alles nicht gewusst". Weil es offensichtlich schwer war, gute Erzieherinnen zu finden, die sich zudem noch den Ansprüchen der Schwester genügte, habe Schwester Greta oft wochenlang allein gearbeitet. Am meisten hat Frau Hennig in ihrer Zeit im Heim unter der gewalttätigen Reglementierung von unerwünschtem Verhalten gelitten, die sie meistens als Zeugin erlebte:

> „Wenn irgendwie was war, ich habe das alles immer unter dem Tisch oder so beobachtet. Wenn irgendwie geschlagen wurde oder was. (…)Und dann habe ich schon immer dafür gesorgt, dass ich sie nicht kriege oder geschlagen werde. Und so bin ich da irgendwie groß geworden drin." (Interview Hennig)

Frau Hennig sieht die damaligen pädagogischen Mittel und die Bedingungen im Heim heute sehr kritisch und daher nimmt sie es im Nachhinein ihrer Mutter doch übel, dass die Schwester bei ihr, bzw. den Pflegeltern sein konnte und sie nicht. Auch habe sie bemerkt, dass die Mutter zu ihrer älteren Schwester ein intensiveres Verhältnis hatte, sie auch später häufiger besuchte. Sie habe sie auch mal gefragt, warum nur sie im Kinderheim habe sein müssen:

> „Und dann hat sie mir die Antwort gegeben, die fand ich auch nicht sehr schön: ‚Sei froh, dass du überhaupt im Kinderheim warst, deine Schwester hat es so gut gar nicht gehabt bei den Großeltern.' Also ich hätte es ja dreimal besser gehabt, als meine Schwester." (Interview Hennig)

Ob das stimmt, kann Frau Hennig allerdings nicht beurteilen, da sie die Pflegeeltern der Mutter nur einmal gesehen hat. Auf jeden Fall sei sie aber im Kinderheim auch nicht so gut groß geworden.

Leben danach

Nach der Zeit im Heim kam Frau Hennig nach einem missglückten Versuch als Haushaltshilfe zunächst zu ihrer Mutter, die inzwischen eine eigene, allerdings sehr kleine Wohnung hatte. Die Mutter besorgte ihr wieder eine Stelle als Haushälterin, wo sie sich auch wohlgefühlt habe.

Frau Hennig heiratete bald darauf und bekam mit 20 Jahren ihre Tochter. Später hat sie sich von ihrem Mann getrennt, da dieser versucht habe, ihre Tochter zu missbrauchen. Sie sei dann mit ihrer Tochter ins Frauenhaus gegangen und habe sich danach mit ihr ein neues Zuhause aufgebaut. Sie entwickelte zu ihrer Tochter damals ein sehr freundschaftliches Verhältnis und besprach alles mit ihr, wie sie es in den Büchern über antiautoritäre Erziehung gelesen hatte. Jahrelang war Frau Hennig als Haushaltshilfe in einer Familie tätig, bis sich das Arbeitsverhältnis durch die Scheidung der Arbeitgeber auflöste. Beide Ereignisse zusammen lösten bei Frau Hennig eine tiefe Krise aus, in deren Folge sie auch ihre Kindheitserlebnisse therapeutisch aufarbeitete. Frau Hennig ist inzwischen wieder verheiratet und hat heute guten Kontakt zu ihrer Tochter und zu ihren zwei Enkelkindern.

4.2.2 Regina Christmann: Erziehungsheim als Strafe

Frau Christmann ist 1951 geboren und war 1963 für 10 Monate in einem katholischen Erziehungsheim, da sie von ihrem Onkel mehrfach vergewaltigt worden war und danach weglief, um den Übergriffen zu entfliehen. Frau Christmann weiß bis heute nicht, warum man ihren Eltern damals das Sorgerecht entzog und warum sie ins Heim kam. Sie bedauert, dass sie weder mit ihrem Vater, noch mit ihrer Mutter jemals über dieses Thema sprechen konnte, denn das sei immer „weggeschoben" worden. Der Vater habe zwar ihren Onkeln, seinen Bruder, bis zum Tod nicht wiedersehen wollen und auch dafür gesorgt, dass er auf der Zeche, wo beide arbeiteten, kein Steiger werden konnte:

> „Mein Onkel wurde dann von dem Tag an aus der Familie verbannt sozusagen, aber eine Strafe hat der nie bekommen. Die Strafe hatte ich. Also, mir wurde dadurch das ganze Leben versaut, war auch versaut, weil ich ja gar nicht wusste, weswegen ich überhaupt weggekommen bin." (Interview Christmann)

Frau Christmann musste als Kind ihrer größeren Schwester in einem Milchgeschäft helfen und fuhr daher oft mit ihrem 20 Jahre alten Onkel auf dem Moped, um schwere Tüten wegzubringen. Über einen längeren Zeitraum habe er sie dann an verschiedene Orte gefahren und dort vergewaltigt:

„Ich kann mich nur noch erinnern, dass ich mich an so ein Hochbett stellen musste und dass der dann sexuelle Handlungen an mir vorgenommen hat. Ich weiß nur, dass das wehgetan hat, dass es gebrannt hat und dass ich nach Hause gekommen bin und mich nicht mehr auf den Stuhl setzen konnte, weil das so wehgetan hat. Und ich kuck meine Mutter an und die war dann am pennen …. Aber warum ich nichts gesagt habe, das weiß ich bis heute nicht. Der muss mich so eingeschüchtert haben. (…) Wie oft das war, das sind so Sachen, die habe ich nicht mehr drin. Ich kann wohl Bruchstücke sagen, so mal an so einem Bach … Ich habe in dieser Zeit unheimlich schwere Gedächtnislücken."[1] (Interview Christmann)

Sie habe sich zwar danach immer geweigert, wieder in das Geschäft zu gehen, aber sich nicht getraut zu sagen, was passiert war, weil sie im Grunde gar nicht wusste, „was an mir geschah", da sie erst 13 Jahre alt war und keinerlei Wissen oder Erfahrung im sexuellen Bereich hatte. Sie wusste nur, dass das, was sie erlebte, „irgendwas ganz Schlimmes" war. Weil sie sich nicht anders zu helfen wusste und um „irgendwie davon loszukommen", lief Frau Christmann von zuhause weg. Sie versteckte sich in einer Kirche, wurde aber nach kurzer Zeit von der Polizei aufgegriffen und wieder nach Hause gebracht. Dort habe der Onkel im Flur gestanden, habe sie am Arm gepackt und sie bedroht. Am nächsten Morgen sei sie dann abgeholt worden, erst zur Polizei, dann in das Heim:

„Zum Schutze des Kindes bin ich dann dahin gekommen, was ich gar nicht verstehen kann. Damals konnte ich das gar nicht verstehen, na gut heute … (…) Und mir wollte man das Gerichtsverfahren ersparen, ich weiß auch gar nicht, ob es so was eigentlich gab. Also geredet wurde bei uns darüber gar nicht. Da wurde gar nicht geredet. Ich bin weggelaufen, ich kam nach Hause und da ist das irgendwie so, da habe ich wohl so Andeutungen gemacht. Und dass man den Eltern das Sorgerecht entzogen hatte, das habe ich erst vor vier oder fünf Jahren erfahren. (…)Und ich kam dann in so ein Heim. Das war ein Heim für Frauen, die so ungewollt schwanger waren, zum Teil, sage ich auch mal, schwer erziehbare. Aber wozu ich mich zählen sollte, in welche Kategorie ich reinkam, wusste ich gar nicht. Ich kann mich noch erinnern, dass es sehr streng war da. Es wurde von Ordenschwestern geführt und man kam jedes viertel Jahr in eine andere Gruppe rein. Ich musste ja noch meinen Hauptschulabschluss machen. Ich war ja mitten aus dem Schuljahr herausgerissen, was ich sehr schlimm fand. Von heute auf morgen gar nicht mehr in der Schule. Von heute auf morgen war ich von der Bildfläche verschwunden. Und ich hatte auch anfangs keinen Besuch. Ich kann mich noch erinnern. Meine Lehrerin war wohl da und hatte mich dann noch mal gefragt. Also erst habe ich dann natürlich gelogen wegen meinem Onkel, weil der mich – ich schätze mal – doch unter Druck gesetzt hat und gesagt hat, ich mach dich alle oder so was. Aber irgendwie haben die das doch rausbekommen. Kam auch das Jugendamt und hat gefragt." (Interview Christmann)

---

[1] Vgl. zu den Schwierigkeiten über traumatische Erfahrungen zu berichten und den dabei typischen „Erinnerungslücken" Rosenthal 1995, S. 120ff.

Nach sechs Wochen in dem Heim kamen die Eltern das erste Mal zu Besuch und ihre Mutter habe weinend gefragt, was sie ihnen da angetan hätte. Sie selbst sei nach dem Besuch der Meinung gewesen, sie hätte ihren Onkel verführt, sie hätte „den Onkel missbraucht sozusagen." Seitdem hatte sie Schuldgefühle, die niemand versuchte, ihr zu nehmen.

Im Heim

In dem katholischen Erziehungsheim, in das sie eingewiesen worden war, waren mehrere Gruppen von 20-25 Mädchen, die jeweils von einer Ordensschwester geleitet wurden. In der Küche habe es Helferinnen gegeben, von außen sei niemand dazu gekommen, das Heim sei wie ein „Ghetto", wie eine „Käseglocke" gewesen. Über die Gründe, weswegen die Mädchen im Heim waren, wurde nicht gesprochen, daher erfuhr Frau Christmann auch von dieser Seite keinen Trost in Bezug auf ihr traumatisches Erlebnis, sondern eher unterschwellige Vorwürfe:

> „Die Ordensschwestern ... haben Ihnen schon das Gefühl gegeben, dass sie etwas Schlimmes gemacht haben. Da war nicht das Gefühl, dass die Schwester jetzt gesagt hätte: ‚Mein Gott Kind, was ist dir denn passiert.'" (Interview Christmann)

Frau Christmann erinnert sich auch nicht, ob sie damals manchmal geweint hat. Zu den Ordensschwestern habe man nicht hingehen können, wenn man Probleme hatte. Das sei ein Tabu gewesen. Trotzdem habe sie eigentlich ein gutes Verhältnis zu den Ordensschwestern gehabt, da sie vor dem Missbrauch habe Nonne werden wollen.

Frau Christmann hat während ihres Heimaufenthaltes jeweils drei Monate in verschiedenen Abteilungen verbracht, in der Küche lernte sie kochen und drei Monate betreute sie Kinder, was ihr besonders gut gefiel. An die Nähstube allerdings hat Frau Christmann keine gute Erinnerung, da es dort starken Druck gab, wenn man eine falsche Naht gemacht hatte. Jeweils nach drei Monaten bekamen die Mädchen eine Rückmeldung der Oberin, welche die Arbeitsleistung und den Fleiß bewertete, aber auch, ob man „lieb" gewesen ist.

Frau Christmann hat die Einrichtung wie einen „Knast" erlebt, da man nicht raus konnte und alle Türen immer verschlossen waren. Sie fühlte sich auch als billige Arbeitskraft, habe sehr viel putzen müssen, auch Wäsche waschen müssen. Die Arbeit habe sie als „Schikane" erlebt. Es sei auch Wäsche von Firmen von außerhalb gekommen. Frau Christmann erinnert sich, dass die „Blaumänner" immer sehr gestunken hätten.

Obwohl sie immer gerne gelernt habe, sei sie in der Schule des Heims bockig und „aufsässig" gewesen, habe dort zwar ihren Hauptschulabschluss gemacht, aber aufgrund ihrer psychischen Belastung mit schlechten Noten. Auch in der Schule sei alles sehr streng gewesen. Gesang, Spiel oder Tanz habe es nicht gegeben. Liebe und Zuwendung habe sie von den Nonnen nicht erhalten, wohl aber hätten die anderen Mädchen, mit denen sie sich anfreundete, ihr dort einen Halt gegeben.

Leben danach

Als sie wieder nach Hause kam, hat man sie dort „wie einen Verbrecher" behandelt und ihr die Schuld für die „Schande" gegeben. Obwohl sie das Heim wie einen „Knast" empfand und sich ungern an die „Schikane" bei der Arbeit erinnert, wäre sie lieber dort geblieben, nicht nur weil sie ein Gemeinschaftsgefühl mit den anderen Mädchen erlebte:

> „Ich glaube, wenn ich im Heim geblieben wäre, hätte ich …mehr Halt gehabt durch die Regeln. (…) In meiner Familie gab es keine Regel und keine Rituale. Wer kommt, der kommt und du kannst sozusagen machen, was du willst. Ich war seitdem das schwarze Schaf in der Familie. (…) Die (im Heim) hätten mich anders geführt, die hätten gesagt, hier ist das üblich, dass man eine Berufsausbildung macht, ob du das willst oder nicht. Du kannst dir vielleicht aussuchen, was du werden willst. (…) Dann wäre mein Weg wahrscheinlich anders verlaufen – so war ich ganz auf mich allein gestellt, als ich aus dem Heim kam. (…)Ich brauchte eine Bezugsperson, ich brauchte jemanden, der mir sagt, jetzt kucken wir mal. (…)Und wenn Sie merken, dass Sie nirgendwo geliebt sind, dann gehen Sie doch lieber da hin, wo man eine Leistung bringen kann, die auch noch belohnt wird, indem man sagt, das hast du gut gemacht." (Interview Christmann)

Bei den Besuchen der Eltern war ihr schon klar geworden, dass sie keinen Bezug mehr zu ihnen hatte, da sie ihnen nicht mehr vertraute. Einmal sei sie vor ihrer Entlassung zu Besuch zuhause gewesen und hätte dann gemerkt, dass sie in die Familie nicht mehr hineinpasste, dass „schlechte Stimmung war." Sie habe sich zuhause auch später immer schuldig gefühlt. Eine richtige Familie sei es für sie nicht mehr gewesen und auf der Straße hätte sie das Gefühl gehabt, jeder wusste, was mit ihr los war. Nach ihrer Entlassung ging Frau Christmann noch oft wieder in die Nähe des Heimes zurück, da sie sich dort im Gegensatz zur Familie geborgen gefühlt und Freunde gehabt habe. Auch habe sie dort Anerkennung für Leistung erhalten:

„Ja, die haben gesagt, Brigitte, du bist gut, du hast gut gebügelt, wir sind stolz auf dich. Zuhause hatte ich keinen Stolz. Ich war das zweite Kind von sieben Geschwistern. Ich hatte immer ein Kind im Schlepptau." (Interview Christmann)

Zuhause sei niemand an ihrer Ausbildung interessiert gewesen. Sie habe sich still verhalten und freiwillig viel Hausarbeit übernommen, sei hinter Lob und Anerkennung hergelaufen, sei unscheinbar und dankbar gewesen, nach dieser „Tat" wieder aufgenommen worden zu sein. Ihren Traumberuf Krankenschwester konnte sie nicht verwirklichen, sie musste als Ladenhilfe in dem Laden arbeiten, wo früher ihre Schwester war. Frau Christmann hat sich damals nicht mehr getraut zu fragen, ob sie eine Ausbildung machen konnte. Ihr war klar, dass sie die Zeit im Heim bei der Bewerbung dann irgendwie hätte „vertuschen" müssen.

Frau Christmann hat nach der Arbeit im Laden zunächst in einer Fabrik gearbeitet und dann ihren späteren Mann kennen gelernt. Lange habe sie danach im Finanzamt gearbeitet und als ihr Vater krank wurde, diesen gepflegt und dabei eine Ausbildung als Altenpflegerin gemacht. Später hat sie als Stationsleiterin gearbeitet. Leider hätten sie und ihr Mann keine Kinder kriegen können, was Frau Christmann auf eine „Ausschabung" zurückführt, die im Erziehungsheim an ihr vorgenommen worden sei. Ob sie damals nach den Vergewaltigungen durch ihren Onkel schwanger gewesen ist, weiß sie nicht.

> „Aber ich glaube nicht, dass ich schwanger gewesen bin. Das hätte ich – ich habe wohl eine Ausschabung gekriegt, ich weiß es nicht. Ich habe noch nicht einmal Arztberichte darüber. Ich weiß, dass ich durch die Ausschabung ständig Blutungen gehabt habe, Eileiterentzündungen über Jahre. (…) Ja mit 27 kriegte ich dann eine Totaloperation. Also sage ich mal, mein Lebensweg war durch meinen Onkel so geprägt, durch den Missbrauch, ob eine Ausschabung erfolgt war, ob ein Schwangerschaftsabbruch …" (Interview Christmann)

Frau Christmann hält es auf Nachfrage zwar auch für sehr unwahrscheinlich, dass in einem katholischen Heim Abtreibungen vorgenommen wurden, weiß aber, dass es ein Eingriff und mehr als eine Untersuchung erfolgt war, da sie danach längere Zeit im Bett bleiben mussten. Sie erwägt auch, ob sie damals vielleicht eine Geschlechtskrankheit hatte.

Nach der Totaloperation mit 27 Jahren, die sie aus der Bahn geworfen hat, machte sie zwei Selbstmordversuche mit Tabletten, was aber „Gott sei Dank" nicht funktioniert habe. 1987 gelang es dem Ehepaar eine Tochter zu adoptieren und damit bekam das Leben von Frau Christmann wieder eine neue Richtung. Sie konnte viele Jahre ihre Kindheitserfahrungen vergessen. Mit ihrer Adoptivtochter hat sie heute noch guten Kontakt. Während der Pubertät ihrer Tochter hat sich Frau Christmann oft gefragt, ob sie einen Missbrauch – anders als ihre eigene Mutter damals – mitbekommen hätte. Aufgrund ihrer eigenen schlechten Erfahrung, hat sie dann manchmal überreagiert:

> „Als meine Tochter ihren ersten Freund hatte, dass ich da total überreagiert habe und dass sie mal statt um zehn um elf zuhause war. Da hat sie mir den Vorwurf gemacht: meinst du, ich werde genauso missbraucht wie du von deinem Onkel. Da habe ich mich gewundert, dass die das weiß. Heute haben wir darüber mal geredet, aber ansatzweise. (…)Als meine Tochter das gesagt hat, da war ich so erschrocken, dass ich gar nicht gefragt habe, woher sie das weiß." (Interview Christmann)

Nach 16 Jahren Ehe ließ sich Frau Christmann 1980 scheiden. Obwohl sie sich mit ihrem Mann gut verstanden habe, sei es von Anfang an nicht Liebe gewesen, sondern das Gefühl, sonst keinen mehr „abzukriegen". Sie und ihr Mann hätten auch sexuelle Probleme gehabt: Sie habe sich zwar gerne aufreizend angezogen, dies habe sie aber eher aus einer Art Wut oder Rache an den Männern im Allgemeinen heraus getan, nicht weil sie Freude an der Sexualität gehabt hat. Ihren zweiten Mann habe sie geheiratet, weil sie sich einsam gefühlt habe. Es sei aber nicht gut gegangen, da er sie schlecht behandelt habe und sie habe sich wieder getrennt.

Erst Jahre nach dem Missbrauch sprach sie mit ihren Schwestern und ihrer Tante über ihren Heimaufenthalt. Vor fünf Jahren ist Frau Christmann schwer krank geworden, da sie die zweite Scheidung und eine plötzliche Arbeitslosigkeit in eine schwere Depression gestürzt hatten. Während eines darauf folgenden Klinikaufenthaltes versuchte sie auch ihre Kindheitserlebnisse aufzuarbeiten. Danach befragte sie ihre Geschwister, ob sie damals etwas gemerkt hätten, was diese verneint hatten. Auch die Tante habe nie mit der Mutter darüber geredet. Frau Christmann wundert sich bis heute, dass damals scheinbar niemandem aufgefallen ist, dass sie lange Zeit nicht in der Familie gewesen war und auch auf der Straße beim Spielen fehlte. Ihren Onkel hat Frau Christmann seither nicht wieder gesehen, muss aber oft an ihn denken:

> „Ich habe oft mal überlegt, den mal so anzurufen. Ich habe auch so zwei oder drei Therapien gemacht, aber ich habe immer noch nicht gelernt, mich so durchzusetzen. Manchmal möchte ich den so anrufen, manchmal ist es stark und manchmal weniger stark und ihn fragen, warum. Blöde Frage eigentlich, aber warum. Der hat auch mittlerweile einen Sohn, der muss so dreißig sein. Ich weiß wohl, seine Frau arbeitet hier… in der Stadtverwaltung. Aber die Frau von ihm wusste das damals nicht. (…) Manchmal denke ich auch, du kannst dich ja mal hinstellen vor das Haus deines Onkels oder mal anrufen und sagen, ich komme morgen vorbei. Hast du keine Lust mit mir zu schlafen, jetzt kann ich erst. Ich sollte auch mal in der Therapie einen Brief schreiben. Den konnte ich gar nicht schreiben, ich hatte ja total Mitleid mit dem. Das ist nicht normal." (Interview Christmann)

4.2.3 Emilie Kunstmann: Schuld sind immer die Mütter

Frau Kunstmann ist 1948 geboren und war von 1956 bis 1959 in einem evangelischen Kinderheim und später noch einmal 1967 als minderjährige Schwangere in einem Mutter-Kind-Heim. Frau Kunstmann hat einen älteren Halbbruder, mit dem sie zusammen aufgewachsen ist und mit dem sie sich gut verstanden hat. Er sei für sie „ihr Heiligtum" gewesen. Der Vater des Bruders sei nicht mit der Mutter, sondern mit einer anderen Frau verheiratet und der Bruder „ein Versehen" gegen Ende des Krieges gewesen, während ihr eigener Vater angeblich vorhatte, die Mutter zu heiraten.

Der Vater von Frau Kunstmann ließ ihre Mutter aber trotz der versprochenen Heirat sitzen und schwängerte kurze Zeit darauf noch eine andere Frau. Danach ist er zur Fremdenlegion gegangen, um sich den Unterhaltszahlungen zu entziehen, was ihm auch gelang. Die Mutter von Frau Kunstmann war daher alleinerziehend und arbeitete tagsüber in einer Wäscherei und abends in einem Lokal, während die Kinder von der Großmutter versorgt wurden. Die Oma habe als Weißnäherin für die Nachbarschaft gearbeitet. Frau Kunstmann erinnert sich, dass sie in ihrer Kindheit gehungert hat und oft von der Mutter geschlagen wurde.

> „Ich habe auch immer die Dresche für andere mit gekriegt. Und wie viel Einkaufsnetze – damals waren das noch diese Netze zum Einkaufen – oder Kochlöffel oder Verlängerungsschnur – bei mir immer drufft, immer drufft." (Interview Kunstmann)

Einmal habe sie mit dem Bruder zusammen etwas Geld aus der Geldbörse der Mutter genommen und allein dafür die Schläge bekommen, so starke Schläge, dass sie im Flur auf dem Boden gelegen habe. Als Frau Kunstmann sieben Jahre alt war, kam der Bruder, der sehr oft krank war, in eine Pflegefamilie und kurze Zeit später kam auch sie dorthin – auf eigenen Wunsch, wie sie sagt, um bei ihrem Bruder zu sein.

Im Heim

In der Pflegefamilie gab es kurz drauf Konflikte und so kamen beide Kinder in ein evangelisches Kinderheim, das von einem Hauselternpaar und vorwiegend jüngeren, weltlichen Erzieherinnen geführt wurde. Es habe einen Schlafsaal mit ungefähr 40 Mädchen gegeben, es seien drei Erzieherinnen auf der Gruppe gewesen. Die drei Jahre, die sie in dem Heim verbrachte, seien „vom Allerfeinsten" gewesen, „hammerhart" und mit viel Prügel. Auch habe man viel arbeiten müssen. Der Lehrer der Heimschule sei sehr gewalttätig gewesen und die Erzieherinnen hätten auch oft geschlagen. Eine von ihnen sei ein richtiges „Miststück" gewesen. Lediglich einen männlichen Erzieher, der auf der Jungengruppe arbeitete, erinnert Frau Kunstmann positiv. Der habe sie auch einmal „in den Hintern getreten", das sei aber nur eine „Reaktion" und außerdem berechtigt gewesen. Die Dorfbewohner hätten die Heimkinder damals behandelt, wie das „letzte asoziale Zeug."

Wieder zuhause

Als die Mutter drei Jahre später heiratete, holte sie die Kinder wieder nach Hause. Frau Kunstmann freute sich damals darauf, endlich einen Vater zu haben. Der Stiefvater enttäuschte aber sehr bald ihre Erwartungen, weil er sie schlug. Zuhause habe es ungefähr genauso viel Schläge gegeben wie im Heim, die Schläge zuhause seien aber schlimmer gewesen, da es ihre Mutter gewesen sei, die schlug und auch hinzukam, dass der Bruder besser behandelt und nicht geschlagen wurde. Diese ungleiche Behandlung habe die Mutter bis zum Tod aufrechterhalten:

> „Meinen Bruder hat sie angelacht und ich war diejenige, die jeden Tag ins Krankenhaus ist. Mein Bruder hat gesagt: ‚Das kann ich nicht.' Und meinen Bruder hat sie angelacht und dabei so getan, als wenn ich gar nicht da wäre." (Interview Kunstmann)

Frau Kunstmann trägt diese schlechte Behandlung ihrer inzwischen verstorbenen Mutter jedoch nicht nach, da sie weiß, was ihre Mutter durchmachen musste. Sie sei als Krankenschwester bei der sechsten Armee in Russland und auch in Stalingrad gewesen. Auch habe sie dem Vater von Frau Kunstmann, der in der Nachbarschaft wohnte bevor er zur Fremdenlegion ging, nie verziehen, im Gegenteil, sie habe ihn später gehasst:

> „Und ich komme komplett nach der Familie. Ich sehe so aus, ich sehe figurmäßig so aus und alles. (…) Und meine Mutter hat immer zu mir gesagt, die Leute hießen Wegener: ‚Eh du die dreckige Wegener – Schnauze kriegst, schlage ich sie dir tot.' Und irgendwann konnte ich nicht mehr und habe gesagt: ‚Was kann ich dafür, dass du dich mit einem Wegener eingelassen hast.' Da habe ich zwar die Prügel meines Lebens bezogen, aber sie hat es danach nie wieder gesagt. (…) Ich durfte auch nie von meinem Vater reden oder so. Meine Mutter hat auch immer gesagt: ‚Wenn du irgendwann mal anfängst, den zu suchen und du triffst den, dann brauchst du hier gar nicht mehr hinzukommen." (Interview Kunstmann)

Im Entbindungsheim

Nach der Schule arbeitete Frau Kunstmann in der Fabrik. Mit 19 Jahren kam sie zum zweiten Mal in ein Heim, diesmal ein Jahr lang:

> „Das war eine Erziehungsanstalt. Und da ist angeschlossen ein Mutter- und Kind-Heim. Und ich hatte meinen ersten Sohn schon und war mit dem zweiten in Umständen und da bin ich nach Düsseldorf gekommen und habe da auch meinen zweiten Sohn bekommen und habe da auch eine Haushaltsprüfung abgelegt, also wie so ein kleines Haushaltsexamen gemacht." (Interview Kunstmann)

Der Vater ihres ersten Sohnes Michael war zur See gegangen und im Ausland unter ungeklärten Umständen verstorben. Den Vater ihres zweiten Sohnes hätte Frau Kunstmann nicht heiraten dürfen, da das Jugendamt dagegen gewesen sei. Die für sie zuständige Dame im Jugendamt habe gemeint, sie sei noch nicht reif für die Ehe und da das Jugendamt ihr Vormund gewesen sei, habe sie zugestimmt, zunächst in das Mutter-Kind-Heim zu gehen. Der erste Eindruck von dem Heim sei nicht positiv gewesen. Man habe ein Passfoto gemacht, Fingerabdrücke genommen und die private Kleidung abgenommen. Auch sei es sehr streng gewesen:

> „Da wurden sie noch nach Noten, also das höchste, was Sie als Taschengeld im Monat kriegen konnten, war 22 Mark. Einmal beim Rauchen erwischt, waren schon fünf Mark weg. (…) Und Sie sind selten auf die 22 Mark gekommen. … Wie Sie dahin gekommen sind: Schmuck abgeben, Geld abgeben, private Klamotte abgeben. Dann kriegten Sie abends zum Abendessen eine Zigarette. Sonntags gab es aber zwei. Meine Mutter wollte mich direkt da raus holen. Ich war freiwillig da. Ich hätte also jeder Zeit gehen können." (Interview Kunstmann)

Schließlich habe es ihr dort gut gefallen, sie habe nähen und kochen gelernt, die evangelischen Schwestern dort seien „unwahrscheinlich lieb" gewesen; sie habe noch lange Kontakt mit einigen gehabt. Sie habe das Jahr nicht bereut. Leider habe sie ihre beiden Söhne nur einmal am Tag für eine Stunde gesehen. Geschlagen wurde sie dort auch nicht, allerdings musste sie einmal in die „Gummizelle", weil sie Zigaretten in das Heim geschmuggelt hatte. In der Zelle gab es nur ein Bett und einen Stuhl, tagsüber wurde die Matratze herausgeholt. Wenn die „Zeit um war" habe man zur Heimleiterin gehen müssen und die habe gefragt, ob man sich „gebessert" habe.

Leben danach

Zwei Jahre nach dem Aufenthalt im Mutter-Kind-Heim kam der jüngere Sohn
von Frau Kunstmann zu den Großeltern väterlicherseits und von dort fünf Jahre
später in ein Kinderheim, weil die Großeltern nicht mehr mit ihm klar gekommen seien. Frau Kunstmann hat davon allerdings erst erfahren, als sie zu Unterhaltszahlungen verpflichtet wurde. Sie sei sofort in das Heim gefahren und habe
sich überzeugt, dass es dort nicht so zugeht, wie früher in dem Heim, in dem sie
gewesen war. Zuerst sei die Heimunterbringung ihres zweiten Sohnes für sie wie
ein „Weltuntergang" gewesen. Dann habe sie aber gemerkt, dass er es dort „sehr
schön" gehabt habe. Der ältere Sohn lebte zu dieser Zeit noch im Haushalt von
Frau Kunstmann, aber mit dem jüngeren Sohn hatte sie die letzten Jahre keinen
Kontakt mehr gehabt, weil sie sich mit den Großeltern überworfen hatte:

> „Dann durfte ich den Jungen zwar sehen, aber nicht mehr zu denen rein. Und wenn
> ich dann einen Termin hatte, dann hatte ich auch da zu stehen. Dann durfte ich drau-
> ßen mit dem vor der Tür spielen. Bloß welches Kind – ich stand im Regen draußen –
> kommt im Regen raus spielen? Da haben die keine Rücksicht drauf genommen.
> Dann habe ich nachher gesagt,... lassen wir das so, dass der Junge da bleibt und
> wenn er groß ist, werde ich die Möglichkeit haben und werde ihm erzählen, was
> damals wirklich passiert ist und dann kann das Kind sich selber entscheiden.'" (In-
> terview Kunstmann)

An dieser Stelle des Interviews berichtet Frau Kunstmann in einem Nebensatz,
dass auch ihr älterer Sohn ins Heim kam, wie sie angibt, um bei dem jüngeren
Bruder zu sein. Sie hätten dann im Heim die Schule fertig gemacht und seien
danach wieder nach Hause gekommen. Was sich zunächst wie ein freiwilliger,
wenn auch schwer nachvollziehbarer Akt des Sohnes anhört, erscheint im weiteren Verlauf des Interviews doch als eine Maßnahme des Jugendamtes, welches
vieles „verbockt" habe. Frau Kunstmann erzählt, dass sie damals von keiner
Seite Rückhalt gehabt habe, auch von ihrer Mutter nicht. Sie sei zwar inzwischen
verheiratet gewesen, aber nicht mit dem Vater der Kinder und der habe auch
„keine müde Mark bezahlt." Sie hätte nichts machen können, da das Jugendamt
bei unehelichen Kindern der Vormund gewesen sei und auch das Aufenthaltsbe-
stimmungsgesetz hatte. Die zuständige Sachbearbeiterin habe sie schon als Kind
gekannt und deshalb habe sie sie später auch als befangen abgelehnt. Sie sei für
die „ganze Ecke" zuständig gewesen und habe vieles im Stadtviertel „versaut":

> „Die war so verhasst hier. Die hatte ihre Lieblinge. Wir wussten auch, wer die wa-
> ren. Da konnten die machen, was die wollten. Aber wo die mal die Finger drauf hat-
> te, da hatte die die Finger drauf. (…) Die hat hier in der Ecke manchen Eltern die
> Kinder weggenommen. Die war hart …" (Interview Kunstmann)

Gegen Ende des Gespräches erzählte Frau Kunstmann, dass ihr Mann damals Alkoholiker gewesen sei und dass sie glaubt, dass ihr Mann an den Folgen seines starken Alkoholkonsums gestorben sei. Sie räumte ein, dass auch sie früher Probleme mit dem Alkohol gehabt habe, seit sie aber gesehen habe, was der Alkohol anrichten kann, habe sie nicht mehr getrunken. Es ist also möglich, dass auch diese Tatsache im Zusammenhang mit der Heimunterbringung zu sehen ist, ein Zusammenhang, den Frau Kunstmann allerdings nicht selbst herstellte.

Frau Kunstmann gibt an, dass es für sie „sehr schlimm" war, als ihre beiden Kinder im Heim waren. Sie habe dann später eine andere Sachbearbeiterin gehabt, die sie bald „in der Tasche" gehabt habe und von da ab sei es besser gegangen. Trotzdem ist Frau Kunstmann auf das Jugendamt insgesamt nicht gut zu sprechen, da dieses früher viel zu schnell eingegriffen habe, während es heute oft zu spät eingreife.

> „Die Erfahrung, die ich gemacht habe ist, dass die Schuld immer meiner Mutter gegeben wurde. Es wird immer die Schuld den Eltern gegeben. Wie kann man als Eltern die Kinder ins Heim tun. Die fragen nicht warum, weshalb, es wird nur die Schuld grundsätzlich den Eltern gegeben. Das sehe ich ja bei meinen zwei auch." (Interview Kunstmann)

Auch ihre Söhne würden ihr heute vorwerfen, dass sie im Heim gewesen sind, besonders der ältere:

> „Wenn der nicht mehr weiter weiß, dann gräbt der von unten alles hoch und dann kommt plötzlich: Ja, du hast uns doch weggeben, du hast doch ...' Aber immer nur, wenn er gesoffen hat. Andererseits, sie erzählen auch öfters von dem Heim, was für schöne Sachen so und so sie erlebt haben. (...) Wir (sie meint die Kinder, die vor 40 Jahren im Heim waren, C.K.) haben nur schlechtes von den Heimen zu erzählen und die haben also nicht viel Schlechtes zu erzählen ...Dass sie ihren Stubenarrest kriegten oder Küchendienst hatten. Aber heute sind das ja nicht mehr die Dimensionen. Das sind ja alles kleine Gruppen. Wir mussten ja für das ganze Heim Hunderte von Tellern spülen. Das ist alles ein unwahrscheinlicher Unterschied geworden. (...) Der wird dann dermaßen ungerecht. Das interessiert ihn gar nicht, warum, weshalb, wieso. Was da abgegangen ist, das ist für den alles uninteressant. Das ist einfach in seiner Wut, wenn er was gesoffen hat und nicht weiter weiß. Das ist dann extrem. (...) Ich hätte das ja verhindern können. (Interview Kunstmann)

Mit ihren Söhnen hatte Frau Kunstmann jahrelang keine Verbindung, erst als ihr Mann schwer krank wurde, hätten sie wieder Kontakt aufgenommen. Sie habe angerufen und sie gebeten zu kommen. Sie habe Ihnen ins Gewissen geredet:

„Was ihr mit mir habt, das geht mir am Arsch vorbei, aber der Helmut, der war für euch immer ein prima Freund gewesen, der hat euch nichts getan. Und der Helmut liegt im Sterben. Am gleichen Tag waren die alle beide hier. Das muss ich ihnen lassen. In dieser Zeit haben die voll zu mir gestanden." (Interview Kunstmann)

4.3 Orte der Lieblosigkeit: Das Heim als schlechte Erfahrung

4.3.1 Regina Ahrens: Als „Heimblag" abgestempelt

Frau Ahrens ist 1950 in einem Entbindungsheim geboren und war die ersten Lebensjahre in einem Säuglingsheim. Ihren Vater hat sie nie kennen gelernt, ihre Mutter war bei ihrer Geburt 29 Jahre alt. Die Eltern der Mutter betrieben eine Gastwirtschaft in einer katholisch geprägten ländlichen Region und waren gegen eine Heirat, weil sie dem Vater unterstellten, er sei nur an einer Erbschaft interessiert. Die Mutter von Frau Ahrens musste in der Gastwirtschaft mitarbeiten, sie sei „als Haustochter gehalten" worden. Der Großvater wollte damals die uneheliche Geburt der Enkelin geheim halten, daher musste die Mutter von Frau Ahrens während der Schwangerschaft in einem Versorgungshaus leben. Auch durfte sie das „Balg" nach der Entbindung nicht mit nach Hause bringen. Erst als Frau Ahrens drei Jahre alt war, fragte ihre Mutter zaghaft an, ob sie wenigstens über Weihnachten ihre Tochter nach Hause holen dürfe. Darauf habe der Großvater geantwortet, wenn sie sie schon hole, dann „für ganz". Das habe ihre Mutter dann auch getan.

Frau Ahrens erinnert sich, dann im Heimatort ihrer Mutter in den Kindergarten gegangen zu sein. Als Frau Ahrens zur Schule kam, gab ihre Mutter sie jedoch erneut ins Heim, da sie psychosomatisch erkrankte. Der Hausarzt habe ihr geraten, das zu tun, da eine Gaststätte auch kein Ort zum Aufwachsen und der regelmäßige Schulbesuch gefährdet sei. Ihre Mutter habe geglaubt, die Heimunterbringung sei für alle die beste Lösung gewesen.

Im Nachhinein findet Frau Ahrens diese Argumentation nicht wirklich einleuchtend, da das Heim für sie ein „Horror" gewesen sei. Allerdings sei es zuhause auch der „Horror" gewesen, nur in einer anderen Art. Es habe dort auch kein Familienleben, nicht mal ein Wohnzimmer gegeben, nur „Arbeit, Arbeit, Arbeit". Der Großvater, ein „Tyrann", schlug Frau und Tochter. Die Mutter sei seine „Marionette" gewesen. Als ihre Mutter sie ins Heim brachte, hatte sie ihr damals erzählt, sie komme sie nach sechs Wochen wieder abholen, sei dann aber nicht gekommen. Von diesem Zeitpunkt an hat Frau Ahrens nie wieder jemandem ganz vertrauen können und Versprechungen nicht mehr geglaubt.

Im Heim

Frau Ahrens hat von 1956-1966 in einem von katholischen Ordensschwestern geführten städtischen Waisenhaus gelebt. Sie hat in einem Schlafsaal mit ungefähr 30 anderen Kindern geschlafen. Die Nonne, die ihre Gruppe betreute, schlief und wohnte in einem „Abschlag aus Holz", neben dem Schlafsaal. Daneben gab es noch einen Schlafsaal für die Jungen und zwei Aufenthaltsräume zum Essen und Spielen für Mädchen und Jungen. Die Nonne sei Tag und Nacht für die Gruppe da gewesen. An etwas Schönes aus ihrer Zeit im Heim kann sich Frau Ahrens nicht erinnern, außer an die Nikolausfeier, die von den englischen Soldaten in der Kaserne ausgerichtet wurde. Frau Ahrens sagt, sie sei immer „ein sehr angepasstes, liebes Kind" gewesen und habe sich auch für die Nonnen interessiert. Den Nonnen und auch ihrer Familie gegenüber habe sie früher oft den Wunsch geäußert, dass auch sie später einmal Nonnen werden wolle. Trotzdem hat Frau Ahrens das Heim in schlechter Erinnerung, vor allem, weil die sie betreuende Nonne ein „Drachen" gewesen sei.

An die Schule außerhalb des Heims hat Frau Ahrens auch keine gute Erinnerung, da sie dort als Heimkind von vielen Lehrern schlechter behandelt wurde, als die Kinder, die nicht im Heim waren. Besonders ist ihr aber der Hausmeister in Erinnerung, der immer die Milchbestellungen aufnahm und zum Schluss jedes Mal fragte, wie viel „Heimblagen" in der Klasse seien, da diese die Milch umsonst bekamen. Der Hausmeister mochte die Heimkinder nicht, weil es darunter Rabauken gegeben hätte und Kinder, die Diebstähle begingen. Daher habe er extra diesen Begriff benutzt. Frau Ahrens hat sich damals in der Schule immer geschämt, sich zu melden und lieber auf die ihr zustehende Milch verzichtet, bzw. sie einem anderen Kind geschenkt. Sie wollte keine Milch trinken, die sie als „Heimblag" bekam, auch wenn sie noch so einen Durst darauf gehabt hätte.

Als Kind hatte Frau Ahrens zudem starke Probleme mit dem Stottern, das sei ihr „Handicap" gewesen. Sie habe lieber geschwiegen, weil sie dann ein Kind wie jedes andere war. Zeitweise hat Frau Ahrens ganz aufgehört zu sprechen. Ihre Mutter behauptet, das sei im Anschluss an einen Sturz in die Jauchegrube des Heimgeländes passiert; sie selbst führt es jedoch darauf zurück, dass sie nach der dritten Klasse einen geliebten Lehrer verloren hat, den sie seit der ersten Klasse hatte und der ihr nie das Gefühl gegeben hat, ein „Heimblag" zu sein. Frau Ahrens hat unter dem Stottern sehr gelitten, besonders, weil sie zu spüren bekam, dass ihr Stottern von den Nonnen als Strafe für die Sünde der unehelichen Geburt gesehen wurde:

> „Wie ich im Heim während der Schulzeit war, da habe ich dann gefragt, ob sie (ihre Mutter C.K.) nicht mal mit mir zum Arzt oder irgendwo hingehen könnte, wo man

das Stottern wegmachen kann. Sie geht natürlich mit mir zu der Nonne. Die Nonnen – das habe ich in mir: ‚Gott hat es so gewollt. Es ist eine Strafe oder eine Sühne oder so.' Denn habe ich immer gesagt: ‚Ich habe doch nichts getan! Wofür straft der mich?' Oder Sühne? Soll ich dafür sühnen, dass meine Mutter mich unehelich geboren hat? Da kann ich doch nichts für. Das waren immer so diese Gedanken als Kind. Und dann habe ich immer gedacht: besser ich bin tot. Warum, warum, warum, hat die mich denn geboren. Da kann ich doch nichts zu." (Interview Ahrens)

Bis heute leidet Frau Ahrens auch unter den Folgen der körper- und sexualfeindlichen Erziehung in dem Heim. Dort habe man in Kleidung duschen müssen und sich nur den Kopf waschen dürfen. Frau Ahrens ist nur einmal geschlagen worden und zwar, weil ihr in der fünften Klasse ein Junge die Tasche von der Schule nach Hause getragen hatte. Dies sei „unkeusches Verhalten" gewesen, genauso wie das Betrachten von Kinoplakaten. Bis heute kann Frau Ahrens keine Liebesfilme ansehen:

„Ja, auch wo ich jung verheiratet war und wir saßen zusammen mit den beiden Mädchen ….Wenn wir dann einen Film kuckten und dann küssten sich zwei, dann habe ich gesagt: ‚Oh, was für eine Schweinerei!' Also das flog mir so raus. Ich hätte es auch gerne gemacht. Ich kann es bis heute nicht. Man Mann darf mich weder berühren, ich küsse nicht, nichts. Das ist noch immer drin. Ich versteife mich, da komme ich noch nicht raus, das habe ich heute noch in mir." (Interview Ahrens)

Diese negativen Folgen und auch der Zwang zur Beichte und zur Messe zu gehen, haben bei Frau Ahrens dazu geführt, dass sie heute nicht mehr in die Kirche geht.

Leben danach

Frau Ahrens hat nach der Volksschule eine Haushaltungsschule besucht und dann ein paar Monate als „Frollein" in dem Waisenhaus gearbeitet, in dem sie aufgewachsen war. Danach hat sie bis zu ihrer Heirat in der Gaststätte ihrer Großeltern mitarbeiten müssen. Frau Ahrens hatte sehr lange das Gefühl, dass die Umwelt ihr als Heimkind immer ein „Brandzeichen" aufdrücken wollte und sie hat es immer gefürchtet, dadurch „abgestempelt" zu werden. Daher hat sie ihre Zeit im Heim oft verschwiegen:

„Es war in den letzten Jahren nicht mehr so ausgeprägt, aber ich habe immer noch in mir gehabt, also: ‚Heimkind – stottern – doof', das gehörte bei mir zusammen. (…) Heim war Stempel, Makel, Asoziale, doof und Blagen, also Deckel drauf und fertig. Da wollte ich nie dazu gehören, schon früher nicht. (…) Ich habe immer, also Internat gesagt, da kommen ja Geschäftskinder rein. Und wenn ich auch schon älter war und ich sagte dann Internat, das war akzeptiert." (Interview Ahrens)

Frau Ahrens hat zwei Töchter und ist zum zweiten Mal verheiratet. Sie hat vor zwei Jahren eine erfolgreiche logopädische Therapie gemacht und stottert heute nicht mehr. Zu ihrer Mutter, die noch lebt, hat sie immer noch kein gutes Verhältnis, da sie ihr „nie irgendwie Mutterliebe" gezeigt habe. Sie habe ihr zwar einen Pflegedienst besorgt, der sie im Alter versorgt, aber selbst könne sie „die Frau" nicht anfassen, da sie dann eine Gänsehaut bekomme.

Zu ihren Töchtern hat Frau Ahrens heute ein harmonisches Verhältnis, das sei allerdings nach der Scheidung von ihrem ersten Mann zunächst nicht so gewesen. Ihren Töchtern hat sie auch immer erzählt, sie sei im Internat gewesen und hat erst vor kurzem die Wahrheit gesagt. In den letzten Jahren sei sie selbstbewusster geworden. Im Grunde habe sie – so sagt sie – erst mit 40 Jahren angefangen zu leben.

4.3.2 Karin Debus: Immer dieser Kommandierton

Frau Debus ist 1949 geboren und war in ihrer Kindheit und Jugend in drei verschiedenen Heimen, in zwei Heimen jeweils mehrere Jahre. Frau Debus hat vor allem Lieblosigkeit, militärische Autoritätserziehung, viele Strafen und die Voreingenommenheit der Erzieherinnen gegenüber „Unehelichen" erlebt.

Die Mutter von Frau Debus war Kriegerwitwe und Flüchtling aus Ostpreußen. Aus der ersten Ehe ihrer Mutter hat Frau Debus einen sieben Jahre älteren Halbbruder. Ihren „Erzeuger" (wie sie ihn statt Vater nennen will) hat sie nie kennen gelernt und möchte dies auch nicht, denn er hat ihre schwangere Mutter verlassen. Die Mutter hat dann zum zweiten Mal geheiratet und zwei weitere Töchter bekommen. Als Frau Debus sieben Jahre alt war, starb ihre Mutter an Leukämie. Der große Bruder kam daraufhin zu einer Tante und sie sei kurze Zeit darauf in das Kinderheim „entsorgt" worden. Frau Debus dachte ihre ganze Kindheit und Jugend, dass der Vater ihrer jüngeren Schwestern auch ihr Vater sei und hat nur „zufällig" mit 15 Jahren erfahren, dass ihr vermeintlicher Vater in Wirklichkeit ihr Stiefvater war. Sie nimmt ihm bis heute übel, dass er die Kinder seiner verstorbenen Frau nach deren Tod „abgeschoben" hat. Sie kann sich auch nur an einen Besuch von ihm im Kinderheim erinnern. Auch sei er ein „Weiberheld und Trunkenbold" gewesen. Als Kinder hätten sie früher oft bei einer Nachbarin schlafen müssen, wenn er betrunken war. Als Frau Debus von zuhause fort musste, habe ihr „Horrortrip" von Heim zu Heim begonnen. Zunächst kam sie in ein provisorisches Heim im Sauerland (1956-1960), nachdem dieses geschlossen wurde, kurzfristig in ein Kinderheim im Ruhrgebiet und von da aus in ein „Landeskinderheim", das von einer Psychiaterin geleitet wurde (1961-1966).

Im ersten Heim

Das erste Heim im Sauerland, in dem Frau Debus ihre Grundschulzeit verbrachte, war in einer Barackensiedlung untergebracht, direkt neben einem Altersheim. Eine Heizung sei nicht vorhanden gewesen, nur ein Ofen im Gemeinschaftsraum, zum Duschen musste man zehn Minuten zu Fuß gehen. 30 Kinder lebten dort und wurden von der Leiterin „Tante Elisabeth" und einer weiteren Erzieherin betreut, die beide „richtig alte Tanten" gewesen seien. Die Leiterin sei ein „Teufel" gewesen und habe oft geschlagen. In der Schule war Frau Debus nicht gut, besonders im Rechnen war sie schlecht und sei dafür beschimpft worden:

> „Die hat zu mir gesagt: Ja, das sind ja die typischen Heimblagen, verstockt bis zum Geht-nicht-mehr, wissen Sie? Das habe ich so oft in meinem Leben gehört, während meiner Heimzeit so oft gehört: Heimblag, nicht Heimkind. Wir waren die Heimblagen." (Interview Debus)

Frau Debus entwickelte in den ersten Schuljahren eine starke Schulangst, die so stark wurde, dass ihr dauernd schlecht war und sie sich manchmal sogar übergeben musste. Im Heim herrschte ein strenger Umgangston. In der Erinnerung von Frau Debus passt das Wort „Heim" überhaupt nicht, es sei vielmehr eine Art „Kinderknast" gewesen:

> „Das ging da zu wie beim Militär. Wir hatten zwar zwei ganz tolle Schlitten, es war im Sauerland, die Berge und es hat viel geschneit, man war viel draußen. Das war ganz toll. Aber: wenn es dann hieß reinkommen, dann mussten wir uns erst mal alle aufstellen und dann stand sie vor uns – das werde ich nie vergessen – dann hat sie erst mal jedem erzählt, was … wir für Teufel sind. Was alles gemacht wurde und nicht gemacht wurde, negativ. Und ich kann mich an was positives gar nicht erinnern, was die gesagt hat. Dass die mal gelobt hat oder so." (Interview Debus)

Als die Heimleiterein zwischendurch einmal in der Kur gewesen war, mussten die Kinder sie mit Musik und Blumen vom Bahnhof abholen. Es sei gewesen, als ob „der Kaiser von China da kommt." Noch heute macht Frau Debus die Erinnerung an die Verlogenheit dieser Szene zornig. Ab und zu hätten die Kinder Geschenke von irgendwelchen Stiftern bekommen, auch Spielzeug oder Schuhe:

> „Aber das wurde einem auch immer vorgehalten. Wer sich hier nicht an die Ordnung hält, der gibt alles wieder ab. Da können Sie sich vorstellen, wie die alle pariert haben. Die sind gekrochen, damit die ja nichts abgeben brauchten." (Interview Debus)

Zweites und drittes Heim

Frau Debus musste nach jedem Heimwechsel wieder die Schule wechseln, was ihre Schulangst weiter verschärfte. Obwohl sie ständig Schwindelanfälle und Migräne gehabt habe, habe man sie für eine Simulantin gehalten. Erst wenn sie sich übergeben hatte, durfte sie nach Hause. Sie sei in dem zweiten Heim nicht lange gewesen, dann sei sie schon wieder „weggekommen". Das dritte Heim, ein „Landeskinderheim" mit einer psychiatrischen Leitung, sei das schlimmste gewesen. Die Ärztin habe sie mit den Worten empfangen:

> „Na, wir werden schon einen vernünftigen Menschen aus dir machen. Das dumme Kucken, das werden wir dir hier schon abgewöhnen." (Interview Debus)

Nach dem Interview mit Frau Debus stieß ich in einem Bericht über das westfälische Landesjugendamt in den 50er Jahren, das Träger dieser Einrichtung war, auf eine interessante Information über die von Frau Debus so unmenschlich charakterisierte Psychiaterin. Diese hatte während der nationalsozialistischen Zeit in der Kinderfachabteilung einer Landesheilanstalt gearbeitet. Die Kinderfachabteilungen waren Sonderabteilungen für behinderte und psychisch kranke Kinder, die im Sinne der Euthanasie tätig waren. Dass eine Leiterin mit dieser persönlichen Geschichte auch nach 1945 nicht menschlich mit den von ihr vermutlich als „minderwertig" eingestuften Zöglingen umging, ist von heute aus betrachtet, mehr als wahrscheinlich und verweist noch einmal auf „den langen Schatten" der NS-Zeit in die 50er und 60er Jahre.

Das Landeskinderheim, in dem Frau Debus ihre Jugend verbringen musste, hatte vier Gruppen mit jeweils 15 „Zöglingen", also insgesamt 60 Kinder. Diese wurden von „alten Tanten" betreut, die nach Angaben von Frau Debus „einfach aus der Welt waren". Man musste um halb sieben aufstehen, dann bekam jeder einen Putzeimer in die Hand und erst nach dem Putzen gab es Frühstück und danach Schule. Die Schule war im Heim, was die Schulangst von Frau Debus verschlimmerte:

> „Ich habe nur in Ängsten gelebt, ne. Ich konnte nicht essen, ich konnte nicht schlafen. (…) Ängste ohne Ende. Musste immer auf Toilette, weil ich Angst hatte. (…)Wer in der Schule nicht mitkam und irgendwie Schwächen hatte, der war eben dumm. Und die Dummen: was sollen wir uns mit denen beschäftigen, das ist viel zu viel Arbeitsaufwand. Man war ja Kind der Sünde, man war ja unehelich." (Interview Debus)

Die Verachtung, die die Erzieherinnen offenbar für die Kinder hegten, konnte Frau Debus damals vor allem aus dem Umgangston der Erzieherinnen heraushören:

„Die ganze Art, wie die gesprochen haben, immer dieser Kommandierton. Das ist das, was mir immer so einfällt. Ich habe mal einen Film gesehen, da ist mir das so kalt über den Rücken gelaufen, weil dieser Ton: (unwirsch) ‚Komm mal her' und ‚Was soll das hier'. Da habe ich sofort – genau wie das damals. Das werde ich auch nie vergessen." (Interview Debus)

Im siebten Schuljahr wurde Frau Debus ohne Abschluss ausgeschult, da die Leiterin, die auch den Unterricht machte, plötzlich verstarb. Von da an habe sie Tischdecken für die Gastronomie nähen oder Binden aus Baumwolle stricken müssen „für Leprakranke aus Afrika".

Auch in den Stellen, in die sie nach der Schule vom Heim aus vermittelt wurde, ist es Frau Debus nicht besser gegangen. 14jährig, ohne Schulabschluss, musste sie sehr viel putzen und manchmal bis vier Uhr morgens bei Festen bedienen. Auch ihre Post habe man gelesen und ihr Zimmer durchsucht. Nur 50 Mark habe sie bekommen und davon auch Fahrgeld und Pflegeartikel bezahlen müssen. Wie eine Sklavin habe sie sich gefühlt und ihre Arbeitgeber hätten ganz genau gewusst, dass sie mit Mädchen, die aus dem Heim kamen, „machen konnten, was sie wollten."

Am schlimmsten sei gewesen, dass der Vater ihrer Arbeitgeberin sie sexuell belästigt habe, ihr immer wieder zwischen die Beine und an den Busen gegriffen habe. Sie sei wie „Freiwild" gewesen, da sie Angst hatte, ins Heim zurück zu kommen. Sie habe sich auch nicht getraut, etwas zu sagen, da sie Angst hatte, man würde ihr nicht glauben. Zu dieser Zeit hat Frau Debus eine Magersucht entwickelt:

„Ich hatte etwas, was ich mir beweisen konnte. Ich wusste gar nicht, dass ich in Todesgefahr schwebte. Ich war jeden Abend stolz, wenn ich im Bett lag, dass ich wieder nichts gegessen habe. Da habe ich so eine Macht über mich selber gehabt. (…) Aufgefallen ist das, dass ich immer schwächer wurde und Kreislaufprobleme hatte. Da wurde ich zum Arzt geschickt und der hat dann gesagt: Untergewicht und so. Die Frau Sichelmann (die Arbeitgeberin) hat schon mal gesagt: ‚Jetzt wird mal gegessen.' Das habe ich zwar getan, aber dann (zeigt mit dem Finger in den Mund). Ich war so stolz. Ich habe etwas erreicht. (…) Gesund geworden bin ich dadurch, dass mir gesagt wurde, wenn ich nicht endlich anfangen würde zu essen, dann würde ich dahin kommen, wo ich sehr, sehr lange bin. Also immer diese Drohung, irgendwohin zu kommen. Das wollten wir ja nicht, irgendwo wieder hinkommen." (Interview Debus)

Ein Jahr hat Frau Debus es in ihrer ersten Haushaltsstelle ausgehalten. Schließlich habe sie sich in ihr Zimmer eingeschlossen und sei nicht mehr herausgekommen. Die Heimleiterin habe sie dann unter Vorwürfen dort abgeholt. Die Arbeitgeberin sei noch hinter ihr hergelaufen, habe sie geschubst und „Heimblag" hinterher gerufen.

Heimkehrer

Im Heim sei sie dann ein „Heimkehrer" gewesen. Diese wurden besonders schlecht behandelt und mussten Strafarbeiten machen (u.a. Feldarbeit ohne Bezahlung). Die zweite Stelle in die sie vermittelt wurde sei auch nicht viel besser gewesen, aber wenigstens habe es dort keine sexuellen Belästigungen gegeben. Schließlich hat Frau Debus mit 18 Jahren selbst die Initiative ergriffen und ihren Vormund im Jugendamt angerufen, mit der Bitte, ihr eine Stelle in ihrer Heimatstadt zu besorgen. Sie sei dann zu einem Optikerehepaar gekommen, das sie sehr gut behandelt habe. Zum ersten Mal in ihrem Leben habe sich jemand für sie und ihre Zukunft eingesetzt: Der Mann habe dafür gesorgt, dass sie einen Hauptschulabschluss und später einen Realschulabschluss und eine Zahntechnikerlehre machen konnte. Er habe sich sogar mit ihr hingesetzt und geübt. Der Optiker hätte ihr auch noch zum Abitur verholfen, wenn sie gewollt hätte. Er habe gar nicht verstehen können, warum man sie früher nicht gefördert habe:

> „Dann hat er seiner Frau gesagt, dass er ... in dem Kinderheim angerufen hatte und da hätten die zu ihm gesagt, ...das würde sowieso nichts bringen, weil das wäre vergebliche Liebesmüh .... Da sagte er: 'Ich bin entsetzt. Man müsste das melden.' Aber mir hat er das nicht gesagt. (…) Jetzt wusste ich, dass er was weiß. Wer weiß, was die noch erzählt haben von mir? Ich habe mich irgendwie geschämt. Aber der war wie ein Papa zu mir." (Interview Debus)

Leben danach

In ihrem späteren Leben hat Frau Debus nie mehr über ihre Heimerfahrung geredet, auch nicht mit ihrer Familie. Ihrem Mann hat sie nie etwas erzählt, auch niemand anderes weiß davon. Sie sei „perfekt im Lügen" geworden, damit keine peinlichen Fragen nach ihrer Vergangenheit gestellt werden. Um dies zu erreichen, habe sie „tolle Einfälle" gehabt, nämlich dass sie Einzelkind gewesen sei, dass die Gräber ihrer Eltern nicht mehr existierten, dass sie früher im Internat war und jedes Wochenende nach Hause gefahren sei. Die Wahrheit möchte Frau Debus ihrem Mann nicht sagen, weil sie Angst hat mit Schwererziehbaren, „die nicht richtig im Kopf sind" und die man auch heute oft im Fernsehen sehe, in einen Topf geschmissen zu werden. Es heiße ja auch immer, wer im Heim sei, der sei nicht umsonst da. Als später ihr Sohn in dem Alter war, in dem es ihr so schlecht ging, hat Frau Debus sich an die schlechte Zeit im Heim erinnert und bei sich gedacht:

„Meine Güte, als ich so alt war wie du, da hast du nur Knüppel zwischen die Beine gekriegt. Nur die bösartigsten Menschen um dich herum. Ich habe gedacht die ganze Welt ist böse. Ich habe gedacht, die Menschen sind alle so, wie ich die kennen gelernt habe." (Interview Debus)

Wenn sich Frau Debus andererseits im Nachhinein überlegt, was aus ihr geworden wäre, wenn sie bei ihrem vermeintlichen Vater geblieben wäre, so hält sie es trotz ihrer schlimmen Erfahrungen im Heim für möglich, dass es vielleicht doch ganz gut war, von dort wegzukommen:

„Vielleicht nicht in so einem Heim. (…) Ich meine die Jahre im Heim waren auch nicht so toll. Aber dadurch, dass ich im Heim war, habe ich diese Optikerfamilie kennen gelernt. Wenn ich da (zuhause beim Stiefvater, C.K.) geblieben wäre, wer weiß, was aus mir geworden wäre." (Interview Debus)

4.3.3 Erich Fichtner: Schläge, Druck und Drohungen

Herr Fichtner ist 1945 geboren und war von 1952 bis 1960 in vier verschiedenen Heimen, zuerst in zwei von Nonnen geführten katholischen Waisenhäusern, dann in einem evangelischen. Weil dieses geschlossen wurde kam er bis zum Ende seiner Schulzeit in ein evangelisches Erziehungsheim in Bayern. Herr Fichtner hat drei größere Halbgeschwister, von denen er erst erfuhr, als er mit 15 Jahren das Heim verließ. Der erste Mann der Mutter ist in Auschwitz umgebracht worden. Die Mutter ist mit ihren Schwestern und dem Vater von Herrn Fichtner aus Ostpreußen geflohen, auf dem Weg in ein Flüchtlingslager ist Herr Fichtner im März 1945 geboren. Er hat noch einen jüngeren Bruder. Die Eltern waren nicht verheiratet und der Vater hat die Mutter 1947, nach der Geburt des jüngeren Bruders, verlassen. Die Mutter von Herrn Fichtner ist gestorben, als er vier Jahre alt war. Später hat er erfahren, dass die Ursache für ihren Tod eine unsachgemäße, heimliche Abtreibung war. Herr Fichtner wurde dann von der Schwester der Mutter und ihrem Mann aufgenommen, die inzwischen in Bayern in einem kleinen Dorf lebte. Wie er von dort ins Heim kam, beschrieb er mit folgenden Worten:

„Das war auch nicht so richtig das Optimale. (…) Es wurde viel gesoffen. Und ich als Kleiner dazwischen. Und wie das dann so rabiat geworden ist, dass dann Blut geflossen ist, …haben die Bauersleute von gegenüber … das Jugendamt angerufen. Dann kam das Jugendamt, da stand ein großer schwarzer Mercedes und dann ging es ins Heim." (Interview Fichtner)

In Waisenhäusern

Herr Fichtner kam zunächst in ein katholisches Waisenhaus in Oberbayern, das
von Ordensschwestern geführt war. Zwei Jahre später ist er nach Niederbayern,
ebenfalls in ein katholisches Heim gekommen, der Grund ist ihm nicht klar. Dort
jedoch habe man gemerkt, dass er nicht mit den anderen zur Kommunion gehen
könnte, da er evangelisch sei und er wurde in ein evangelisches Heim in Mittel-
franken verlegt. Dort habe auch sein körperbehinderter, jüngerer Bruder gelebt,
von dem er bis dahin nichts wusste:

> „Der hatte Kinderlähmung gehabt und das wurde natürlich zur damaligen Zeit nicht
> richtig auskuriert. Erst mal war die Medizin nicht – wie heutzutage – vorhanden.
> Und dann war er ja nur ein Heimkind und wer bezahlt das? Das habe ich so oft ken-
> nen gelernt, dass an Heimkindern dann an allen Ecken und Kanten gespart wird."
> (Interview Fichtner)

In diesem Kinderheim ging Herr Fichtner in die Dorfschule und durfte auch mit
den anderen Dorfkindern nachmittags draußen sein. Er erinnert sich, den Ameri-
kanern oft bei Manövern zugeschaut zu haben. Hier schlug ihn die Heimleiterin
auch für das Gymnasium vor. Obwohl das Schulgeld für ihn bezahlt worden
wäre, scheiterte dieser schulische Weg daran, dass niemand gefunden wurde, der
für die Fahrtkosten aufkommen wollte. Als das Heim 1956 geschlossen wurde,
kamen die beiden Brüder nach Unterfranken in eine evangelische Erziehungsanstalt, vermutlich, weil es im katholisch geprägten Bayern nicht genug evangelische Waisenhäuser gab.

Im Erziehungsheim

Von 1956 – 1960 war Herr Fichtner in einer evangelischen Erziehungsanstalt,
die von einem Diakon geleitet wurde. Es gab dort drei Gruppen mit jeweils ca.
25 Jungen, die nach Alter getrennt waren und von einem Diakon, bzw. Diako-
nenanwärter geleitet wurden. Es gab für jede Gruppe nur einen Schlafsaal. In
dem Erziehungsheim waren nach Auskunft von Herrn Fichtner neben den etwa
20 Waisenkindern 60 sogenannte „Ganoven" untergebracht gewesen:

> „Da waren Verbrecher dabei im wahrsten Sinne des Wortes. Die hatte alle schon
> was ausgefressen, was man heute so in Amerika so sieht, was die Jugendlichen da
> machen. Das ist alles schon da gewesen. Und wir als Waisen dann da rein. Die Er-
> zieher waren auch dementsprechend brutal. Der Heimleiter war genauso brutal – …
> psychisch und physisch, also erst mal mit Gewalt und dann der Druck, den wir da

immer mitgekriegt haben. Nicht durch Schläge, sondern auch psychischer Druck. (…) Das war dann das Heim, das mich so ein bisschen geprägt hat für später. Ellebogen grundsätzlich raus. (…) Was ich hier auf dem Teller zum essen habe, da muss ich aufpassen, dass der neben mir nicht auf die Idee kommt und an mein Futter geht." (Interview Fichtner)

Vor allem durch die anderen Jungen habe er gelernt, das Recht des Stärkeren zu akzeptieren, das sei wie in einem „Löwenrudel" gewesen, der Stärkste habe auch das meiste Fleisch in der Suppe erhalten, da die „Essenholer" den „Leitwolf" zuerst und bevorzugt bedienten. Zwar habe es genug zu essen gegeben und er habe nicht gehungert, aber die Qualität des Essens sei trotz der Unterstützung des Heims durch eine Kaserne der Amerikaner schlecht gewesen. Manchmal seien auch die Lieferungen von Obst nicht bei den Kindern angekommen, sondern von den Mitarbeitern verzehrt worden.

In der Schule des Heims hat Herr Fichtner nach eigenen Angaben eine Menge gelernt. Der Lehrer habe ein Zimmer im Heim gehabt, alle acht Klassen zusammen unterrichtet und nachmittags nach dem Essen eine Stunde die Hausaufgaben betreut. Danach hätten sie auf den großen Ländereien, die zur Anstalt gehörten, „malochen" müssen. Es habe kaum Maschinen gegeben, nur zwei Pferde, allerdings genug „Menschenmaterial." Er und die anderen hätten damals so viel Holz gehackt, wie man in einem Leben nicht verbrennen könne.

Die Zeit in dem Erziehungsheim hat Herr Fichtner in sehr schlechter Erinnerung, da er viel geschlagen wurde und er ständig unter Druck gestanden habe, bei der Arbeit schnell und gründlich zu sein. Er erinnert sich an „Malochen bis zum Geht-nicht-mehr." Dort wurde auch nicht erst geschimpft, es sei immer gleich zugeschlagen worden:

„Es war immer unheimlich Zwang drin (bei der Arbeit auf dem Feld, C.K.) und die Erzieher sind dann von Reihe zu Reihe gelaufen und wenn man ein Pflänzchen aus Versehen rausgerupft hat. Dann gab es wieder vor die Ohren. Der hat nicht geschimpft mit uns, sondern da gab es ….Schläge ….Da gab es auch Heimkinder, die wurde im wahrsten Sinne des Wortes richtig zusammen geschlagen. Wir haben einen Erzieher gehabt, der früher mal Amateurboxer gewesen ist und dann haben wir einen bärenstarken Jungen gehabt, der war zwar aus der Schule raus, hatte aber die Erlaubnis so als Knecht noch da zu bleiben. Der hat mit schönster Regelmäßigkeit, wenn der was ausgefressen hatte, auch wenn es nur eines kleines bisschen war, dann – Bruder Hinrich – und dann haben sie ihn wieder durch den Wolf gedreht." (Interview Fichtner)

Obwohl Herr Fichtner die Gewalt und die Folgen auf sein Selbstbewusstsein eindringlich schildert, glaubt er, dass der „Druck" für viele Jungen, die zuhause keine Grenzsetzungen erfahren haben, das richtige pädagogische Konzept gewesen ist:

> „Also im letzten Heim war das für den größten Teil der Jungen genau das, was sie brauchten. Bloß, dass wir (die Waisenkinder, C.K.) dann auch darunter leiden mussten. Da haben wir einfach Pech gehabt. Auch wenn ich das im Fernsehen so sehe. (…) Da war ein Lehrer … und wie das bei Kindern so üblich ist, die haben sich für alles interessiert, nur nicht für das, was der Lehrer vorne erzählte. Da fiel mir nur eins ein: da fehlt Druck. Druck, Druck, Druck. Schleifen, schleifen, schleifen. Was anderes fällt mir dazu nicht ein." (Interview Fichtner)

Es sei in dem Heim auch „nicht alles schlecht" gewesen, das Weihnachtsfest beispielsweise sei in einer großen Gruppe mit anderen Kindern immer sehr schön gewesen.

Leben danach

Von dem Erziehungsheim aus wurde Herr Fichtner 1960 zu seiner ältern Schwester nach Nordrhein-Westfalen entlassen. Erst zehn Tage vor seiner Abreise erfuhr Herr Fichtner von der Existenz dieser Schwester, noch später von seinen zwei älteren Brüdern. Die bevorstehende Bahnfahrt löste bei ihm, da er jahrelang eingesperrt war, zunächst Angst aus. Im Zug habe er sich nicht einmal getraut, sich ins Abteil zu setzen:

> „Wenn Sie Jahre lang Druck kriegen von allen Ecken und Kanten, wo wollen Sie das bisschen Selbstbewusstsein herhaben, um sich da hin zusetzen? Stellen Sie sich mal vor, ich hätte mich hingesetzt und es hätte einer gesagt: ‚Was willst du hier?' Da hätte ich mir vor Angst in die Hose gemacht. Nicht nur ich, sondern alle anderen auch, also die Heimkinder." (Interview Fichtner)

Zum Abschied aus dem Heim habe ihm ein Erzieher von seinem eigenen Geld eine Mark gegeben, damit er sich etwas zu essen kaufen konnte, erst später wurde ihm klar, dass der Erzieher, der selbst nicht viel verdient habe, dies aus eigener Tasche gezahlt hatte und er ihm dankbarer hätte sein müssen. Seine Schwester holte ihn am Bahnhof nicht ab, da sie die Postkarte, die ihn ankündigte, erst einen Tag zu spät erhielt. Sie unterstützte ihn dann später aber bei den Gängen zum Arbeits- und Jugendamt. In seiner Lehrzeit als Schmied wohnte Herr Fichtner in einem Wohnheim. Dort sei es freier zugegangen als im Erziehungsheim, auch sei nicht geschlagen worden.

Seinen Vater hat Herr Fichtner nie kennen gelernt. Als sich sein jüngerer Bruder 1968 das Leben nahm, hat er an die zweite Frau seines Vaters geschrieben. Die hat ihm geantwortet, dass der Vater tot sei und sie keinen weiteren Kontakt wünsche.

1971 hat Herr Fichtner eine Ausbildung zum Zollbeamten gemacht und nach eigenen Angaben dadurch auch sein Selbstbewusstsein langsam stärken können. Herr Fichtner ist zum zweiten Mal verheiratet, hat aus erster Ehe eine Tochter und aus der jetzigen eine Tochter und einen Sohn. Zu seinen Kindern hat er einen guten Kontakt, glaubt aber, sie könnten gut ohne ihn leben. Obwohl er im Heim schlechte Erfahrungen machte, glaubt Herr Fichtner heute, dass die Alternative, d.h. wenn er bei seiner Mutter geblieben wäre, auch nicht gut gewesen wäre und vermutlich nichts aus ihm geworden wäre, da sie nach Auskunft der Schwester und der Tante seinen sehr „lockeren Lebenswandel" gehabt habe.

4.3.4   Ute Gerlach: Was wir sagen ist Gesetz

Frau Gerlach ist 1969 geboren und wuchs mit ihrem Bruder bei der alleinerziehenden Mutter auf. Sie war 1972 als knapp Vierjährige für sechs Wochen in einem Kinderheim, weil ihre Mutter ins Krankenhaus musste. Frau Gerlach wollte sehr gerne ein Interview geben, obwohl sie nach 1970 im Kinderheim war, weil sie meinte, die Erziehungsmethoden hätten sich in einigen Einrichtungen ja nicht plötzlich verändert. In der Einrichtung, in der sie war, war tatsächlich noch die gleiche Leitung, die bereits in den 50er Jahren dort gearbeitet hatte. Es spricht viel dafür, dass Veränderungen in pädagogischen Zielen und Methoden erst dann möglich wurden, wenn der Grossteil älterer Mitarbeiter in den Ruhestand gegangen war. Daher habe ich das Interview mit in die Studie aufgenommen. Frau Gerlach ist ledig und arbeitet als Altenpflegerin.

Im Heim

Frau Gerlach war in einem Säuglings- und Kinderheim, in dem ledige Schwangere auch entbinden konnten. Die Leitung hatte eine Diakonisse inne. Frau Gerlach war in der Kleinkindergruppe, zusammen mit ungefähr zehn anderen Kindern. Sie erinnert sich an mindestens fünf Betreuerinnen, die aber wechselten. Frau Gerlach war zwar nur kurze Zeit im Kinderheim, gibt aber an, dass sie diese Zeit stark geprägt habe, sie sei wie auf eine „Festplatte" gebrannt. Sie habe das Heim als einen sterilen und emotionslosen „Aufbewahrungsraum" erlebt. Zur Belastung durch die erste Trennung von ihrer Mutter sei hinzugekommen, dass sich zwischen dem Heim und dem Elternhaus starke Gegensätze aufgetan hätten:

„In meinem Elternhaus bin ich liebevoll behandelt worden, ohne Gewalt und da hab ich die erste, also die erste Gewalt in mein Leben erfahren, diese strukturelle Gewalt. Auch teilweise körperliche Gewalt, aber halt auch als Kleinkind die strukturelle Gewalt. (…) Wir mussten … Tante sagen. (…) Und wenn das nicht der Fall war: ‚Klatsch', ne. Aber richtig was fester dann halt. (…) Auf den Mund geschlagen, ins Gesicht geschlagen." (Interview Gerlach)

Für Nichtigkeiten – wenn man die Schuhe nicht schnell genug oder verkehrt herum anzog – sei sie geschlagen worden. Besonders schlimm erinnert Frau Gerlach einen Vorfall, wo sie eine Platzwunde am Kopf hatte, die nicht behandelt wurde. Die Narbe würde sie heute noch manchmal merken. Schlimm sei auch gewesen, dass die Erzieherin noch gelacht habe, als sie sich wehgetan hatte:

„Ich bin ja noch gar nicht auf die Betten gekommen, bin ja … war ja noch viel zu klein um in die hohen Betten zu kommen. Das waren so Gitterbetten die waren hoch gestellt, da konnte man das Gitter nach oben ziehen, also nicht, dass man als Kind jetzt selber aussteigen konnte, sondern die waren hochgestellt. Und ich musste da drauf und bin dann hängen geblieben und bin dann noch, … so runter gefallen und mit dem Kopf gegen … das andere Bett. … Und dann hab ich noch eine reingekriegt, weil das … Kopfkissen voll Blut war. (…) … war ich doch das böse Mädchen. Alle haben sie Bütterken gekriegt nur ich nicht, weil Ute war ein böses Mädchen und hat Bett versaut. (…) Ich bin nicht ärztlich versorgt worden. Das wurde eigentlich ignoriert. Auch die kaputte Wunde. Meine Mutter ging dann, nachdem der Heimaufenthalt zu Ende war und nachdem sie entlassen war aus dem Krankenhaus, ging sie als erstes mit mir zum Arzt und der hatte dann natürlich auch eine Wundprellung festgestellt, eine schwere Platzwunde am Kopf und da hätten etliche Sachen passieren können." (Interview Gerlach)

Aufgrund ihrer schlechten Erinnerungen hat Frau Gerlach früher immer gehofft, das Kinderheim, in dem sie war, würde einmal abbrennen. Die pädagogischen Umgangsformen in dem Heim fasst sie so zusammen:

„Wenn du das nicht isst, kriegst du Schläge, wenn du das machst, dann kriegst du einen Bonbon, wenn du das nicht machst, kriegst du kein Bonbon. So, wissen Sie, man ist in eine Form gepresst worden, man konnte nicht man selber sein. So als Kind war ich neugierig, … meine Mutter musste mir die Neugierde erst mal wieder anerziehen. Das war so strukturiert: ‚Du hast nicht neugierig zu sein, du hast nur das zu machen, was wir sagen und das ist … das …Gesetz …'" (Interview Gerlach)

Leben danach

Frau Gerlachs Leben hat die Heimerziehung nicht wesentlich verändert, da sie nur kurze Zeit im Heim war. Trotzdem habe sie danach noch lange Ängste gehabt, wieder ins Heim zu müssen und hat die schlechte Erinnerungen daran bis heute bewahrt. Es beruhigt sie zu wissen, dass die pädagogischen Methoden sich in der Einrichtung, in der sie war, deutlich verbessert haben, wovon sie sich auch persönlich überzeugte. Frau Gerlach ist die einzige der Befragten, die von sich aus äußert, dass sie sich eine Entschuldigung wünschen würde.

4.3.5 Doris Ehlers: So erzieht man keinen Menschen

Frau Ehlers ist 1943 geboren und war von 1955-1957 in einem evangelischen Kinderheim, weil ihre Eltern beide kurz hintereinander gestorben waren. An das Waisenhaus hat sie wenige gute und viele schlechte Erinnerungen. Vor allem fand und findet sie die Strafen, die dort verhängt wurden, sehr unangemessen. Mit 12 Jahren verlor Frau Ehlers ihre Mutter, ein Jahr zuvor war bereits ihr Vater gestorben. Da sie keine näheren Verwandten mehr hatte, kam sie in ein Waisenhaus, ihre drei Jahre ältere Schwester in ein Lehrlingswohnheim. Gerne wäre sie bei den Nachbarn geblieben, zu denen sie schon als kleines Kind ein gutes Verhältnis hatte, aber das Jugendamt fand, dass das Paar zu jung war. In den Ferien hat sie die Familie oft besucht und hat auch heute noch Kontakt zu ihnen.

Im Heim

Das Waisenhaus gehörte einer Stiftung in der Nähe von Köln und wurde von ungefähr 100 Kindern bewohnt. Es war in einem Schloss mit einem riesengroßen Park und einem Teich untergebracht und sei daher „von der Aufmachung her phantastisch" gewesen, allerdings hätten die Mädchen „leider nicht viel" davon gehabt, da sie nachmittags immer entweder in der Nähstube oder in der Bügelstube helfen mussten, wo die Wäsche des Heimes gepflegt wurde. Die Leitung hatte ein Hauselternpaar inne, die Gruppenerzieherinnen wechselten häufig.

Als Waise war Frau Ehlers damals im Heim schon eine Ausnahme, was sie zunächst besonders traurig fand, da sie keinen Besuch von ihren Eltern mehr bekommen konnte, wie die anderen Kinder. Trotzdem glaubt sie im Nachhinein, dass der Tod der Eltern eventuell besser zu verkraften gewesen ist, als die vielen Enttäuschungen, mit denen die meisten der anderen Kinder lernen mussten, zu leben:

„Viele Kinder, die haben jetzt sonntags gewartet: ‚Kommt meine Mutter oder kommt mein Papa?' (…) Dann standen die Kinder da unten am Tor und … dann kam sie nicht. Oder wenn Post kam oder Post verteilt wurde, dann standen die da und haben da gewartet auf Post. Es kam nichts." (Interview Ehlers)

Frau Ehlers war zunächst in der mittleren Mädchengruppe, im letzten Jahr bei den großen Mädchen. Der Schlafraum wurde mit fünf anderen Mädchen geteilt. Das älteste Mädchen musste jeden Abend mit einer Mitarbeiterin auf Knien den Flur schrubben, was sie ein Jahr lang gemacht habe. Vorher hätte diese Aufgabe eine anderes Mädchen erledigt, da sei nicht gefragt worden, das sei „einfach bestimmt" worden ohne „große Diskussionen."

Die Jungen hätten keine Hausarbeit machen müssen, die hätten nachmittags immer Fußball gespielt und seien besser weggekommen. Das Grundgefühl in dem Heim war, dass sie sich verlassen gefühlt hat, umso schlimmer hat sie es empfunden, dass man auch mit ihren persönlichen Sachen, die sie von zuhause mitgebracht hat, nicht rücksichtsvoll umging:

„Als mein Vater starb, hatte mir meine Mutter einen Unterrock gekauft. Einen weißen Unterrock und da kamen die ersten Spitzen auf. (…) Ich hab den Unterrock geliebt. Und da ich ja auch keine Heimsachen getragen hab, hab ich immer gesagt: ‚Solange ich hier bin und der Unterrock passt mir, darf den niemand tragen.' So, und dann eines Tages hieß es: ‚Die und die zieht jetzt, kriegt jetzt meinen weißen Unterrock.' Ja, das war ja für mich schlimm. Da hab ich gesagt: ‚Nein'. Und diskutieren gab es ja gar nicht und da hat sie gesagt: ‚Doch.' Und ich wagte nein zu sagen. Da hat die ausgeholt … und hat mir eine geklatscht, ich hatte die ganzen fünf Finger den ganzen Tag abgemalt. Bloß um solch einen dummen, sag´ ich jetzt mal, für mich aber wertvollen Unterrock." (Interview Ehlers)

Es habe niemanden interessiert, dass an dem Unterrock die Erinnerung an ihre Eltern hing, ja Frau Ehlers glaubt sogar, dass die Erzieherinnen damals wussten, dass sie selbst machtlos war und daher glaubten, man könne alles mit ihr machen. Sie hätte sich auch bei ihrem Vormund, einer sehr alten Dame, nicht beschweren können, da die Briefe kontrolliert wurden.

Mit den Dorfkindern hatte Frau Ehlers kaum Kontakt, nicht, weil die Dorfkinder das nicht wollten, sondern weil die Eltern damit nicht einverstanden waren. Manchmal seien auch Kinder weggelaufen, die seien danach meistens in ein Erziehungsheim gekommen. Es habe aber trotzdem kein Kind gegeben, das nicht wenigstens einmal mit dem Gedanken gespielt habe, abzuhauen.

Den häufigen Wechsel der Gruppenleiterinnen hat Frau Ehlers erstaunlicherweise als sehr positiv in Erinnerung. Ihr fällt dazu ein, dass man die „Neuen" immer überreden konnte, Spaziergänge in die Obstwiesen zu machen, wo man sich mit Äpfeln versorgen konnte. Das Essen sei nicht gut gewesen, in der Milchsuppe

waren dicke Klumpen und in der Suppe manchmal Fettstückchen, an denen noch
Borsten waren. Sie habe diese Suppe nicht essen können, musste es aber:

> „Ich kriegte es nicht runter. Ich hab da gesessen, ich konnte es nicht essen. Dann
> blieb die Stationstante, die blieb dann bei mir sitzen. Ich musste es essen, ja. Dann
> hab ich das immer so mit in den Mund gesteckt, dann hab mich so gebückt, als ob
> ich mir die Nase putzten wollte, … dann hab ich das alles ganz schnell ins Taschen-
> tuch immer gespuckt. Und wenn ich dann nachher aufstehen durfte, bin ich dann zur
> Toilette gegangen, hab das denn alles ins Klo geschmissen." (Interview Ehlers)

Zu den schlimmsten Erinnerungen von Frau Ehlers gehört die Strafe einer Erzieherin. Weil sie am Abend im Bett über einen harmlosen Witz gelacht hatte,
musste sie einmal die ganze Nacht auf dem Flur stehen. Besonders diese „Methode" der Erziehung bringt sie im Nachhinein zu einer Verurteilung der damaligen Erziehungsvorstellungen:

> „Ich fand die Methoden …nicht gut. Meine Mutter hätte mich nie eine Nacht … in
> den Flur gestellt. (…) Man war ja nicht schwer erziehbar, man war ja ganz normal.
> Ich weiß nicht, was die erreichen wollten, … vielleicht, dass man sich ducken sollte
> (…) Wenn ich im Nachhinein überlege, dann sag ich mir, das … hatte das alles kei-
> ne Hand und keinen Fuß. So erzieht man keinen Menschen, keine Kinder." (Inter-
> view Ehlers)

Leben danach

Nach Ende der Schulzeit kam Frau Ehlers in das Lehrlingswohnheim, in dem
zuvor schon ihre Schwester gewesen war und so wie auch schon die Schwester
kam auch sie mit der Heimleiterin nicht zu Recht. Sie sei eine „alte Jungfer"
gewesen, die sie ständig schikaniert habe. Sie habe sogar Quittungen für die
Dinge verlangt, die sich Frau Ehlers von ihren 10 Mark Taschengeld kaufte.
Dazu sei sie aber nach Auskunft des Jugendamtes nicht berechtigt gewesen und
so unterließ Frau Ehlers dies auch.
     Nach einem Jahr in der Haushaltungsschule begann Frau Ehlers eine Lehre
als Einzelhandelskauffrau und zog, so schnell es ging, in ein eigenes Zimmer,
obwohl das Geld kaum reichte. Sie hatte nicht mal das Geld sich einen Wecker
zu kaufen. Erst als sie ihren Mann kennen lernte – so Frau Ehlers -, habe sich
ihre Lebenssituation verbessert. Frau Ehlers hat ihrem Mann erzählt, dass sie im
Waisenhaus war. Er hat ihre Situation gut verstehen können, da er bereits mit
drei Jahren beide Eltern verloren hatte und bei Verwandten aufgewachsen war.

Frau Ehlers kommen heute noch die Tränen, wenn sie daran denkt, was anders gelaufen wäre, wenn ihre Eltern nicht so früh gestorben wären, sie hätte sie auch im späteren Leben noch oft gebraucht, vor allem aber hätte sie die schlimmen Jahre in den beiden Heimen nicht gehabt:

> „Wenn ich bedenke, dieses ... Kinderheim, dieses Lehrlingsheim, Fremde konnten über mich bestimmen. Sie hatten niemanden wo sie sich mal mit aussprechen konnten. Ja, das fehlte einfach alles." (Interview Ehlers)

4.4 Zwischenfazit: Ursachen von „Fremdunterbringung" der Befragten

Wenn wir vorläufig an dieser Stelle ein Fazit in bezug auf die hier vorgestellten Erfahrungen und Biographien ziehen wollen, so muss zunächst auf die schlechten Startbedingungen hingewiesen werden, mit denen alle der hier Befragten ihren Weg ins Leben antreten mussten, Bedingungen, in die sie – ohne dass sie darauf hätten Einfluss nehmen konnten – hineingeboren wurden. Umso beeindruckender ist, dass sich die meisten beruflich und privat ein Leben aufgebaut haben, das sie mit Stolz betrachten können. Keine der befragten Personen würde sich selbst als vorwiegend gescheitert betrachten, wenn es anders wäre, dann hätten sie sich vermutlich auch nicht freiwillig für ein Interview gemeldet. Aber auch objektiv betrachtet bestätigen die Lebensgeschichten den Befund, der auch in vielen Wirksamkeitsstudien zur Heimerziehung erhoben wurde, nämlich dass mindestens zwei Drittel, also die Mehrheit ehemaliger Kinder und Jugendlicher aus Heimen später als gesellschaftlich integrierte Menschen gelten können (vgl. exemplarisch Pongratz 1959; Hartmann 1996; Thiersch u.a. 1998), eine Tatsache, die meines Erachtens in der öffentlichen Meinung bis heute anders erwartet wird.

Die schlechten Starbedingung sind jedoch nicht darauf zurückzuführen, – wie bei Wensierskis behauptet wurde – dass die Jugendämter aus ordnungspolitischen Gründen zu früh in funktionierende Erziehungsverhältnisse eingriffen, dass sie den unehelichen Müttern nicht trauten oder berechtigter jugendlicher Protest und gesellschaftlich unangepasstes Verhalten durch Heimerziehung bestraft wurde. Diese Deutung der Gründe für Heimerziehung lässt sich in keinem einzigen der von mir dargestellten Fälle so bestätigen. Vielmehr ist die erschütterndere Wahrheit, dass die meisten der Kinder, die ins Heim kamen, keine Alternative im Ort ihres Aufwachsens hatten, weil sie ein Zuhause erlebt hatten oder gehabt hätten, in dem sie selbst nicht gerne groß geworden wären. Lediglich zwei der Befragten hatte es zuhause deutlich besser gefallen als im Heim. Bei ihnen war der Grund der Unterbringung auch ein zu dieser Zeit nicht mehr typischer, nämlich einmal der plötzliche Verlust beider Elternteile und dann der Krankenhausaufenthalt der allein erziehenden Mutter.

Ein sehr typischer Grund, ins Heim zu kommen war dagegen die ungewollte und uneheliche Schwangerschaft der Mutter. In heute zum Glück nur noch schwer vorstellbarer Weise wurden uneheliche Mütter in den 50er und 60er Jahren gesellschaftlich geächtet. In über der Hälfte der Fälle war die Ursache für den Heimaufenthalt, dass die alleinstehenden Mütter ihre Kinder weder gewollt hatten, noch in der Lage waren, sie zu versorgen Wiederholt wurde geäußert, dass die Mütter, auch wenn sie schon lange nicht mehr minderjährig waren, heimlich entbinden und dann ohne das Kind aus dem Entbindungsheim zurückkehren mussten:

> „Ein uneheliches Kind, das war ein Makel, nicht nur für die betroffene Frau, auch für deren Eltern und Familien, sodass mein Opa sie nicht mehr zuhause haben wollte und dann ist sie in ein Heim gegangen, also wo Frauen und Mädchen, die schwanger wurden also unterkamen. (…) Nach kurzer Zeit ist meine Mutter dann aber wieder zurück nach Hause gegangen, weil sie zuhause gebraucht wurde, arbeitsmäßig und hat mich aber da gelassen, weil sie durfte ja das Balg nicht mitbringen." (Interview Ahrens)

Die Mütter, die in der Regel noch bei ihren Eltern lebten oder „in Stellung" waren, besuchten ihre Kinder zwar regelmäßig, hatten aber selbst kein „zuhause" und auch keine finanziellen Mittel, wie sie heute bestehen, um den Kindern ein Zuhause zu schaffen.

Die Mehrheit lernte zudem den eigenen Vater nie kennen. Nur drei der Befragten sind mit dem Vater aufgewachsen, davon haben zwei negative Erfahrungen mit ihm gemacht, in einem Fall Misshandlung (Becker), in dem anderen Missbrauch (Isenburg). Diese Tatsachen der ungewollten Zeugung des „Vaters", sein Verlassen der Mutter und damit des Kindes sowie auch zusätzlich das Aufwachsen ohne positive Vaterfigur ist in sehr vielen Fällen bis heute ein wesentlicher Faktor, der zu Erziehungshilfen führen kann. Offenbar waren und sind andere gesellschaftliche Institutionen wie Kindergarten, Schule oder Verwandtschaft und Nachbarschaft nur selten in der Lage, die Lücke, die bleibt, wenn ein Vater nur „Erzeuger" ist, zu füllen.

Auch die Mitarbeiterinnen aus den Kinderheimen erinnerten sich, dass es die häufigste Ursache für ein Leben im Kinderheim war, wenn die Mütter ungewollt und ohne verheiratet zu sein, schwanger wurden. Frau Schreiner (vgl. 5.3.2) erinnert sich aber auch, dass es ein paar Mal passierte, dass die Mädchen oder jungen Frauen später ihren Familien die Geburt beichteten und die Kinder dann nach Hause holten, vor allem, wenn sie die Kinder über Jahre besucht hatten. Sie berichtete von einem Mädchen, mit dem sie noch immer Kontakt hat und das heute als Anwältin tätig sei.

> „Und nachher hat der Großvater irgendwo am Stammtisch dann erfahren, dass er eine Enkelin hat und dass die Enkelin im Heim ist. Das war zunächst mal für die Mutter ganz schlimm, aber der Großvater hat dann drauf bestanden, seine Enkelin kennen zu lernen – da war sie kurz vor der Einschulung – und auch nach Hause zu holen." (Interview Schreiner)

Ebenfalls in vielen Fällen stand der Kinderschutz als Unterbringungsgrund im Vordergrund, da die Kinder aus Verhältnissen ins Heim oder wieder ins Heim kamen, in denen sie vernachlässigt, missbraucht oder misshandelt worden waren. Dies sind Probleme, die seit Beginn der Jugendhilfe und auch bis heute relevant und scheinbar nur schwer zu verhindern sind. Eltern, die sich scheiden lassen, weil zuhause „Krieg" herrscht, Väter oder andere männliche Verwandte, die ihre Kinder misshandeln oder missbrauchen, Mütter oder Stiefmütter, die die ihr anvertrauten Kinder vernachlässigen, das sind bis heute die Geschichten, die die Aktenschränke der Jugendämter füllen. Die Frage, ob man hier lieber zu früh oder ob man auf keinen Fall zu früh eingreifen sollte, darüber gingen die Meinungen der Befragten durchaus auseinander – je nachdem ob man dieses Problem aus Sicht der Kindes oder der Mutter sah.

Auch bis heute relevant ist ein weiterer Grund der Unterbringung und zwar das auffällige, d.h. oft kriminelle, bzw. gewalttätige Verhalten Jugendlicher (vgl. die unerlaubten Autofahrten von Herrn Isenburg).

Neben diesen Kontinuitäten in den Problemen, mit denen die Jugendhilfe sich befassen musste und muss, gibt es aber auch Brüche, die zeigen, dass manche Unterbringungsgründe heute obsolet geworden sind und dass die Jugendämter in Bezug auf jugendliche Mädchen in vielen Fällen tatsächlich im Sinne einer „Sittenpolizei" tätig wurden. Ähnlich wie in dem Fall von Frau Christmann stand damals bei vielen Unterbringungen ein Missbrauch im Hintergrund, der aber als solcher zwischen 1945 und 1975 meistens nicht in den Akten festgehalten wurde. Und wenn er vermerkt wurde, so stand häufig ein Zweifel an der Schuldlosigkeit des Opfers dabei.[1] Heute wissen wir, dass Minderjährige Erwachsene nicht „verführen" können und ihre scheinbare „Hingabe" lediglich Ausdruck der Wehrlosigkeit des Opfers sexueller Gewalt ist. Aber damals ging man noch davon aus, dass sich schon bei kleinen Mädchen eine unsittliche Triebhaftigkeit zeigen könnte, die es manchen Männern schwer machen könnte, ihnen zu widerstehen. Daher wurden viele Mädchen mit dem Stempel „sexuell verwahrlost" in

---

[1] So war in einer Akte in der Untersuchung von Lützke über ein neunjähriges Mädchen vermerkt, sie habe sich „anscheinend bereitwillig … missbrauchen lassen." (Lützke 2002, S. 184)

Heimen untergebracht, die selbst keine Zeichen auffälligen Sexualverhaltens gezeigt hatten.

Es besteht glücklicherweise ein großer Unterschiede im Umgang mit sexueller Gewalt zwischen damals und heute. Die sogenannte „sexuelle Verwahrlosung" stellt keinen Unterbringungsgrund mehr dar. Und obwohl manche Jugendämter heute noch unsicher im Umgang mit Missbrauchsverdacht sind, wird das Thema in der Regel angesprochen, die Täter müssen mit einer Anzeige rechnen und die Opfer erhalten therapeutische Hilfen.

5 Falldokumentation der Interviews: Berufserinnerungen der Mitarbeiterinnen

Die elf befragten ehemaligen Mitarbeiterinnen waren zwischen 63 und 77 Jahre alt, d.h. in der Zeit, über die sie berichteten, waren sie noch relativ jung gewesen (zwischen 17 und 30). Sechs der Befragten waren unverheiratet und jahrzehntelang in der Heimerziehung tätig, die anderen Befragten zum Teil nur ein paar Monate. Vier hatten eigene Kinder.

Von der Ausbildung her waren vier Sozialpädagoginnen (bzw. Jugendleiterinnen), vier Heimerzieherinnen (von denen zwei eine kirchliche, aber keine staatliche Anerkennung hatten), zwei Kinderpflegerinnen und eine medizinisch-technische Assistentin, die ihr diakonisches Jahr in einem Kinderheim absolvierte. Eine der Befragten war später jahrelang im Jugendamt tätig, eine andere als Fachberaterin für Kindergärten. Eine ehemalige Diakonisse war bei den Interviews dabei, welche dieses im Interview aber nicht erwähnt wissen wollte. Zwei Interviewpartnerinnen waren als Kind selbst jeweils ein Jahr in einem Kinderheim gewesen. Sie hatten dort keine schlechten Erfahrungen gemacht, eine sogar sehr positive. Leider haben sich auf Mitarbeiterseite keine männlichen Zeitzeugen gemeldet, sodass hier eine mögliche geschlechtsspezifische Sichtweise auf die Heimerziehung nicht thematisiert werden kann. Allerdings war die Heimerziehung damals – zumindest außerhalb der Fürsorgeerziehung von Jungen – eine fast reine Frauenangelegenheit. Viele Mitarbeiterinnen berichteten von den ersten männlichen Kollegen, die in den 80er Jahren kamen und oft noch Randerscheinungen blieben (mit Ausnahme der Hausväter). Selbst die Leitung von Säuglings-, Kinder- und Fürsorgeheimen für Mädchen war noch in den Händen von Nonnen, Diakonissen oder Jugendleiterinnen. Im Folgenden werden nur zehn der durchgeführten Interviews vorgestellt, da eine der Befragten nach der Lektüre der Zusammenfassung ihres Interviews Bedenken gegenüber einer Veröffentlichung äußerte. Sie gehörte der Gruppe derer (unter 5.3.) an, welche die früheren Erziehungspraxen, besonders die Erziehung kleinerer Kinder dazu, den Anweisungen von Erwachsenen zu gehorchen, besser bewertete, als die heutigen.

Ein deutlicher Unterschied in der Gruppe der befragten Mitarbeiterinnen zu der der ehemaligen Kinder und Jugendlichen aus Heimen – das sei vorweggenommen – besteht in der Tatsache, dass sich an zu strenge Strafe und Schläge

kaum jemand erinnerte. Da auch hier die Mitarbeit zu einem Interview auf Freiwilligkeit beruhte, ist zu vermuten, dass Betreuer und Betreuerinnen, von denen
negativ in der Gruppe der ehemaligen Kinder berichtet wurde, sich nicht gemeldet haben, wohl auch, weil vielen von ihnen wahrscheinlich heute bewusst ist,
dass sie damals etwas falsch gemacht haben.

5.1 Es waren schlechte pädagogische Methoden und schlechte Bedingungen

5.1.1 *Friederike Hahnemann: Heim als Massenbetrieb*

Frau Hahnemann ist 1935 geboren und leitete nach ihrer Ausbildung zur Jugendleiterin zunächst ab 1964 die Mütterschule eines evangelischen Hilfswerkes. Von
1966 bis 1969 übernahm sie die Leitung eines Säuglings- und Kinderheims des-
selben Trägers.

Auf dem Weg zur Arbeit in der Mütterschule ging Frau Hahnemann täglich
an dem Heim, in dem sie später arbeitete, vorbei. Dabei blieb es nicht aus, dass
sie einiges aus dem Leben der Kinder und der dort tätigen Diakonissen beobachtete. Sie hatte damals den Eindruck, dass man sich viel zu wenig und auch nicht
richtig um die Kinder kümmerte. Der Unterschied zwischen den Bedingungen, in
denen sie selbst aufgewachsen war und denen der Kinder in dem Heim, erschüt-
terte sie. In Frau Hahnemann entstand der Wunsch, dazu beizutragen, dass die
Kinder ein familiennahes Leben bekamen, damit auch sie „Geborgenheit, Zu-
kunftsaussichten, Hoffnung, Vertrauen" erfahren konnten. Als die leitende Diakonisse in den Ruhestand trat, bewarb sich Frau Hahnemann um die Leitung, um
die Zustände in dem Heim zu verbessern. Besonders die Atmosphäre einer distanzierten „Massenabfertigung" ist ihr damals aufgestoßen:

> „Die Mitarbeiter aßen dann ja getrennt von den Kindern … Das Essen kam in sol-
> chen Riesenkübeln an und wurde mit einer ordentlichen Kelle auf den Teller, sodass
> ich gesagt hab, wenn ich so einen Teller vollgeschöpft kriegte, wäre ich schon satt.
> Das waren so Dinge, die mir aufstießen (…) Die Kinder aßen mit acht Jahren noch
> mit dem Löffel und das Essen wurde so auf den Teller geklatscht. Nein, wirklich
> kulturlos und ohne Atmosphäre. Es waren Schlafsäle, mindestens acht Kinder in ei-
> nem Raum und es standen nur die Betten da. So einen persönlichen Bereich für je-
> des Kind, ein Nachtschränkchen oder so, das gab es nicht …, weil einfach kein Platz
> da war. (…) Dieses Massenabfertigen und kulturlos leben, fand ich schlimm." (In-
> terview Hahnemann)

Im Kinderheim

Das Heim hatte zu der Zeit, als Frau Hahnemann die Leitung übernahm, ungefähr 60 Kinder auf zwei „Stationen". Eine Station hatte zwei Betreuerinnen, es
arbeiteten dort nur noch „freie Kräfte", also keine Diakonissen mehr. Die meisten waren ungelernte Hilfskräfte, es gab nur zwei Kinderpflegerinnen, später
auch eine Erzieherin. Die Säuglingsstation wurde von zwei Säuglingsschwestern
geleitet, die bereits kurz vor der Pensionierung standen. Nachts kam eine Nachtwache, die aber oft ausfiel.
     Neben dem Mittagessen hat Frau Hahnemann auch die Pflege der kleinen
Kinder in schlechter Erinnerung. Damals hätten alle dreißig Kinder der Säuglingsstation nacheinander gebadet werden müssen. Zuvor seien sie auf das Töpfchen gesetzt worden und mussten dort solange sitzen, bis sie mit dem Baden
dran waren. Manche Kinder, auch Dreijährige, hätten bis zu einer Stunde so auf
dem Topf gewartet.
     Was Frau Hahnemann ebenfalls kritikwürdig fand, war die Tatsache, dass
die Kinder unter zwei Jahren tagsüber nur „Strampelhosen" trugen und sich nur
in den Betten aufhielten. Auch die bereits Zweijährigen kamen nicht nach draußen, sondern wurden in einen „leergeräumten Raum" ohne Teppichboden mit ein
wenig Plastikspielzeug gebracht. Mit drei Jahren kamen die Kinder in die
„Krabbelgruppe" und danach in eine Gruppe für Schulkinder. Die Betten der
größeren Kinder seien damals zu klein gewesen. Niemand habe bemerkt, dass sie
aus diesen herausgewachsen waren.
     Eine ihrer ersten Reformen war die Auflösung der Altersgruppen und die
Einrichtung von vier kontinuierlichen, altersgemischten Gruppen, die jeweils bei
ihren Betreuerinnen bleiben konnten. Die Zahl der Betreuerinnen sollte auf drei
pro Gruppe erhöht werden. Die Säuglingsstation wurde bald nach ihrem Eintritt
aufgelöst. Frau Hahnemann sorgte außerdem dafür, dass große Betten, Besteck
und Schüsseln gekauft wurden. Sie führte ein, dass in den Gruppen gegessen
wurde, dass die Mitarbeiterinnen mit den Kindern zusammen aßen und dass sich
jedes Kind selbst nehmen durfte, soviel es essen mochte. Der „gefüllte Schwei-
neeimer" wurde abgeschafft.
     Bestraft wurden die Kinder in dem Heim damals meist mit Stubenarrest.
Schläge, Prügel oder andere harte Strafen habe es bis auf eine Ausnahme, bei der
eine Mitarbeiterin ein Kind nachts in einen Besenschrank gesperrt habe, nicht
gegeben. Die Mitarbeiterin hat Frau Hahnemann, als sie davon erfuhr, sofort
entlassen.
     Die von Frau Hahnemann angestrebten Reformen stießen auf Seiten der Ge-
samtleitung des Trägerwerkes nicht immer auf Unterstützung, da Heimerziehung
nie der Schwerpunkt des eher kleinen Verbandes gewesen war. Das Heim war

ursprünglich als reines Säuglingsheim gedacht gewesen. Frau Hahnemann glaubt, dass man dann von der Trägerseite her den Zeitpunkt der Umstrukturierung verpasst hat.

Die Kinder seien damals mehrheitlich bereits „schwer beschädigt" gewesen. Sie hätten später alle die Sonderschule besuchen müssen und auch dort seien viele nicht mehr zu Recht gekommen. Sehr oft habe der Leiter der Sonderschule gesagt, er könne ein Kind „nicht mehr halten", wenn es nicht vorher in therapeutische Behandlung käme.

Die Kinder gingen in den Kindergarten des Trägers und wurden bei Verhaltensauffälligkeiten von der Erziehungsberatungsstelle des Trägers betreut. Noch heute regt sich Frau Hahnemann über die Ignoranz der Mitarbeiter der Erziehungsberatungsstelle auf. Unter jedem Bericht über ein Kind habe gestanden, das Kind brauche „Liebe und persönliche Zuwendung". Das war ganz die Meinung von Frau Hahnemann, aber die Mitarbeiterinnen der Erziehungsberatungsstelle hätten nichts über die Bedingungen der Arbeit im Heim gewusst. Wenn Kinder außerhalb des Heimes Schwierigkeiten machten, wurden sie von der Beratungsstelle, vom Kindergarten und auch von der Schule ins Heim zurückgeschickt:

> „Wenn Manfred… bei der Weihnachtsfeier querschoss, dann schickten sie ihn nach Hause. Das heißt ins Heim. Und da habe ich gesagt, das ist bequem. Unter jeden Bericht schreiben, das Kind braucht sehr viel Liebe und Zuwendung und wenn ihr mit unserem Manfred nicht fertig werdet, dann schickt ihr den ins Kinderheim." (Interview Hahnemann)

Frau Hahnemann hatte damals oft den Eindruck, dass das Heim für die Umwelt und auch für andere pädagogische Einrichtungen als „letzte Station" gesehen wurde. Auch den Umgang des Jugendamtes mit Kindern hat Frau Hahnemann schlecht in Erinnerung, da die Kinder wie Objekte behandelt und über sie betreffende Entscheidungen nicht informiert wurden. Bei Verlegungen, bei Trennung von Geschwistern, bei Tod der Eltern – es wurde mit den Kindern nicht über die für ihr Leben wichtigen Dinge geredet. So sei beispielsweise ein achtjähriges Kind, vermutlich weil es einen adligen Namen trug, mehr als fünf mal in eine Familie vermittelt und immer wieder ins Heim zurückgeschickt worden, weil der Junge von den Pflegefamilien nach kurzer Zeit jeweils als nicht „tragbar" angesehen wurde. Das Jugendamt habe das Kind selbst allerdings auch nie gefragt, ob er überhaupt in eine Familie oder lieber im Heim bleiben wollte.

Aber auch Pflege- und Adoptiveltern fragten die Kinder nicht und informierten sie nicht. So sei ein mit zwei Jahren adoptiertes Kind mit neun Jahren ohne Erklärung ins Heim gekommen, da seine Adoptiveltern doch noch ein eigenes Kind bekommen hätten. Das Kind sei dann dauernd „nach Hause" abgehauen. Frau Hahnemann meint, nicht das Kind, sondern die Adoptiveltern hätten damals in Therapie gemusst. Auch für Kinder, die ab und zu mal „die Möbel gerade setzten" hatte Frau Hahnemann Verständnis, da dies oft aus Überforderungssituationen geschehen sei

Ein achtjähriger Junge, der sein ganzes Leben im Heim war, sei wegen häufiger Wutausbrüche auf Veranlassung der Sonderschule für längere Zeit in eine Kinder- und Jugendpsychiatrie gekommen und habe nur mit Schwierigkeiten zu Weihnachten ins Heim zurückkommen dürfen. Als Frau Hahnemann ihn abholen wollte, war sie dort sehr herablassend behandelt worden:

> „Dann ließen die uns eine Stunde da warten, um uns anschließend zu sagen: , Nein, Sie können den Jungen nicht mitnehmen.' Da habe ich denen aber auch mal die Möbel gerade gesetzt. Da habe ich gesagt: , Wissen Sie was, glauben Sie ich lasse 60 Kinder da alleine und warte hier eine Stunde, um mir das sagen zu lassen, wenn wir vorher telefonisch, was anderes abgemacht hatten. Dann nahmen wir den mit nach Hause, also, ich hatte glücklicherweise `ne Wolldecke im Wagen. Er übergab sich laufend und war vollkommen vollgestopft mit Medikamenten. Wir mussten ihn dann am ersten Weihnachtstag auch wieder in die Klinik bringen und als wir ihn dann endgültig abholten, da hatte er so eine Serie Medikamente. (leise) Die habe ich irgendwann an die Seite geräumt." (Interview Hahnemann)

Aufgrund der ständigen Arbeitsüberlastung erkrankte Frau Hahnemann nach drei Jahren Tätigkeit als Heimleiterin. Eine verschleppte Grippe entwickelte sich zu einer Rippenfellentzündung. Da sie trotzdem weiter zum Dienst ging, brach sie dort schließlich zusammen, musste für vier Monate ins Krankenhaus und anschließend noch ein dreiviertel Jahr aussetzen. In dieser Zeit besetzte der Direktor des Trägervereins die Leitung des Heimes gegen den Willen von Frau Hahnemann neu.

Spätere Reflexion

Das Heim wurde zwei Jahre nachdem Frau Hahnemann wegen Krankheit die Leitung abgeben musste, aufgelöst. Dabei spielte nicht nur die Tatsache eine Rolle, dass der Nachfolger von Frau Hahnemann ein außereheliches Verhältnis mit einer Kinderpflegerin eingegangen war und gehen musste. Die Heimaufsicht beim Landesjugendamt war außerdem auf die Zustände im Heim aufmerksam geworden und hatte die Schließung des Heimes verlangt. Frau Hahnemann war danach bis zu ihrer Pensionierung als Fachberaterin für Kindergärten tätig. Im Vergleich mit anderen Feldern pädagogischer Arbeit, so glaubt Frau Hahnemann heute noch, ist die Heimerziehung stark benachteiligt. Schwierige Kinder würden noch immer gern in Heime abgeschoben, aber trotzdem bekommen die Mitarbeiterinnen dort nicht notwendige Unterstützung von außerhalb. Im Gegenteil würden sie sehr oft auch noch beschuldigt:

> „Es war ja immer so und es ist heute vielleicht auch so: die armen Mitarbeiter oder die bösen Mitarbeiter, je nachdem, wem man begegnet, ist es immer, die armen Leute, die da die fremden Kinder erziehen oder betreuen oder die schrecklichen Leute, Heim ist immer von da bis da, was dazwischen gibt es nicht." (Interview Hahnemann)

5.1.2 Christine Meyer: Keine vernünftige Behandlung

Frau Meyer ist 1932 geboren und hat 1957 eine Ausbildung als Jugendleiterin in der Ausbildungsstätte eines traditionsreichen evangelischen Trägerverbundes gemacht. Während der Ausbildung hat sie sich u.a. mit Pestalozzi und Makarenko beschäftigt, besonders für die „ausgezeichnete" Pädagogik von Makarenko sei sie „entflammt" gewesen. Er wurde ihr großes Vorbild für die eigene pädagogische Arbeit. Sie habe sich damals auch sehr stark mit der Frage beschäftigt, was sie eigentlich berechtigt, andere zu erziehen. Sie kam schließlich zur Überzeugung, dass nur ein Mensch erziehen dürfe, der um seine Begrenztheit und um seine Fehlerhaftigkeit wisse. Dieses sei besonders durch eine religiöse Grundhaltung erleichtert:

> „Und wenn man weiß, dass Gott da ist, der auch unsere Begrenztheit sieht und uns trotzdem in unserer Arbeit beisteht und auch unsere Fehler, die wir machen, ...zum Segen werden lassen kann. Wenn wir nicht bewusst etwas tun, was gegen unsere Erkenntnis ist. Und das alleine hat mir den Mut gegeben pädagogisch zu arbeiten." (Interview Meyer)

Im Heim

Frau Meyer verbrachte während ihrer Ausbildung den wöchentlichen Praxisnachmittag und das Sechs-Wochenpraktikum in dem zentralen rheinländischen Landesaufnahmenheim für die Fürsorgeerziehung von Mädchen. Dem Träger angeschlossen waren damals weitere drei „Häuser" für jeweils 80 schulentlassene Mädchen von 14 bis 21 Jahren: Es gab ein „Stift" für die „Arbeitserziehung", ein heilpädagogisches Haus und eines für hauswirtschaftliche Kurse, letzteres sei für die „Elite" der Mädchen gewesen. Man habe damals alle Mädchen aufnehmen müssen, die „aufgefallen" waren oder polizeilich gebracht wurden. Danach sei „gesiebt" worden, in welches Haus die Mädchen kamen."

Nach ihrer Ausbildung übernahm Frau Meyer das heilpädagogische Haus des Trägers als Leiterin. In dieser Einrichtung bestand nach heutiger Einschätzung von Frau Meyer die „Heilpädagogik" darin, dass es eine kleine Gruppe von 12 Mädchen war und sie als Jugendleiterin eine ausgebildete pädagogische Kraft, was in den anderen Einrichtungen noch nicht üblich gewesen sei.

Frau Meyer erinnert sich noch sehr gut an die Erschütterung, die damals, an ihrem ersten Tag im Aufnahmeheim „über sie herfiel". Sie habe es nicht für möglich gehalten hätte, dass „man so miteinander leben konnte", dass es eine solche „Lebensgemeinschaft" geben konnte. Es sei ihr schwer vorstellbar gewesen, dass man längere Zeit in dieser Atmosphäre leben konnte, „ohne an dem, was das eigentliche Menschsein ausmacht, Schaden zu erleiden."

Der rüde Ton, in dem die Mädchen mit den Betreuerinnen zu sprechen pflegten, habe sie sehr mitgenommen. Der „Fachjargon" sei ihr fremd gewesen, von „meinem eigenen Herkommen her völlig neu." Da die Mädchen zum Teil zuvor in Bordellen gearbeitet hatten, hatten sie besondere Ausdrücke für sexuelle Handlungen.

Genauso schockiert wie sie über den „Jargon" der Mädchen war, war Frau Meyer aber auch über die „diktatorische" Umgangsweise der Diakonissen mit den Mädchen. Den Diakonissen hätte damals nicht nur eine pädagogische, sondern auch eine geistliche Bildung gefehlt. Letzteres erstaunt besonders, da sie sich einem geistlichen Leben gewidmet hatten. Aber offenbar hatte der Träger der Einrichtung zuwenig Wert darauf gelegt, die Diakonissen auszubilden, vermutlich weil Personalmangel in den Heimen herrschte. Auch waren manche Diakonissen in der Einschätzung von Frau Meyer „charakterlich" für eine pädagogische Arbeit ungeeignet gewesen. Insgesamt war und ist Frau Meyer der Auffassung, dass die Mädchen eine vernünftigere Behandlung verdient hätten und dass sie diese dort aber nicht bekamen.

Am schlimmsten hat Frau Meyer den Weckdienst in Erinnerung, da die Mädchen nach dem Aufschließen ihrer Zimmer der Reihe nach vor allen Augen ihre Nachttöpfe ausleeren und reinigen mussten, während nach Strichliste Nachthemd, Handtücher, Seifendose, Zahnbecher und Kamm sowie am Sonntag zeitgleich das auswendig gelernte „Wochenlied" kontrolliert wurden. Frau Meyer fragte sich damals (in ihrem Praktikumsbericht)und fragt sich noch heute:

> „Müssen Menschen auf so demütigende Weise zur Ordnung und zur Sauberkeit gerufen werden? Können auf diese Weise Menschen zur Selbstverantwortung heranwachsen, wenn ihnen zuwenig Raum zur freien Entscheidung gelassen und ihnen nicht genug Vertrauen entgegen gebracht wird? (…) Diese Frühdienste brachten mir immer das Gefühl ein großes Unrecht begangen zu haben. (…) Da waren einmal die Mädchen, die ein Recht auf eine vernünftige Behandlung hatten, da war die Stationsleiterin und hier war ich mit meinen pädagogischen Vorstellungen. (…) Ich bin

an allen dreien schuldig geworden, an den Mädchen, an der Ordnung, der Leiterin und auch an meinen pädagogischen Bemühungen." (Interview Meyer)

Als Frau Meyer später die Leitung des heilpädagogischen Heimes übernahm, begann sie, sich mit der Frage der Notwendigkeit einer geschlossenen Unterbringung zu beschäftigen. Noch zwei Wochen arbeitete sie mit der vorhergehenden Leitung zusammen und danach begann sie verschiedene Änderungen einzuführen. Neben den geschlossenen Türen innerhalb des Heimes schaffte Frau Meyer die unterschiedlichen Tischgeschirre und das unterschiedliche Essen für Mädchen und Erzieherinnen ab. Auch forderte sie vom Tischdienst, ihr denselben Becher zu bringen, wie den, aus dem die Mädchen tranken:

> „Das habe ich später auch in anderen Einrichtungen erlebt, dass man etwas anderes aß beim Frühstück, als die Mädchen bekamen. Das habe ich auch abgeschafft, So was darf man nicht machen. (…) Die Mädchen (sollen) auch wissen, wir sind keine besseren Menschen. Und für diese Mädchen drückte sich das in den äußeren Dingen aus. (Interview Meyer)

Spätere Reflexion

Frau Meyer steht mit Pestalozzi auf dem Standpunkt, dass Liebe das Fundament der Pädagogik sein muss und kritisiert rückblickend einen Mangel an Liebe in den Heimen, die sie erlebte. Sie erklärt dies unter anderem auch mit dem Menschen- und Dienstbild der Diakonissen:

> „Sie wollten Gott dienen in einer ihm angemessenen Form, … das den 10 Geboten entsprach. Und nun kommen diese Mädchen … aus dem letzten Schmutz. Und das zusammen zu bringen, das kann man nicht, wenn man nicht täglich Hilfe bekommt, und diese Hilfe war nicht da." (Interview Meyer)

Eine Diakonisse habe Frau Meyer gegenüber sogar einmal geäußert: *„Das ist das Opfer unseres Lebens, dass wir mit Huren zusammenleben müssen."* (Interview Meyer). Obwohl diese Haltung sicher nicht bei allen Diakonissen und Nonnen verbreitet war, zeigt es doch noch einmal das Grundproblem einer nicht freiwilligen pädagogischen Arbeit auf.

Ab 1960 arbeitete Frau Meyer an einer evangelischen Fachschule für Erzieherinnen und hatte dort auch weiterhin Kontakt mit Diakonissen, allerdings aus einer anderen Schwesternschaft. Viele hätten ihr damals gesagt, dass sie gern eine pädagogische Ausbildung bekommen hätten, dies aber aus Zeitgründen, da sie ständig im Gruppendienst gebraucht wurden, nicht gestattet worden war, was sie sehr bedauerten.

5.1.3 *Brigitte Heinemann: Entschuldigung ist zu billig*

Frau Heinemann ist 1944 geboren und hat 1962 mit der Ausbildung als Heimerzieherin begonnen. Von 1965 – 1971 war sie Gruppenleiterin in einem Erziehungsheim für Mädchen. Frau Heinemann selbst ist christlich erzogen worden und schloss sich früh einer Missionsbewegung an. Sie hatte sich entschieden, als Christin zu leben und das sollte auch jeder sehen. Sie wollte zwar nicht Diakonisse werden, sich aber auf Zeit diakonisch verpflichten. Mit ihrer moralischen Einstellung passte sie nach eigenen Angaben damals gut in die Einrichtung, in der sie auch ihre Ausbildung machte:

> „Ich hab damals auch dieses Bild mit verkörperlicht, also dass Frauen lange Haare trugen, das war ja in den 60ziger Jahren, war das einfach noch so in kirchlichen Kreisen. Und so dieses Kino und Tanz, sogar Theater, da gehören wir nicht hin. (…) Es war so, dieses Moralisierende dabei, Hosen trugen wir auch nicht. (…) Das ist Männerkleidung. Ja, es war verrückt, aber es war so. Und das übertrug sich auch auf die Mädchenarbeit. (…) Da waren wir dann noch viel schlimmer als die Diakonissen." (Interview Heinemann)

Gegenüber ihrer eigenen Familie und dem Freundeskreis musste sie ihre Entscheidung, im Heim mit „gefallenen Mädchen" zu arbeiten, damals verteidigen:

> „Da war so dieses Menschenbild: Diese jungen Frauen waren irre geleitet. Die waren vom rechten Weg abgekommen, die lebten ein unordentliches, ein liederliches Leben. Und wer für die da war, war eigentlich auch nicht gut angesehen. Und wenn … man mit denen eine gute Beziehung hatte, war man eigentlich auch selber fragwürdig." (Interview Heinemann)

Arbeit im Heim

Zu dieser Zeit hatte das Heim, in dem Frau Heinemann tätig war, fünf Gruppen mit bis zu 20, später mit 15 Mädchen. Die Zimmer der Mädchen waren nachts verschlossen. Wenn sich Frau Heinemann an die Heimerziehung der 60er Jahre erinnert, dann sieht sie spontan zuerst vor sich, wie am Abend alle Mädchen in ihren Zimmern eingeschlossen sind:

> „Und draußen vor den Zimmertüren stehen … die Stühle, mit allen Kleidungsstücken, die die angehabt haben am Tag, fein säuberlich, die Unterwäsche oben drüber und die Schuhe stehen unterm Stuhl. Langer Flur und dann diese Stühle. Wobei ja jeder Stuhl auch eine Person bedeutete, die dahinter stand. (…) Es ist dieser Eindruck der absoluten Reglementierung, so dieses anstaltsmässige." (Interview Heinemann)

Die Mädchen im Heim hatten alle ihre Schule bereits beendet und in der Regel den Volksschulabschluss. Tagsüber arbeiteten sie in den „Arbeitsbetrieben", einer Wäscherei und einer Nähstube. Frau Heinemann erinnert die Atmosphäre dieser geschlossenen Unterbringung im Nachhinein wie ein Gefängnis. In der Mittagspause habe es eine Art „Hofgang" gegeben:

> „Das Tor war dann abgeschlossen. Da verteilte man sich an verschiedene Standorte ringsum den Hof herum an die Punkte, an denen man entweichen konnte. Und dann hatte man Freistunde, wie Knast eigentlich. Die Mädchen drehten ihre Runden, spielten irgendwas. Wenn wir nicht gerade aufpassen mussten, spielten wir mit denen, irgendwelche, was weiß ich, Fangenspiele und Ballspiele oder so. Und viele Gespräche waren dann da, weil man ja gar keine anderen Möglichkeiten hatte. Und dann ging man wieder auf die Arbeitsbetriebe." (Interview Heinemann)

Man habe damals immer „furchtbare Angst" gehabt, die Mädchen könnten entweichen. Frau Heinemann weiß von heute aus auch nicht mehr, was am Weglaufen so schlimm gewesen sei, aber damals sei das die „absolute Katastrophe" gewesen. Es habe auch durchaus öfter Gelegenheit zur Flucht gegeben, wenn man z.B. zum Arzt musste oder zum örtlichen Gottesdienst ging. Um zu sichern, dass alle nach dem Gottesdienst wieder mitkamen, ging jeweils eine Erzieherin vor und eine andere Erzieherin hinter der Mädchengruppe. Wenn ein Mädchen trotzdem weglief, wurde sie wieder „eingefangen".

Die Mädchen dachten damals – so Frau Heinemann – dauernd ans Weglaufen. Manchmal taten sie sich auch zusammen, um den Erzieherinnen gewaltsam die „Schlüssel zur Freiheit" abzunehmen. Meistens konnten gerade die jüngeren Erzieherinnen dies allerdings durch die guten Beziehungen zu den Frauen verhindern. Frau Heinemann selbst ist es damals offenbar nicht schwer gefallen, gute Beziehungen zu den Mädchen aufzubauen. Sie war selbst noch sehr jung und lebte fast in der gleichen Situation wie die Mädchen, d.h. in ihrem Erleben war sie „irgendwie mit eingesperrt". Zwar hätte sie rausgehen können, dies sei aber de facto nicht möglich gewesen, da sie fast immer arbeiten musste und im Heim wohnte. Auch ein Telefon stand ihr nicht zur Verfügung, sie sei damals „absolut abgeschnitten von allem" gewesen.

Damals arbeitete eine Erzieherin pro Gruppe und manchmal noch eine Praktikantin. Auch nachts wurde Frau Heinemann als „Gruppenmutter" oft rausgeklingelt (hierfür gab es eine Vorrichtung), einmal, wenn die Mädchen planten, ihr den Schlüssel wegzunehmen, aber auch, wenn sie einfach nur zur Toilette wollten. Frau Heinemann entwickelte mit der Zeit eine eigene Art, mit der Situation des Eingeschlossen-Seins umzugehen, nämlich indem sie versuchte, die Mädchen durch Unterhaltung und Humor abzulenken. Dies wurde zwar von der

Heimleitung manchmal kritisch beobachtet, es ermöglichte aber auch ihr selbst, dort weiter zu arbeiten:

> „Ich erinnere mich, dass ich in der Zeit ganz, ganz viel erzählt habe über Gott und die Welt. Bei den Mahlzeiten schon, da saßen ja 20 Leute am Tisch, die mussten alle irgendwie unterhalten werden. Ich hab dann immer versucht, diese Mahlzeiten so-weit wie möglich hinauszuzögern. Ich hab dann meist auch gestanden, weil ich die sonst gar nicht alle im Blick haben konnte. Und erzählt und erzählt, alles Dönekens so, die man selber so hatte. (…)Und wir haben auch ganz viel Unsinn gemacht. (…) Das hat aber auch so die Beziehung mit gestaltet. Man hat die Mädchen irgendwie gefesselt, stückweit. (…) Dass die auf keine dummen Gedanken kamen. Und das war dann so, ja, das war die reine Hilflosigkeit irgendwo. Irgendwie musste man das bewältigen. Und das hat mir aber auch Spaß gemacht, muss ich gestehen." (Interview Heinemann)

Die Leiterin (keine Diakonisse, aber eine sehr fromme Frau) sei damals sehr humanistisch geprägt gewesen und habe die Mädchen nicht als minderwertig angesehen, sondern als Menschen, die mit ihr auf einer Stufe standen. Es sollte ein christlich geprägtes Leben vermittelt werden, ein Leben, das allerdings sehr „eng" gewesen sei. Die Mädchen hätten sich von den Missionsbemühungen tatsächlich auch etwas angenommen, vor allem, weil die Gruppe der jüngeren, religiös motivierten Erzieherinnen auch viele schöne Dinge mit den Mädchen unternahmen. Es sei ein „kulturell, ethischer, hochstehender Lebensalltag" gewesen, in dem viel Wert auf „gepflegte Gemeinsamkeit" gelegt worden sei. Zwar habe alles unter dem „übergeordneten Thema Zwang" gestanden, aber man habe sich Freiräume innerhalb dieses geschlossenen Systems geschaffen durch gemeinsames Musizieren, Vorlesen oder Theaterspielen. Die Diakonissen, die damals langsam abgelöst wurden, da es keinen Nachwuchs in der Schwestern-schaft gab, hätten allerdings wenig mit den Mädchen gemacht und viele seien „verbittert" und auch verbraucht gewesen.

Dienet dem Herrn mit Freuden" – das sei das Motto für ihre Arbeit im Heim gewesen, dem sie sich selbst damals auch verpflichtet fühlte. Die Arbeits-bedingungen waren dementsprechend. Die 52-Stunden-Woche war noch nicht einmal eingeführt, d.h. man hatte nur einen halben Tag in der Woche und nur alle 14 Tage einen Sonntag frei. Auch der Abend stand nicht der eigenen Frei-zeitgestaltung zur Verfügung, sondern abends fanden zusätzlich entweder Mitar-beiterbesprechungen statt oder man leitete eine der Neigungsgruppen für die Mädchen: den Chor, die Bibelstunde, den Volkstanz oder – im Fall von Frau Heinemann – eine Arbeitsgruppe, die Hörspiele machte.

Nach drei Jahren Arbeit im Erziehungsheim war Frau Heinemann am Ende ihrer Kraft und konnte auch das eigene Eingesperrt-Sein nicht mehr ertragen. Sie habe dann einen „Koller" bekommen und lange damit gekämpft, dass sie mit den Aufgaben ihrer „Berufung", der sie eigentlich treu bleiben wollte, nicht klar kam. Besonders der hauswirtschaftliche Bereich habe ihr Probleme gemacht, sodass man ihr die Gruppenleitung entziehen wollte:

> „Ich hab das nicht geschafft, die ganze Wäsche geflickt zu kriegen. Das war Bettwäsche von 20, 25 Leuten. Da mussten alle Knöpfe angenäht sein und das hab ich auch nicht geschafft. Und geflickt werden, das konnte ich gar nicht, …konnte die auch nicht anleiten dabei. (…) Dass ich … andere Stärken hatte, das spielte aber überhaupt keine Rolle." (Interview Heinemann)

Spätere Reflexion

Nach der Zeit im Erziehungsheim leitete Frau Heinemann fünf Jahre die erste Wohngemeinschaft für Mädchen im Rheinland, die im Rahmen der Fürsorgeerziehung untergebracht waren. Sie absolvierte daran anschließend ein Studium der Sozialpädagogik und arbeitete später in einer Ausbildungsstätte für Erzieherinnen.

Frau Heinemann hat gegenüber den Mädchen nie Gewalt angewandt und ein freundschaftliches Verhältnis zu ihnen gehabt. Allerdings hatte sie damals – wie sie heute einräumt – auch wenig Verständnis dafür gehabt, dass die Mädchen weglaufen wollten, denn sie und die anderen Mitarbeiterinnen seien überzeugt gewesen, dass es zum Besten der Mädchen war, im Heim zu sein, da man ihnen dort ja helfen wollte. Die Mädchen schienen draußen so etwas wie „Freiwild" zu sein. Man glaubte, dass sie in ihr Unglück rannten und sich wieder prostituierten, da sie ja zum Teil vorher in der Prostitution gelebt hatten. Damals sei man noch nicht in der Lage gewesen zu erkennen, dass die meisten Mädchen eine psychologische oder psychotherapeutische Hilfe und Begleitung gebraucht hätten.

Allerdings war die Geschlossenheit damals nicht die Entscheidung des Heimes gewesen, sondern eine rechtliche Forderung des Landesjugendamtes für alle Jugendlichen, die im Rahmen der Fürsorgeerziehung untergebracht waren. Wenn es einmal vorkam, dass viele Mädchen auf einmal ausrissen oder wenige häufiger, dann habe man sich dem Landesjugendamt gegenüber rechtfertigen müssen. Diese rechtlichen Bedingungen änderten sich erst in den 1970er Jahren. Die Mitarbeiterinnen konnten sich nach der Rechtsänderung damals nur schwer umstellen, da man sich an die Geschlossenheit sehr gewöhnt hatte:

> „Und dann wurden die Zimmer aufgeschlossen und da haben wir gedacht, da können wir nicht mehr existieren. (…) Nicht mehr abgeschlossen, müssen wir uns ganz gut einschließen. Und es ist überhaupt nichts passiert. Ich muss zu meiner Schande gestehen, dass wir uns damit sehr, sehr schwer getan haben. (…) Die Haustüre war

natürlich immer zu. Und die Fenster blieben auch abgeschlossen. (…) Wir haben unsere Etagentüren auch abgeschlossen. Das hat sich erst viel später geändert." (Interview Heinemann)

Heute sieht Frau Heinemann das damalige System, besonders die geschlossene Unterbringung und die dahinter stehende Idee der Bewahrung sehr kritisch.

„Was mich erschreckt, das ist, dass ich mich auf dieses System eingelassen habe, ohne es zu hinterfragen. (…) Ob ich was hätte verändern können, das weiß ich nicht. Ich hätte nur rausgehen können. (…) Für mich ist es das, was mich ängstigt. Da ziehe ich diesen bösen Vergleich zum dritten Reich, weil ich hinterfrage, wie konntet ihr das einfach alles so, so unkommentiert hinnehmen und warum habt ihr das nicht gemerkt. Ich habe es gemerkt, habe trotzdem …gedacht, das muss so sein. (…) Wo immer ich das konnte, hab ich versucht, mich zu entschuldigen. Aber das ist ja viel zu billig. Ich kann mich ja leicht jetzt entschuldigen bei denen, wo ich mit ein Rädchen im System war und auch das mit vollzogen hab." (Interview Heinemann)

Frau Heinemann würde nie die geschlossene Unterbringung zurück haben wollen und glaubt auch, dass man dies in der damaligen Form gar nicht hinbekommen würde:

„Dieses System, dass da Leute sich langfristig mit einsperren lassen, das gibt's ja nicht. So verrückt ist ja heute keiner mehr. Also das wird es schon mal nicht mehr geben. Dann wird ein wesentlicher Faktor fehlen. Das wäre eigentlich so, als wenn sich heute eine Familie mit einschließen würde. Das tut doch keiner. (…) Dann würden heute bei geschlossener Unterbringung viel mehr Leute sein, die sich mit den jungen Leuten beschäftigen. Und trotz allem, ich würde das …nicht befürworten. Auch wenn man das so beobachtet, …auch in RTL …..Das geht für mich so in Richtung Bootcamps, wo auch die Leute gebrochen werden, … dem würde ich überhaupt auch nicht nur eine Chance geben wollen."(Interview Heinemann)

5.1.4 Ingrid Döring: Das regt mich heute noch auf

Frau Döring ist 1932 geboren, hat von 1950 -1953 ihre Ausbildung als Kinderpflegerin bei einem Jugendhilfeträger gemacht und ist in diesem Zusammenhang in verschiedenen Einrichtungen, u.a. einem Säuglings- und einem Kinderheim gewesen. Frau Döring ist selbst in einem Säuglingsheim geboren und bei Pflegeeltern aufgewachsen, was sie motivierte, sich dieses Arbeitsfeld anzusehen. Sie hat vorwiegend schlechte Erinnerungen an die Zeit, vor allem an die strenge Pädagogik und den Mangel an Kommunikation. Nach ihrer Ausbildung war Frau Döring nicht mehr im Bereich der Heimerziehung tätig, weshalb ihre Erinnerungen nicht so ausführlich sind, wie die anderer Mitarbeiterinnen.

Besonders eindrücklich ist Frau Döring noch heute die Erinnerung, dass die kleinen Kinder im Heim immer ganz lange auf dem Töpfchen gesessen und dabei immer gewackelt haben. Sie hätten damals eindeutig zuwenig Zuneigung erfahren, auch das Essen sei miserabel gewesen und wurde zum Teil mit Gewalt verabreicht:

> „Das wurde, wenn es nicht gegessen wurde: Nase zu und …. Ich muss das so erzählen, weil mich das heute noch aufregt. Das waren nicht so Zeiten wie heute. Und Kinder, die … Man hat einfach auch ein Lieblingskind, das wurde streng beobachtet. Es war überhaupt sehr streng, die ganze Lehre. Ich … wollte da nicht essen, weil mir das alles nicht gefiel." (Interview Döring)

In dem Kinderheim, in dem sie Teile ihrer Ausbildung absolvierte, mussten die größeren Kinder, wenn sie nicht gehorchten, oft barfuß in der Ecke stehen, mit den Armen nach hinten verschränkt. Zur Strafe sei manchmal auch der Nachtisch entzogen worden. Es sei auch geschlagen worden, eine Ohrfeige sei an der Tagesordnung gewesen und „schnell mal eben" gegeben worden, wenn ein Kind etwas „verbrochen" hatte, beispielsweise „Widerworte" gegeben hatte. Allerdings räumt Frau Döring ein, dass insgesamt hundert Kinder in der Einrichtung gewesen seien und es schwer war, mit so vielen Kindern auf einmal. Strafen hätten vor allem die „Neuen" bekommen, die „so frisch reinkamen" und sich noch nicht an die Regeln gewöhnt hatten:

> „Die da schon länger waren, …die trauten sich ja nachher gar nicht mehr. (…) Die neuen, die mussten sie erst erziehen …. (…) Und da hätte ich mir schon gewünscht vielleicht mal abends, dass man zusammen sitzt und darüber spricht. Vielleicht auch überhaupt mal spricht, denn die kamen ja auch aus schlechten Verhältnissen, die von der Straße kamen. (…) Dass die dann auch so aufmüpfig waren, das kann man ja auch verstehen." (Interview Döring)

Frau Döring hat nach ihrer Heirat und der Erziehung eigener Kinder jahrelang als Tagesmutter gearbeitet, was sie auch bis heute noch gerne tut.

5.2   Es war strenger als heute, aber nicht alles schlecht

5.2.1   Dorothee Hauptmann: Wir waren auch eingesperrt

Frau Hauptmann ist 1944 geboren und hat von 1961 an Erfahrungen mit der Heimerziehung von Mädchen. Von 1968 – 1977 war sie als Arbeitserzieherin in der Wäscherei eines Mädchenerziehungsheimes tätig. Frau Hauptmann stammt aus den Niederlanden und wollte ursprünglich Dolmetscherin werden. Sie hatte daher zunächst eine Ausbildung als Kinderpflegerin in Deutschland gemacht, um besser deutsch zu lernen. Sie sei dann in der pädagogischen Arbeit geblieben, da sie sich mit anderen Frauen aus einer Heimerzieherinnenschule angefreundet hatte:

> „Und dann habe ich halt mich in diese Gemeinschaft mit hinein begeben. Für mich war das dann eigentlich und ist das bis heute, eigentlich eine Berufung. Ein Ort der Gewissheit damals, ja das ist das richtige. Gott hat mich da hinbestellt. Das ist ein Platz für mich und ein Weg für mich." (Interview Hauptmann)

Im Heim

In dem Heim waren Mädchen untergebracht, die entweder schon als Prostituierte gearbeitet hatten, Mädchen – so Frau Hauptmann -, die „geistig, sagen wir mal, an der Grenze waren" oder Mädchen, die sich mit ihrem Freund „herumgetrieben" hatten.

Frau Hauptmann arbeitete als „Arbeitserzieherin" im Bügelsaal der Wäscherei mit 10 Mädchen zusammen, was ihr trotz mancher Schwierigkeiten, Spaß gemacht habe. Die Diakonisse, die auch dort arbeitete, sei sehr lieb gewesen und habe ihr immer „gut zugeredet, wenn wir, wenn ich auch mal so ein bisschen am Ende war." Auch die Mädchen habe sie immer sehr gut trösten und mit ihnen reden können. Es sei eine intensive Arbeit gewesen, da nicht nur für den Eigenbedarf gearbeitet wurde, sondern auch für externe Kunden. Im Heim wurde gewaschen, gemangelt, gepresst und gebügelt. Es war ein richtiger Arbeitsbetrieb gewesen, man habe etwas „Ordentliches abliefern" müssen. Die Arbeit begann um 8.00 und endete um 18.00 Uhr, mittags gab es eine einstündige Pause. Zusätzlich gab Frau Hauptmann montags abends Gitarrenunterricht.

Frau Hauptmann hatte Verständnis dafür, dass die Mädchen manchmal nicht arbeiten wollten, glaubt aber, dass es im Grunde genommen gut für sie war, da sie etwas lernten und beschäftigt waren. Es sei für heutige Verhältnisse unwahrscheinlich streng gewesen, aber das sei damals überall in der Gesellschaft so gewesen, etwas, das sich heute „völlig verändert" habe:

> „Es war eine strengere Erziehung. (…) Zur Arbeit trug man eine bunte Schürze und zur Andacht trug man eine weiße Schürze. So war das halt üblich und wurde auch so in den Anfangsjahren gehandhabt. Aber eins nach dem anderen verschwand und wurde eben anders, wie es in der Gesellschaft auch war." (Interview Hauptmann)

Spätere Reflexion

Frau Hauptmann hat vor allem positive Erinnerungen an die Zeit zu Beginn ihrer beruflichen Tätigkeit, ohne die negativen Seiten auszublenden:

> „Auf der einen Seite war es eine tolle Gemeinschaft, wirklich so, also und ich bin auch heute so, dass ich das als erstes sehe. (...) Aber wir (Frau H. und eine Gruppe von jungen Erzieherinnen, die mit ihr zusammen angefangen hatten, C.K.) waren ja auch noch so jung und waren einfach eingesperrt (...) Eine zog schon einmal aus dem Haus. Ja, das war ja eine Katastrophe. (...) Ich hatte ja bis Mitte 30 keine eigene Wohnung. Hab immer nur im Heim gewohnt, von meinem 17. Lebensjahr an..." (Interview Hauptmann)

Nachträglich sieht Frau Hauptmann besonders deutlich, wie sie die totale Einbindung in den Heimalltag belastet hatte. Es herrschte Personalmangel und manchmal musste sie bei Krankheit anderer Erzieherinnen zusätzlich im Gruppendienst einspringen. Auch war die Hausleitung in ihren Augen viel zu streng und habe alles mit der Bibel begründet. Frau Hauptmann hatte immer den Eindruck, die Diakonissen seien zwar froh gewesen, als sie gehen konnten und hätten immer gesagt: „Wir können nichts". Trotzdem hätten sie erwartet, dass die weltlichen Erzieherinnen alles ähnlich machten. Wenn sie das nicht taten, sei es zu Auseinadersetzungen in praktischen und geistlichen Fragen gekommen:

> „Man hat auch zur Morgenwache zu erscheinen, ob man kann, ob man nun eigentlich ausgebrannt ist oder nicht. Man müsste eigentlich mal ausschlafen. Gibt's nicht. Und das heißt ja auch, dass wir die Andachten mitgehalten haben. Ich musste ja auch die Andacht halten. Da war ich manchmal krank, weil ich es einfach nicht wollte. Und dachte auch, ich kann es nicht. Ich will es auch nicht. Warum werde ich dazu gezwungen? Und das waren halt die Konflikte, die es gab." (Interview Hauptmann)

Frau Hauptmann hat später in einer Wohngemeinschaft gearbeitet und ist danach in den Altenpflegebereich gegangen. Zu ein paar von den Mädchen hat Frau Hauptmann heute noch Kontakt und glaubt, dass sich viele später beruflich und privat gut integriert haben.

5.2.2 *Annemarie Fuchs: Schöne Stunden der Musik*

Frau Fuchs ist 1934 geboren und war von 1966 bis 1985 in einem evangelischen Fürsorgeerziehungsheim für Mädchen tätig. Frau Fuchs hatte zuvor 10 Jahre als kaufmännische Angestellte gearbeitet, was sie aber nicht mehr erfüllte. 1964 machte Frau Fuchs eine Ausbildung zur Heimerzieherin. Sie war zunächst mit einer anderen Erzieherin für 18 Mädchen zuständig.

Arbeit im Heim

Als Frau Fuchs im Erziehungsheim arbeitete, waren 18 Mädchen(15-21 Jahre) in ihrer Gruppe und zwei Betreuerinnen, wenn man „Glück hatte", noch ein Praktikantin. Die Mädchen arbeiteten in der Wäscherei, im Garten, im Haus und im Nähsaal, einige seien auch in die Schule gegangen oder zu Fortbildungen. Die Mädchen hätten damals nicht ihre eigene Kleidung auf dem Zimmer gehabt, sondern in sogenannten Kleiderkammern, in denen sich die Gruppen dann samstags für sonntags etwas aussuchen durften. Ansonsten wurde Arbeitskleidung getragen. Montags und Donnerstag gab es größere Andachten. Frau Fuchs hat die Arbeit sowohl positiv wie auch negativ in Erinnerung. Besonders beeindruckt war sie vom gemeinsamen Musizieren; sie hat damals „schöne Stunden der Musik und des Singens" erlebt:

> „Wir hatten ...etwa 64 Mädchen, etwa 22 Gitarren, ... es gab Interessenabende, an denen das gelernt wurde. Wir sangen ...sowohl Volkslieder als auch geistliche Lieder mit diesen vielen Gitarren, erst konnten sie drei Griffe, ... dann in einer Woche konnten sie sechs Griffe und ...zu Weihnachten, da saßen wir dann im Treppenhaus und sangen. (...) Das waren wirklich Sternstunden. Wir hatten Flöten usw., das ist heute alles unvorstellbar. Das war sehr, sehr schön. Und sie ließen sich zu musischen Betätigungen, nicht alle, aber doch viele, mitnehmen." (Interview Fuchs)

Gleich nach dieser schönen Erinnerung tauchen aber bei Frau Fuchs auch die „schweren Dinge" wieder auf, nämlich, dass die Mädchen immer versuchten, aus dem „Fenster zu gehen", d.h. dass sie versuchten sich mit Bettüchern aus dem Fenster abzuseilen und dass sich auch mal ein Mädchen dabei verletzt habe. Das Eingeschlossen-Sein sei für die Mädchen eine „harte Sache" gewesen, das habe sie damals auch nachvollziehen können. Geschlagen wurden die Mädchen nicht, allerdings hätten sie sich untereinander manchmal geschlagen. Solche gewalttätigen Auseinandersetzung wie auch Arbeits- oder Schulverweigerung sei damals mit Arrest gestraft worden. Zuerst seien aber Gespräche geführt worden.
Frau Fuchs hat die Diakonissen, mit denen sie damals noch zusammenarbeitete, als sehr streng und „straff" erlebt. Sie seien „einfach anders ausgerichtet" gewesen in ihrer Arbeit und hatten keine pädagogische Ausbildung, daher seien sie „instruiert" worden. Auch Frau Fuchs ist einmal von ihnen zurechtgewiesen worden, weil sie am Mittagstisch ihre Post gelesen habe und das, obwohl sie schon 30 war und Berufserfahrung hatte. Das habe sie als entwürdigend empfun-

den. Allerdings seien diese Umgangsformen von den Diakonissen nicht „böse" gemeint gewesen, sie hätten es nur nicht anders gekannt, sie seien in den Schwesternschaften selbst so streng erzogen worden. Auch waren sie unter dem früheren Direktor der Einrichtung noch ganz andere Umgangsformen, vor allem mit den Mädchen, gewöhnt gewesen:

> „Der Inspektor, der vor uns da war, hatte die Gepflogenheit oder auch den Zwang, kein Mädchen anzufassen, auch nicht am Arm. Und wenn ein Mädchen hinauf musste in ihr Zimmer und wurde also zwei Stunden eingeschlossen, dann hatte er ein Stöckchen, womit er dieses Mädchen vor sich herstieß, wenn sie nicht laufen wollte. Und die Schwestern machten das natürlich nicht, aber sie umarmten die Mädchen auch nicht. (...) Und dieses nicht, also keine körperliche Berührung hatte natürlich auch seine Bedeutung." (Interview Fuchs)

Spätere Reflexion

Frau Fuchs hat noch länger in der Einrichtung gearbeitet. Von 1975 bis 1985 war sie als Erziehungsleiterin, danach als Sekretärin in einem Altersheim tätig. Auch sie hat noch Kontakt mit den Mädchen, die früher in der Einrichtung waren. Ihr Eindruck ist, dass man vielen Mädchen ein gutes weiteres Leben durch die hauswirtschaftliche Ausbildung ermöglicht hat. Damals sei eine Liste geführt worden, auf der verzeichnet wurde, was die Mädchen nach ihrer Entlassung machten. Frau Fuchs glaubt, dass ungefähr 60 % zurechtgekommen sind danach, d.h. sie hätten ihren Haushalt und ihr Leben korrekt geführt.

Frau Fuchs hält es für unverzichtbar ist, dass man eine Grundlage für das eigene Leben hat, wenn man andere erziehen möchte. Diese Grundlage sieht sie vor allem im christlichen Glauben und meint, sie wüsste nicht, „woher man sonst die Kraft nehmen sollte, diese Menschen zu tragen". Frau Fuchs meint, manches sei früher sicher zu eng gewesen. Man habe manches Schlechte aus der Tradition fortgeführt, vieles sei aber auch richtig gewesen, was man nur leider heute nicht mehr machen könne, „weil die Zeit halt eine andere ist und es auch nicht mehr erlaubt ist." Was dies sei, das führte Frau Fuchs nicht weiter aus.

5.2.3   Hannelore Schmidt: Ich habe meine Kinder geliebt

Frau Schmidt ist 1947 geboren, hat 1964 ein „Diakonisches Jahr" abgeleistet und als 17jährige in einem „Kinderzimmer" sieben Ein-Zweijährige in einem Säuglingsheim alleine betreut. Sie hat die Kinder gewaschen, gefüttert, gewickelt und hat jeden Tag auch das Zimmer geputzt. Frau Schmidt kam aus einer kinderrei-

chen Familie und wollte gerne mit Kindern arbeiten, daher beschloss sie zunächst das diakonische Jahr zu absolvieren.

Arbeit im Heim

Frau Schmidt erinnert das Jahr als eine schöne Zeit, die sie nicht missen möchte.
Es sei in dem Säuglingsheim für die Kinder und für die Mütter gut gesorgt worden. Es sei eine „geborgene" und „behütete" Zeit gewesen, sie habe sich – bis
auf das frühe Aufstehen – dort nicht viel anders gefühlt als zuhause. Allerdings
erinnert sie auch, dass sie sich am Anfang oft überfordert und erschöpft gefühlt
habe mit der Versorgung der vielen Kinder. Zwar hätte sie jederzeit jemanden
fragen können, aber rein körperlich sei die Pflege sehr anstrengend gewesen.

Den Umgang der Diakonissen mit den ledigen Müttern hat sie als einen
herzlichen und verständnisvollen in Erinnerung, sie seien alle „sehr lieb" gewesen. An böse Worte kann sie sich nicht erinnern, auch nicht an Strafen oder
Schläge. Lediglich sei kolportiert worden, dass die Betreuerin der Drei-
Sechsjährigen etwas „grob" wäre und zu oft schimpfen würde. Davon hat sie
persönlich aber nichts mitgekriegt, da sie so eingespannt gewesen sei. Auch den
jährlichen Gruppenwechsel in den Kinderzimmern hat sie nicht selbst miterlebt,
da sie nur ein Jahr da war. Frau Schmidt spricht auch in der Erinnerung noch von
„ihren Kindern", sie seien in der Regel fröhlich gewesen und sie war sehr gerne
mit ihnen zusammen. Sie hat sich soweit es möglich war, intensiv um sie gekümmert, räumt aber ein, dass dies wahrscheinlich trotzdem zuwenig Zuwendung und Förderung bedeutete:

> „Also ich kann nur von mir sagen: Ich habe meine Kinder alle geliebt. Ich habe die
> auch immer in der Mittagspause manchmal mitgenommen. Wir sind spazieren ge-
> gangen. Aber während der Dienstzeit war eigentlich wenig Möglichkeit, sich mit
> den Kindern zu beschäftigen. Außer, dass man ja sowieso mit denen immer spricht.
> Auch während ich da geputzt habe, habe ich sicher mit den Kindern gesprochen. Die
> kriegten Spielzeug und ich kann nur sagen, die waren ganz lieb. Gut, die hatten auch
> nicht viele Möglichkeiten, anders zu sein. (lacht) (...) Die haben sich auch manch-
> mal, glaube ich, an den Haaren gezogen, aber das fand ich jetzt auch nicht so tra-
> gisch. Dass ich die groß erzogen habe, kann ich jetzt auch nicht sagen. Da habe ich
> nicht viel zu beigetragen. (...) Klar sind die in den Bedürfnissen zu kurz gekommen,
> weil Gleichaltrige, die zuhause gelebt haben, die konnten schon etwas sprechen und
> die konnten auch laufen." (Interview Schmidt)

Frau Schmidt hatte damals einen direkten Vergleich mit dem Entwicklungstand
von Kindern, die in der Familie aufwuchsen, da ihre Neffen das gleiche Alter

hatten. Frau Schmidt meint aber, dass der Entwicklungsrückstand eigentlich nicht so tragisch gewesen sei, da die Kinder diesen schnell wieder aufgeholt hätten, wenn sie in der Kindergartengruppe mit älteren Kindern in Kontakt kamen. Bei der Erinnerung an die Zeit für die Zuwendung der Kinder verrechnete sich Frau Schmidt zunächst, da sie spontan dachte, sie hätte ungefähr mit jedem Kind zwei Stunden Körperkontakt gehabt, da jedes dreimal am Tag gefüttert, gewickelt und einmal gebadet wurde, was jeweils 10 Minuten gedauert habe:

„Der Körperkontakt war vielleicht zwei Stunden pro Kind, nee kann ja gar nicht, das hätte ich ja nie geschafft: Wickeln, Baden, das war schon ganz knapp, hat mir jemand gesagt, Baden geht nicht länger als fünf Minuten, sonst schaffst du das nicht. Fünf Minuten Baden, fünf Minuten Wickeln, 10 Minuten füttern, das sind 20 Minuten, das dreimal am Tag sind – nee, es wurde ja nicht dreimal gebadet." (Interview Schmidt)

Spätere Reflexion

Eigentlich wollte Frau Schmidt damals einen pädagogischen Beruf ergreifen, aber in einem späteren Praktikum in einem Kindergarten habe man ihr geraten, dies lieber nicht zu tun, da sie die Kinder nicht genug anregen könnte. Frau Schmidt hat dann den Beruf einer Medizinisch-Technischen Assistentin erlernt, ist verheiratet und hat zwei Kinder. Durch die Beschäftigung mit den eigenen Kindern ist ihr später klar geworden, dass man in dem Säuglingsheim zuviel Zeit mit Putzen und zuwenig intensive Zeit mit den Kindern verbracht hatte:

„Ich denke, da ist zuviel Wert auf Sauberkeit gelegt worden. Die Zeit, die wir damit verbracht haben täglich das Zimmer zu putzen. (…) Wenn ich Zeit hatte und nicht putzen musste, habe ich mir auch mal ein Kind genommen und habe mit dem im Raum gespielt, aber das war die wenigste Zeit, in der ich wirklich mit den Kindern spielen konnte. (…) Wenn ich an meine Kinder denke, die konnten schneller laufen und konnten schneller reden. Untereinander konnten, die ja auch nicht, was sollten die sich untereinander beibringen, wenn keiner reden kann? Kurze Zeit nachdem ich da war, wurde ja dann auch das Jugenddorf gebaut und da haben die ja die gemischten Gruppen gemacht. Das war natürlich sinnvoller für die Kleinen, da konnten die von den Großen lernen." (Interview Schmidt)

Frau Schmidt vermutet zwar auch, dass die Kinder bleibende Schäden oder Bindungsschwierigkeiten in ihrem späteren Leben bekommen haben, da ja mehrmals die Bezugspersonen wechselten. Sie weist aber darauf hin, dass die Kinder dafür ja untereinander zusammenblieben. Auch sei gut gewesen, dass die Kinder anders als heute in Heimen, den ganzen Tag von einer Person betreut wurden.

Sie hätte wirklich ganz viel Zeit mit den Kindern verbracht. Und für die jungen Mütter sei es ein Ort der Geborgenheit gewesen, wie sie ihn oft zuhause nicht kennen gelernt hatten. Sie seien nicht unzufrieden oder traurig gewesen.

Frau Schmidt meint, dass solche Säuglingsheime, wie das, in dem sie gearbeitet hat, später überflüssig wurden, weil die Pille viele ungewünschte Schwangerschaften verhindert hat.

5.2.4 Josefine Wagner: Es war streng, aber nicht alles negativ

Frau Wagner ist 1931 geboren und hat von 1956-68 in einem Mädchenerziehungsheim im hauswirtschaftlichen Kursus gearbeitet. Während dieser Tätigkeit machte sie eine halbjährige, kirchliche Heimerzieherinnenausbildung. Ihre Berufswahl wurde motiviert durch ihre Kindheitserfahrung und ihre religiöse Erziehung. Trotz des frühen Verlustes ihrer Mutter und einer traumatischen Flucht aus den Ostgebieten des damaligen Deutschen Reiches, empfand Frau Wagner nach Kriegsende eine Dankbarkeit für ihr eigenes Überleben, die sie durch ihren Dienst an anderen Menschen ausdrücken wollte.

Arbeit im Heim

Das Haus, in dem die hauswirtschaftliche Grundausbildung für eine Gruppe von 18 Mädchen stattfand, befand sich nicht auf dem Heimgelände und war nicht geschlossen. Die Gruppe war für diejenigen Mädchen gedacht, bei denen eine „gute Entwicklung" erwartet wurde, d.h. nicht alle konnten daran teilnehmen. Frau Wagner erinnert sich, dass die Ausbildung in etwa so gewesen sei, wie in der Sendung „Die Bräuteschule", die heute in Erinnerung an die Mädchenerziehung der 1950er Jahre im Fernsehen ausgestrahlt wird.

Die Mädchen lernten, wie man Fenster putzt, kocht, näht, wäscht und einen Haushalt führt. Auch Gesundheitspflege und Kinderpflege seien vermittelt worden. Die Fürsorgerinnen seien dann zur Prüfung gekommen, danach seien die Mädchen in Haushalte vermittelt worden. Strafen habe es eigentlich kaum gegeben, da die Mädchen freiwillig da waren, manchmal wurden Mädchen bei kleineren Vergehen von gemeinsamen Freizeitgestaltungen ausgeschlossen. Frau Wagner erinnert die Arbeit im Heim als vorwiegend positiv und glaubt, dass die Mädchen davon profitierten. Lediglich manche Regeln, die im Heim galten, wurden von ihr auch damals schon als zu streng erlebt, beispielsweise, dass beim Frühstück geschwiegen werden musste. Diese „Stillstunde" habe sie „innerlich nicht nachvollziehen" können und daher sei es schwer gewesen, den Mädchen das „beizubringen". Sie selbst habe keinen Grund gesehen, das Frühstück so zu handhaben, habe sich aber als „Lernende" dieser Regel angepasst. Einen möglichen Grund für das Schweigegebot sieht Frau Wagner in einem Bedürfnis nach Ruhe auf Seiten der dort oft jahrelang arbeitenden Schwestern.

Spätere Reflexion

In ihrer eigenen Kindheit, besonders im Krieg, hat Frau Wagner erlebt, dass Kinder „nicht viel zählten". Sie sei oft auf eine Weise beschimpft worden, dass man „Komplexe" kriegen konnte. Auch in der Schule sei sie sehr geschlagen worden. Für die heutige Arbeit mit Kindern sieht Frau Wagner daher auch die Liebe zum Menschen in seiner ganzen Persönlichkeit als grundsätzliche Voraussetzung. Besonders das Gespräch sei wichtig, um das Gefühl zu vermitteln, dass das Kind oder die Jugendliche ernst genommen wird. Dies sei trotz der Strenge in der Einrichtung, in der sie früher arbeitete, immer möglich gewesen. Frau Wagner hatte nach ihrer Tätigkeit im Heim noch häufig Kontakte zu entlassenen Mädchen und viele hätten im Nachhinein gesagt, dass „nicht alles schlecht" gewesen:

> „Es war früher nicht alles schlecht. Die Mädchen erzählen heute noch von den Feiern, von den Weihnachtsfeiern und von den Festen, das ist geblieben. (…) Wenn irgendwann ein Fünkchen aufgeht, dann kann man doch nur dankbar sein. Man soll das nicht alles negativ reden. (…) Es war anders, sehr streng. Heute nicht nachvollziehbar, würde ich auch sagen." (Interview Wagner)

Ungern erinnert sich Frau Wagner an die Jubiläumsveranstaltung ihrer alten Heimeinrichtung, wobei in einem Vortrag die Zeit der 50er und 60er Jahre sehr negativ dargestellt worden war. Es ist ihr ein Anliegen, zu sagen, dass sie dies als nicht richtig empfindet.

5.3   Manches war besser als in der heutigen Heimerziehung

5.3.1   Else Sommerfeld: Ordnung ist wichtig

Frau Sommerfeld ist 1944 geboren, hat zunächst Krankenschwester gelernt. Sie war als Kind ein Jahr (1955 Januar bis Dezember) in dem Kinderheim einer Zeche untergebracht, weil ihre Mutter an Lungentuberkulose erkrankt war. Frau Sommerfeld erinnert das Heim, das eigentlich nur für kürzere Aufenthalte geplant war, nicht negativ, außer der Tatsache, dass sie das Essen nicht mochte und trotzdem solange sitzen bleiben musste, bis sie aufgegessen hatte. Strafen und

Schläge habe es dort nicht gegeben, allerdings war das Essen für sie Strafe genug. Durch die positiven Erfahrungen mit der Gesundheitsfürsorgerin, die ihre Mutter betreute, entstand bei Frau Sommerfeld der Wunsch, auch Fürsorgerin zu werden und daher besuchte sie nach ihrer Ausbildung zur Krankenschwester eine Höhere Fachschule für Wohlfahrtspflege. Den praktischen Teil ihrer Ausbildung (3 Monate) verbrachte Frau Sommerfeld 1968 in einem Mutter- und Kindheim. Da sie bereits als Krankenschwester in der Psychiatrie gearbeitet hatte, habe ihr die Atmosphäre der Geschlossenheit nichts ausgemacht.

Arbeit im Heim

Frau Sommerfeld hat auf einer Gruppe mit minderjährigen Schwangeren und Wöchnerinnen gearbeitet. Sechs Wochen nach der Geburt blieben die Kinder auch auf der Gruppe und kamen danach ins Kinderheim, während die Mädchen in eine andere Gruppe innerhalb der Einrichtung kamen. Frau Sommerfeld erinnert sich daran, dass die Gruppen sehr schlecht besetzt waren. Für 14 Mädchen gab es zwei Erzieherinnen in Wechselschicht und „wenn man Glück hatte" war auch eine Hauswirtschaftskraft anwesend. Die Mädchen hätten zuallererst das Bestreben gehabt, wegzulaufen und hätten es auch oft getan, obwohl es schwer gewesen sei. Frau Sommerfeld fühlte sich verantwortlich dafür, dass die Mädchen nicht entwichen und verfolgte einmal ein Mädchen, das nach dem gemeinsamen Arztbesuch weglief, bis in die Straßenbahn. Der Straßenbahnschaffner habe auf ihre Bitte hin die Polizei alarmiert und diese habe dann beide mit auf die Wache genommen, wo sie von der Oberin abgeholt wurden. Die Mädchen in dem Heim, in dem Frau Sommerfeld arbeitete, wurden von ihr als mehrheitlich „geistig zurückgeblieben" beschrieben. Viele hatten nicht einmal den Sonderschulabschluss, aber Frau Sommerfeld ist sich heute nicht sicher, ob das an der mangelnden Förderung zuhause gelegen hat oder ob sie – „wie soll ich sagen, etwas doof waren."

Die Mädchen seien aus ungünstigen Verhältnissen gekommen und hätten sich nicht viel um ihre Kinder gekümmert. Zwar durften sie die Kinder nur für eine Stunde am Tag besuchen, Frau Sommerfeld hatte aber den Eindruck, dass viele der Mädchen gar kein Interesse an den Kindern hatten, weil sie selbst schon „beziehungsgestört" waren. Frau Sommerfeld räumt aber ein, dass früher auch nicht gefragt wurde, was die Mädchen eigentlich wollten:

> „Das wurde so als Tatsache genommen, die sind halt schwanger, die sind halt sexuell verwahrlost, manche auch, *weil* sie schwanger waren. Das ist das sichtbare Zeichen. (…) Da kamen auch viele Eltern und wollte ihre Kinder aus diesem Grund untergebracht haben. (…) Viele von denen würden ja auch heute gar nicht mehr

schwanger, weil also Ende der 60er Jahre gab es zwar schon die Pille, aber die war nicht so greifbar. Da mussten die Eltern noch unterschreiben bis 21." (Interview Sommerfeld)

Spätere Reflexion

Frau Sommerfeld war später, bis zu ihrer Pensionierung im Jugendamt tätig und erfuhr in dieser Funktion den Unterschied der damaligen zur heutigen Heimerziehung durch ihre Besuche in verschiedenen Heimen. Allerdings übte sie zwischen 1972 und 1980 aus familiären Gründen ihren Beruf nicht aus. Danach war sie sehr erstaunt, „dass alles so anders geworden ist", vor allem viel „freier".

Für Mädchen zumindest gab es keine geschlossenen Einrichtungen mehr und auch das Volljährigkeitsalter war heruntergesetzt. In der Meinung von Frau Sommerfeld ist die Heimerziehung aber in ihren letzten Berufsjahren viel zu „lasch" geworden, so dass man sich als Jugendamt die Unterbringung ihrer Meinung nach in vielen Fällen hätte sparen können. Viele Heime würden heute, wenn wirkliche Schwierigkeiten auftauchten, die Kinder wieder an das Jugendamt zurückzugeben.

Im Vergleich zur heutigen Heimerziehung sieht auch Frau Sommerfeld die Heimerziehung, wie sie sie früher erlebte, gar nicht so kritisch, vor allem die Gewöhnung an einen geregelten Tagesablauf sei gut gewesen, wohingegen die „reine Freiwilligkeit und die totale Großzügigkeit" die heute in Heimen herrsche, keine positiven Veränderungen bei den Jugendlichen bewirkten. Die Heime heute seien auch viel zu unordentlich und in manchen stehe „mehr oder weniger Sperrmüll". Wo das so aussieht, da könne „nichts rechtes werden" auch wenn die Pädagogik noch so gut sei:

„Die Heime, wo auch eine gewisse Ordnung herrscht, da halten sich die Kinder oder Jugendlichen auch besser. (…) Heime, wo es gut lief, – das ist jetzt eine Äußerlichkeit- aber man sah es schon, wenn man reinkam. Es herrschte also eine gewisse Sauberkeit, was es ja nicht in allen Heimen gab, eine gewisse Ordnung und die Gruppen waren einigermaßen wohnlich gestaltet." (Interview Sommerfeld)

Besonders kritisch beurteilt Frau Sommerfeld allerdings die Geschlossenheit der damaligen Heimerziehung. Diese habe Ihrer Meinung nach nichts bewirkt, außer, dass alle den Wunsch hatten, wegzulaufen, weil sie ständig das Gefühl hatten, dass das Leben „draußen vor der Mauer" an ihnen vorbei ging.

Frau Sommerfeld meint, dass daher die Unterbringung von Mädchen heute sehr viel einfacher sei und diese auch oft sehr gut in Wohngemeinschaften zurechtkämen. Bei Jungen sei das schwieriger, weil immer mehr Eltern ihre Söhne

„nicht mehr haben wollten". Hier sei oft das Problem, dass diese gingen und kämen, „wie sie wollten", dass viele nicht die Schule besuchten und Alkohol und Drogen nähmen.

Frau Sommerfeld hat selbst in dem Heim, in dem sie untergebracht war und in dem Heim, in dem sie während der Ausbildung arbeitete, keine Schläge erlebt. Befragt nach Misshandlungen, fiel Frau Sommerfeld nur ihre Schulzeit ein. Insgesamt habe man früher Schläge – so ihre Erinnerung – aber wohl noch nicht als Misshandlung gesehen:

> „In der Schule mussten wir ganz am Anfang, wenn was war, die Hand hinhalten und dann gab es die Griffeldose mit Holzdeckel … und dann hat der Lehrer einem feste damit einen auf die Hand gegeben. (…) Ich weiß wohl, dass das bei meinen Freundinnen aus der Schule zuhause wohl ganz normal war. Dass die es draufkriegten, wie wir so sagten, wenn da irgendwas war. Das hat auch keiner früher in irgendeiner Weise als Misshandlung gesehen, das war eben so." (Interview Sommerfeld)

5.3.2 Klara Schreiner: Für und mit dem Kind haben wir früher mehr getan

Frau Schreiner ist 1936 geboren und war von 1959 bis 2001 als Heimerzieherin in einem von Diakonissen geleiteten evangelischen Kinderheim im Ruhrgebiet tätig, von 1982 an in der Erziehungsleitung. In ihrer Kindheit war Frau Schreiner selbst im Heim gewesen, da sie von ihrer Stiefmutter sehr häufig mit „Kleiderbügel und Handfeger" geschlagen und psychisch gequält wurde. Oft musste sie in der Gaststätte arbeiten und sich außerdem häufig anhören, dass bei ihr „Hopfen und Malz" verloren sei. Aus Angst lief Frau Schreiner weg und kam dann als 12jähriges Kind (1948) für ein knappes Jahr ins Heim, wo sie „die schönste Zeit" in ihrer Kindheit verlebte:

> „Ja, das war für mich die schönste Zeit: in Ruhe Schularbeiten machen zu können. Spielen zu können. Also ich .. habe das in unwahrscheinlich guter Erinnerung. (…) …Da hat mich das erste Mal mal jemand in den Arm genommen. Das vergessen Sie nicht." (Interview Schreiner)

Frau Schreiner erinnert noch heute den Namen der Schwester, die sie damals in den Arm genommen hat und dass sie damals beschloss, die Arbeit in einem Kinderheim wäre „eine lohnenswerte Aufgabe", die sie auch gern einmal machen würde. Frau Schreiner war vor ihrer Tätigkeit als Heimerzieherin drei Jahre auf einer Diakoniestation tätig. Obwohl sie dort bessere Verdienstmöglichkeiten hatte als im Heim (120 statt 90 Mark im Monat), trat sie aufgrund ihrer Kindheitserfahrung eine Stelle als Erziehungshelferin in einem Kinderheim an und absolvierte dort später berufsbegleitend eine Erzieherinnenausbildung.

Arbeit im Kinderheim

Das Heim, in dem Frau Schreiner tätig war, hatte in den 60er Jahren fünf Gruppen und insgesamt ungefähr 100 Kinder. Frau Schreiner war zunächst in einer Gruppe mit 30 Kleinkindern zwischen drei und sechs Jahren tätig, in der sogenannten „Kleinstation", gemeinsam mit einer Diakonisse, mit der sie nach eigenen Angaben sehr gut zusammen arbeitete. Neben dieser Station gab es eine große Säuglingsstation mit ebenfalls ca. 30 Säuglingen, dazwischen noch eine Krabbelgruppe und eine Mädchen- und eine Jungengruppe für Schulkinder. Nach dem Ende der Schulzeit kamen die Kinder in Haushalte, auf Bauernhöfe, in Pensionen, in die Ausbildung oder zu Lehrherren in der Umgebung. Manche gingen in ihre Familien, d.h. meistens zu ihren ledigen oder zwischenzeitlich verheirateten Müttern zurück.

Frau Schreiner erinnert den Alltag als einen, der sehr an den Bedürfnissen der Kinder orientiert war. Es habe ein sehr großes Spielgelände und einen sehr großen Garten gegeben, der von der Heimleiterin gepflegt wurde und der den Kindern mit den Blumen und dem Gemüse als ein „schönes Lernfeld" zur Verfügung stand. Der Lieblingsplatz der Kinder sei allerdings der ehemalige Schweinstall gewesen, da man sich dort gut verstecken konnte. In der lebendigen Beschreibung dieser Versteckspiele durch Frau Schreiner wurde im Interview deutlich, dass auch sie früher sehr viel Spaß an diesen Spielen hatte. Begeistert berichtete sie von der riesengroßen Sandhalle und den Spielgeräten. Frau Schreiner brachte „sehr zum Leidwesen der Leitung" manchmal auch Sand ins Haus, damit die Jungen bei schlechtem Wetter Platz für ihre Autospiele hatten. Sie besorgte Spielteppiche, Puppenwagen und –stuben und verwandelte die Schlafräume tagsüber in Spielzimmer. Das tägliche Aufräumen sei zwar ein „Heidentheater", aber es sei „für die Kinder unheimlich wichtig" gewesen.

Frau Schreiner erinnert sich an die Zeit ihrer beruflichen Tätigkeit von 1959 an als eine „unwahrscheinlich fröhliche Zeit". Es sei „einfach unheimlich toll" gewesen mit den Kindern zusammen zu leben, sie habe es auch nie als Belastung empfunden und nichts vermisst. Sogar in den eigenen Urlaub habe sie immer drei, vier Kinder mitgenommen, weil sie es sonst nicht ausgehalten hätte.

Obwohl Frau Schreiner vor allem die positiven Dinge wie gemeinsames Spielen, Basteln oder Theateraufführungen im Vordergrund erinnert, weiß sie noch genau, dass sie gerade am Anfang dachte, die Arbeit nicht bewältigen zu können. Um 17 Uhr habe man angefangen die 30 Kinder nacheinander zu baden und wieder anzuziehen, um dann pünktlich Abendbrot essen zu können. Obwohl sie zu fünft waren (neben der Diakonisse noch eine Kinderpflegerin und zwei Praktikantinnen) sei es zu „Stoßzeiten" immer sehr eng geworden.

Frau Schreiner glaubt trotz der angespannten Personalsituation zu dieser Zeit nicht, dass es in ihrem Heim zu Hospitalismusschäden gekommen ist, da sich die Betreuerinnen liebevoll um die Säuglinge und Kleinkinder gekümmert hätten und es auch noch keinen Schichtdienst gegeben habe. Mitte der 60er Jahre sei eine Studie von einer Psychologin in ihrem Heim durchgeführt worden, die den Entwicklungsstand von Kindern aus dem Heim mit dem von Kindern in Familien untersucht habe und die keine Unterschiede feststellen konnte:

„Es hört sich für viele wahrscheinlich etwas anmaßend an, aber es ist sich mit den Kindern sehr beschäftigt worden. Und wir haben früher immer gesagt, wenn unsere Kinder später zur Schule gingen und wenn sie bedauert wurden und gesagt wurde: ‚Boh, so viele, die haben doch gar keine Zeit.' Dann haben unsere Kinder immer gesagt: ‚Doch unsre Tanten – man wurde ja noch Tante genannt – unsere Tanten haben Zeit, die spielen mit uns, die sind draußen mit uns. Denn wir haben eine Putzfrau und wir haben auch eine Köchin.' Und das war ja auch so. Wir wurden ja versorgt. Wir bekamen das Essen ja aus der Küche und der Haushalt rundum wurde auch gemacht, sodass man wirklich von morgens an, also man fing morgens mit den Kindern zu arbeiten an, in dem Augenblick, wenn die aus dem Bettchen heraus waren. Selbst da haben wir schon spielerisch die Dinge gemacht. Da haben wir schon vor dem Frühstück die Gruppen geteilt in zwei Gruppen, einer nahm die Größeren, einer die Kleineren. Und da gab es schon eine viertel Stunde biblische Geschichte und Liedchen singen, bis alle fertig waren und wir zum Frühstück gingen. Und so war das auf der Säuglingsstation auch. Natürlich nicht zu verkennen, dass es immer wieder auch Kinder gab mit Entwicklungsrückständen. Nur da muss man einfach auch sehen, wenn sie mit ein oder anderthalb Jahren kamen, was hatten gerade diese Kleinsten dann auch schon erlebt." (Interview Schreiner)

In der beruflichen Anfangszeit von Frau Schreiner war es noch üblich, dass die Kinder im Schulalter die Gruppe und damit auch die Betreuerinnen wechselten. Dies hat sie einerseits oft als einen sehr traurigen Abschied erlebt, andererseits seien die Kinder damals sehr stolz gewesen, wenn sie von der Kindergarten- in die Schulkindergruppe kamen. Frau Schreiner betreute ein paar Jahre später, nach der Umstrukturierung in Familiengruppen, eine Gruppe längerfristig, d.h. bis die Kinder die Einrichtung verließen. Sie hat eine Pflegetochter, die damals auf der Säuglingsstation lebte und dann mit ihrer Gruppe aufwuchs. Besonders mit dieser Gruppe, die sie hat aufwachsen sehen, verbindet Frau Schreiner noch immer die besten Erinnerungen. Mitte der 60er Jahre war ihre Gruppe über die Grenzen der Stadt hinaus bekannt, da sie viele Gemeindefeste mit ihnen gestalte-te, vor allem mit eigens für die Kinder zugeschnittenen Theaterstücken von „Peter und der Wolf" bis zum „Sängerkrieg der Heidehasen". Die Kinder habe das Auswendiglernen und Theaterspielen „unwahrscheinlich gefördert". Viele hätten später gesagt, dass sie noch in der Ausbildung stark davon profitiert hätten.

In die Umgebung sei das Heim gut integriert gewesen, die Erzieherinnen waren meistens in der Schulpflegschaft der benachbarten Schule und alle Schulfreundinnen und –freunde durften zu Besuch kommen, wie auch die Kinder nachmittags andere besuchen durften. Man habe auch versucht, wenn keine Angehörigen da waren, dass die Kinder sogenannte Patenfamilien bekamen, was auch in vielen Fällen klappte. Das Leben im Heim sei so positiv gewesen, das einige sogar nach der Entlassung nach Hause zu Weihnachten oder zum Geburtstag wieder kamen. Auch manche Kinder, die zu Besuch kamen, wollten gerne bleiben.

Frau Schreiner räumt ein, dass es auch in ihrem Heim bei den Kleinen mal „einen Klaps auf den Po" oder „was auf die Finger" gegeben habe, wenn die Situation es erfordert hätte. Das sei „einfach so Ende der 50er, 60er Jahre" gewesen. Aber Bestrafungen wie die, die sie im Rahmen von vereinzelten Fernsehsendungen zum Thema gesehen habe, hätte es dort nie gegeben. Wenn die Kinder abends nicht schlafen wollten oder konnten, was bei 30 Kindern häufiger passierte, hätten sie eine Geschichte nach der anderen vorgelesen oder noch gespielt. Wenn sie manchmal schon um vier Uhr morgens wach waren, habe sie sich eine Liege dazu gestellt und dann seien „ihre Kinderchen" ruhig gewesen. Gehorchen sei nicht das wichtigste gewesen, aber zwangsläufig auch ein Ziel in einer großen Gruppe. Sie habe dieses aber mit sanften Mitteln erreicht, d.h. wenn sie die Kinder zur Ruhe bringen wollte, sei sie einfach ganz leise geworden und hätte ihnen eine Geschichte vom Floh erzählt.

Spätere Reflexion

Frau Schreiner glaubt, dass ihre eigene Biographie sie sensibel gemacht hat für die Arbeit mit Kindern. Als Kind habe sie sich nicht vorstellen, dass andere Kinder anders leben als sie selbst, sich immer schuldig gefühlt und gedacht sie sei „einfach so schlimm". Daher versteht Frau Schreiner es gut, dass manche Kinder von zuhause weglaufen und versuchte immer sie als Subjekte wahrzunehmen. Dies sei allerdings damals noch nicht allgemein üblich gewesen sei, da man als Kind nicht gefragt wurde, auch vom Jugendamt nicht. Auch den Eltern der Kinder sei damals noch nicht mit Respekt begegnet worden:

> „Bis Mitte der 70er Jahren waren in der Heimerziehung ja die Eltern auch nichts wert. Es gab ja nur dieses Schubladendenken: Die Eltern haben das Kind weggeben oder es ist ihnen weggenommen worden und die Sachen. Das hat sich ja viel später erst angenähert …" (Interview Schreiner)

Ähnlich wie Frau Hahnemann hat auch Frau Schreiner viele negative Erinnerungen an die damalige Praxis der Jugendämter, die oft ohne Rücksprache mit den Kindern oder den Heimen und ohne Rücksicht auf entstandenen Bindungen, Kinder verlegten. Das Jugendamt sei „bestimmend" gewesen und hätte auch nichts mit den Kinder vorbereitet, „wie man das in späteren Jahren gemacht hat", weder eine langsame Anbahnung noch einen Besuch. Seitdem habe sich die Landschaft der Jugendhilfe „unheimlich verändert", was sehr positiv sei.

Frau Schreiner ist heute, nach ihrer Pensionierung, als Ombudsfrau in ihrem früheren Heim tätig. Wenn sie die heutige Arbeit, die sie in dieser Tätigkeit mitbekommt, mit der von früher vergleicht, so ist sie sehr kritisch in Bezug auf die jetzige Arbeit, da man früher den Kindern mehr beigebracht habe. Man habe mehr an Werten vermittelt und auch die Selbständigkeit und Lebenstüchtigkeit mehr gefördert. Dies liege vor allem an der heutigen Generation von Erziehenden, die viele Alltagsdinge selber nicht mehr gelernt hätten, obwohl sie höherqualifiziert seien. Sie könnten nicht Knöpfe annähen, hätten keine handwerklichen Fähigkeiten und könnten nur Pizza „kochen". Sie brächten den Kindern nicht bei, wie man z.B. einen Apfel schält. Das sei in der Familie heute allerdings das Gleiche. Frau Schreiner ist es insgesamt sehr wichtig zu betonen, dass die Heimerziehung damals nichts so schlecht war, wie sie heute geredet werde.

6 Positive und negative Erinnerungen an die Heimerziehung

6.1 Die Perspektive der ehemaligen Kinder und Jugendlichen

Um einen möglichst unbeeinflussten Zugang zu den guten und schlechten Erinnerungen an die Zeit im Heim zu bekommen, sind alle Interviewpartnerinnen und –partner zunächst nach ihren spontanen ersten Erinnerungen befragt worden. Aus der Gruppe der ehemaligen Kinder und Jugendlichen aus Heimen fiel dabei einem Drittel der Befragten zuerst etwas Positives ein und zwar die Gemeinschaft, bzw. Kameradschaft unter den Jugendlichen (Christmann, Isenburg), dass „immer einer da gewesen sei" und man nicht wie zuhause „Kloppe" bekam (Jost) und einmal auch die „schönen Kirschbäume" (Hennig) im Garten des Heims. Die Mehrheit allerdings, insgesamt sieben der Interviewten erinnerte zuerst Negatives, zwei erinnerten sofort die Strafen (Herr Fichtner die Prügel und Frau Kunstmann den „Rattenkeller"). Frau Ahrens fiel die Stigmatisierung als Heimkind ein und Frau Becker das Gefühl, „außenstehend" zu sein. Drei erinnerten sich zuerst an die lieblose und bösartige Umgangsweise (Ehlers, Debus, Gerlach), die besonders Frau Debus bis heute nicht vergessen kann:

> „Meine Erinnerungen in diesen Heimen, das war alles Schikane, Boshaftigkeit. Das war alles, wissen Sie, wir waren so Objekte. Menschen, die – so habe ich mir gesagt, unehelich geboren, d.h. vorehelich waren. (…) Ich meine, dass das bei denen auch so im Hinterkopf war. In Sünde geboren, da wurde mit Finger drauf gezeigt. (…) Und da sage ich mir immer wieder, ich bin ein Kind der Sünde. Und so wurde ich auch behandelt. Richtig abwertend, mies." (Interview Debus)

Die spontanen negativen und positiven Erinnerungen korrelierten im Wesentlichen (bis auf zwei Ausnahmen) auch mit der Gesamttendenz der Interviews. Direkt befragt nach positiven und negativen Erinnerungen fiel der Mehrheit derer, die negative Erfahrungen machte, auch einzelne positive Erinnerungen ein und umgekehrt hatten diejenigen, die vor allem positiv erinnerten auch einzelne negative Erfahrungen gemacht. Zu den positiven Erinnerungen zählte bei vielen das Weihnachtsfest, das fast alle als ein wirkliches „Erlebnis" erinnern und das immer „sehr schön gemacht" (Ehlers) worden sei. Besonders beeindruckt waren die meisten von der Vielzahl der Geschenke, die ausgepackt wurden, nicht weil jedes Kind viel bekam, sondern weil viele Kinder zusammen feierten. Auch die Einladungen zu Weihnachten oder Nikolaus bei den englischen oder amerikanischen Soldaten waren sehr beliebt.

Des Weiteren gehörten zu positiven Erinnerungen der ehemaligen Kinder auch andere Feste wie die Konfirmation, aber auch Fußballturniere, Schlittenfahrten, Schwimmbadbesuche und Radtouren. Auffällig häufig wurden daneben besondere Gelegenheiten erwähnt, bei denen den Kindern erlaubt wurde, das Heim für längere Zeit zu verlassen, um in der Stadt zum Arzt zu gehen oder Pakete abzuholen. Auch andere Privilegien, wie das, kleinere Kinder betreuen zu dürfen oder den Pferdewagen des Heims fahren zu dürfen, wurden positiv erinnert. In einigen Fällen wurden besondere Erzieher genannt, die humorvoll waren und eine gute Beziehung zu den Kindern aufbauten. Nur in einem Fall wurden die Besuche der Mutter genannt.

Die religiöse Erziehung wurde sowohl negativ als auch positiv erinnert. Den Zwang zur Beichte oder zum regelmäßigen Gottesdienstbesuch empfanden einige als negativ, andere sahen im Gottesdienst eine Abwechslung oder eine positive Anregung. Frau Hennig schien es im Nachhinein sogar als lebensrettend, das sie in ihrer Kindheit erfahren hat, dass man in Notsituationen zu Gott beten kann.

Zu den negativen Erinnerungen an die religiöse Erziehung gehört in vielen Fällen die körperfeindliche und zum Teil weltfremde oder zu stark die Frömmigkeit betonende Einstellung.

6.2 Die Perspektive der ehemaligen Mitarbeiterinnen

Im Gegensatz zu den Kindern und Jugendlichen im Heim betonten die meisten der befragten Mitarbeiterinnen im Verlauf der Interviews ihre positiven Erinnerungen. Interessant ist hier aber, dass auf die Frage nach dem ersten spontanen Gedanken an das Heim, in dem sie arbeiteten, nur bei drei Befragten eindeutig positive, bei fünf dagegen negative und beim Rest neutrale Assoziationen geäußert wurden. Trotzdem sehen in der Gesamttendenz der Interviews nur vier der befragten Mitarbeiterinnen ihre berufliche Tätigkeit und die Pädagogik vor Mitte der 70er Jahre, heute eher kritisch. Nur eine ehemalige Erzieherin äußerte von sich aus das Bedürfnis, sich bei den von ihr betreuten Mädchen entschuldigen zu wollen. Obwohl sie die Mädchen nicht geschlagen hat (außer einmal im Affekt), glaubt Frau Heinemann, dass das System des Eingeschlossen-Seins und der Druck, der ausgeübt wurde, manchmal nicht viel besser war, als Schläge.

Den vier Mitarbeiterinnen, die ihre Tätigkeit heute vorwiegend kritisch sehen, sind besonders Szenen vor Augen, in denen Kinder oder Jugendliche nicht

als Individuen behandelt wurden, sondern wie „Nummern" abgefertigt wurden –
sei es, dass sie in einer Reihe und zulange auf dem Töpfchen sitzen mussten, sei
es, dass sie ihre Kleider in einer Reihe auf dem Flur abstellen oder morgens zum
„Appell" antreten mussten.

Die Erinnerung an schöne Erlebnisse bezog sich vor allem auf gemeinsames
Singen und Musizieren, auf Theateraufführungen und Ausflüge, aber auch auf
die Intensität des gemeinsamen Arbeitens mit Kolleginnen. Bei Frau Schreiner
ist vor allem die Erinnerung an gemeinsame spielerische Aktivitäten lebendig.
Möglicherweise spielt bei einigen, die sich positiv erinnern auch die Tatsache
eine Rolle, dass sie damals jung waren und dass in den Einrichtungen, in denen
sie arbeiteten, eine klare Orientierung über die Verhaltensregeln vorherrschte.
Das Fehlen dieser klaren Orientierung wurde von vielen als Mangel der heutigen
Erziehung gesehen.

In der Gesamttendenz der Interviews wurde allerdings deutlich, dass sich
die Verteilung derer, die vorwiegend positive oder negative Erinnerungen an die
frühere Heimerziehung hatten in den beiden Gruppen der Befragten nicht stark
unterschied, da es jeweils ein Drittel an positiven, ein Drittel an gemischten und
ein Drittel an negativen Erinnerungen gab, in der Gruppen der ehemaligen Kinder und Jugendlichen mit einer Mehrheit bei den negativen Erinnerungen bei den
ehemaligen Mitarbeiterinnen mit einer Mehrheit bei denen, die das Nebeneinan-
der von positiven und von heute aus betrachtet negativen Aspekten der damaligen Erziehungspraxis betonten.

Um näher bestimmen zu können, woran sich gute und schlechte Erinnerun-
gen festmachten und durch welche Elemente diese bestimmt wurden, soll im
Folgenden das Alltagsleben und die Erziehungspraxis der Heime im Erleben der
Befragten vorgestellt werden.

7 Alltagserfahrungen im Heim

7.1 Eine Welt für sich: geschlossene Türen nach außen

[handschriftliche Notizen am Rand: · eigene Welt · Gefängnis]

Zu einer wesentlichen Alltagserfahrung gehörte in beiden Gruppen der Befragten das Gefühl, im Heim in einer eigenen Welt zu leben. Diese Welt hatte nach außen hin ihre festen Grenzen und folgte nach innen hin ihren eigenen Regeln, welche von außerhalb nicht beeinflusst wurden. Die ehemaligen Jugendlichen, die in einem Erziehungsheim waren (Christmann, Debus, Fichtner, Isenburg, Kunstmann), erinnern die Atmosphäre sogar sehr deutlich als eine gefängnisartige. In vielen Einrichtungen wurden die Jugendlichen auch nachts eingeschlossen, die Türen und Fenster hatten keine Griffe von innen. Herr Fichtner musste einmal, als ein Feuer ausbrach, erst von den Diakonen befreit werden.

Aber nicht nur in den Erziehungsheimen, in denen es rechtlich vorgeschrieben war, auch in den Kinderheimen waren damals die Türen zur Außenwelt in der Regel verschlossen. Manchmal waren diese Außentüren nicht einmal wirklich abgeschlossen. Aber die Kinder wussten, dass sie eine Grenze zur Welt draußen darstellten, die man ungefragt nicht überschreiten durfte. Frau Ahrens erinnert sich an ein Tor in der Mauer, durch das sie morgens zur Schule ging und am Nachmittag wieder hineinging und dass sie nie auf die Idee gekommen wäre, dort ungefragt hinauszugehen. Auch Freundinnen hätte sie nicht ins Heim einladen können, Spaziergänge seien nicht unternommen worden und so fühlte sie sich auch in dem Waisenhaus „nur wie im Gefängnis" (Interview Ahrens). Frau Becker erinnert sich, dass sie auf Nachfrage zwar rausgehen durfte, dass aber immer lange überlegt worden sei, ob man es ihr erlauben könne. Das Heim sei „abgeschottet" gewesen, alle sei „zu" gewesen. Mit dem Dorf hätte sie nichts zu tun gehabt, das sei eine Welt gewesen, die sie gar nicht kannte. Und auch Frau Hennig erinnert sich, dass sie ihre ganze Kindheit eigentlich ausschließlich im Heim verbrachte und nie Mädchen, die sie aus der Schule kannte, besuchte. Später hat sie sich manchmal geschämt, weil sie z.B. bestimmte Schlager, die alle ihrer Altersgruppe kannten, noch nie gehört hatte:

> „Ich habe ja nie was gesehen von außen. Ich habe ja nur das Kinderheim die ganzen Jahre, wir waren ja nur im Kinderheim. Vom Kinderheim in die Schule und wieder

zurück ins Kinderheim. Ich wusste gar nicht, was draußen überhaupt los war." (Interview Hennig)

7.2 Fester Zeitplan eines „Massenbetriebes"

Vergleicht man die Alltagsbeschreibungen der Befragten so fällt neben der Beschreibung der Abgeschlossenheit die Stereotypie der Tagesabläufe auf.[1] Feste Zeiten des Aufstehens, knapp bemessene der Körperpflege und der Reinigung der Zimmer, eine Vielzahl von Gebeten oder Andachten vor und nach den Essenszeiten, feste Ruhezeiten für Mittagsschlaf und Hausarbeiten und ebenfalls für die Jugendlichen feste Arbeitszeiten. Am Abend wurden die Kinder sehr früh ins Bett gesteckt, damit die Mitarbeiterinnen nach ihrem belastenden Arbeitstag Feierabend machen und die Aufsicht an die Nachtwache übergeben konnten. Geredet werden durfte weder in den Ruhezeiten, noch abends. In manchen Erziehungsheimen für Mädchen durfte auch während der Mahlzeiten nicht gesprochen werden. Eine Abweichung von dem festgelegten Ablauf war nicht erwünscht und wäre bei der Vielzahl der betreuten Kinder manchmal auch nicht möglich gewesen. Beispielhaft für den zwar geordneten, aber kaum kindergerechten Alltag kann die Erfahrung von Frau Hennig stehen, die berichtete, dass sie 15 Jahre lang jeden Tag das gleiche erlebt habe:

„Morgens kam denn die Schwester Greta und dann haben wir ein Gebet gesagt, ein Morgengebet. Und dann durften wir aus den Betten raus. ….dann haben wir uns angezogen. (…) Dann mussten wir alle in einer Reihe hintereinander, da hat es ein Waschbecken gehabt … mit dem Waschlappen wurde dann ins Gesicht und dann: ,Der nächste bitte, der nächste bitte', irgendwie so durch. Das war dann das Waschen. Und dann gekämmt, auch hintereinander wurde dann gekämmt." (Interview Hennig)

Frau Gerlach erinnert sich ebenfalls an die hektische Betriebsamkeit bei der Körperpflege, alles habe „schnell, schnell, schnell" gehen müssen, manchmal sei das Wasser beim Waschen viel zu heiß gewesen, ohne dass die Betreuerinnen dies merkten. Nach der Eile, sei dann aber nichts erfolgt, oft hätten die Kinder danach „nur so dagesessen".

---

[1] Rosenthal verweist am Beispiel von Psychiatriepatienten sowie von Ordensschwestern und – brüdern auf die Schwierigkeit, wirkliche „Geschichten" aus dem Alltag einer Institution zu erzählen, die es ihren Bewohnern durch einen festen Zeitplan verwehrt, eigenständige Entscheidungen über ihr Leben zu fällen (Rosenthal 1995, S. 109ff.). Aus der Tatsache heraus, dass in einem institutionalisierten Rahmen kaum eigenständige Erfahrungen möglich sind, erklärt sich m.E. auch die Stereotypie der Erzählungen der von mir Befragten in Bezug auf den Tagesablauf.

Zu der Erfahrung, als eine „Nummer" unter vielen zu zählen, gehörte auch, dass in manchen Heimen die eigenen Handtücher und Zahnbürsten nummeriert waren. Dies diente auch dazu, dass die Betreuerinnen besser kontrollieren konnten, wer seine Körperpflege vernachlässigte. Die Alltagserfahrung des „Abfertigens" führte bei vielen zum Bewusstsein oder manchmal auch nur zu einem unbewussten Gefühl, ein „Objekt" im Zusammenleben zu sein.

Nicht in allen, aber in den meisten Heimen mussten die Kinder auch regelmäßig im Haushalt helfen und Arbeiten übernehmen, die ebenfalls fest im Tagesablauf verankert waren. Frau Jost weiß heute noch, wie der Putzplan ihres Heimes damals aussah:

> „Dann wurden die Betten gemacht, dann wurden die Betten rübergeschoben, dann wurde gefegt und geblockert, mit dem Bohnerblocker. Betten wieder rüber, andere Seite und dann die Mitte. Schlafzimmer war bis zum Frühstück fertig. (…) Alle mussten mitmachen. Und dann wurde der Flur auch noch gemacht. (…) Freitags wurde immer geputzt, nass geputzt und Bohnerwachs drauf." (Interview Jost)

Ein weiteres Merkmal des Heims als „Massenbetriebs" war die Tatsache, dass in vielen Einrichtungen die Kinder aus praktischen oder finanziellen Erwägungen ohne Messer, manchmal nur mit dem Löffel aßen. Manche lernten erst kurz vor der Konfirmation, wie man mit Messer und Gabel isst.

7.3 Umgang mit dem Körper

Nicht nur der Waschlappen, der durch das Gesicht gezogen wurde oder das zu heiße Waschwasser, auch andere Formen der Missachtung körperlicher Bedürfnisse prägten häufig die Situation im Heim. Frau Heinemann erinnert sich, dass in den nachts verschlossenen Vierbettzimmern jeweils nur ein Nachteimer gestanden habe und sich viele Mädchen – zu Recht wie sie meinte – weigerten, diesen zu benutzen..

Nicht nur im Bereich Körperpflege und Hygiene kann sich ein wertschätzender oder missachtender Umgang mit dem Kind ausdrücken, sondern auch in der Frage, wie die Betreuerinnen mit Krankheiten, körperlichen Beschwerden oder einfachen körperlichen Bedürfnisse der Kinder umgingen. Einige ehemalige Kinder mussten erfahren, dass ihre körperlichen Beschwerden und Krankheiten nicht beachtet wurden. Herr Fichtner glaubt, die Kinderlähmung seines Bruders sei nicht gut behandelt worden. Eine besonders schlimme Erfahrung in dieser Hinsicht machte Frau Debus, als man ihre Blinddarmentzündung nicht ernst nahm und sie fast gestorben wäre:

„Ich habe immer gesagt ‚ich habe Bauchschmerzen'. ‚Ja, du wirst jetzt eine Frau'.
Wurde mir immer gesagt. Wurde kein Arzt geholt. Nein, überhaupt nicht. Du wirst
jetzt eine Frau, du wirst jetzt eine Frau. Bis ich zusammen gebrochen bin. Blind-
darmdurchbruch. Und dann wurde ich mit dem Notarzt ab ins Krankenhaus, aber
wirklich die allerletzte Minute und wurde notoperiert. Ein halbes Jahr hatte ich damit zu tun. Ich konnte kaum laufen. Ich konnte mich nicht bewegen, nichts Schwe-
res heben, gar nichts. (…) Heute ist das Körperverletzung. Fahrlässige Körperverletzung. Ich hätte auf dem Friedhof liegen können."(Interview Debus)

Auch die Tabuisierung der Sexualität und aller damit verbundenen körperlichen
Vorgänge gehört zur Missachtung der körperlichen Bedürfnisse von Kindern. So
wurde Frau Ahrens vermittelt, es sei eine „Sünde" und „unkeusch", sich an bestimmten Körperteilen zu waschen. Daher musste sie in dem von Nonnen geführten Waisenhaus bekleidet duschen und kann sich bis heute unter der Dusche
nicht als ganzer Mensch sehen. Sie wurde nie aufgeklärt und man sagte ihr, wenn
sie sich falsch wasche, dann sehe der liebe Gott zu und würde sie strafen.

Frau Debus und Frau Hennig berichteten von Problemen, die sie bekamen,
als ihre Regelblutung einsetzte. Frau Debus war zuvor nicht aufgeklärt worden
und dachte zunächst sie sei krank und müsste verbluten. Frau Hennig war zwar
von der Schwester darüber informiert worden, dass sie eine Blutung bekommen
würde, dachte aber lange, sie sei das einzige Mädchen, das eine Regelblutung
habe. Aus Scham versteckte sie die benutzten Binden tagelang unter der Matratze, bis der Schwester der Gestank auffiel. Die Geringschätzung oder auch direkte
Ablehnung des sich entwickelnden weiblichen Körpers, die sich in den oben
beschriebenen Handlungen oder Unterlassungen ausdrückte, hatte oft zur Folge,
dass sich die Mädchen selbst in ihrer Körperlichkeit nicht annehmen konnten. So
berichtete Frau Hennig, dass sie ihre körperliche Entwicklung in der Pubertät
sehr belastete. Nicht nur, dass sie sie von den kleineren Kindern der Gruppe
trennte, sie erlebte auch, dass die sie betreuende Schwester sie misstrauischer
behandelte. Schließlich wurde sie so wütend auf ihren Körper, dass sie sich häufig gegen ihren wachsenden Busen boxte.

Zu den schlechten Erfahrungen im Umgang mit dem Körper gehört auch die
„Ausschabung", die bei Frau Christmann im Erziehungsheim vorgenommen
wurde und von der sie bis heute nicht weiß, zu welchem Zweck dies erfolgte. Ein
Unwissen darüber, was mit dem eigenen Körper geschieht oder geschehen ist,
kann dabei manchmal schlimmer sein, als der Eingriff selbst, zumal Frau
Christmann lange Jahre danach noch Schmerzen und Beschwerden hatte und
schließlich keine Kinder bekommen konnte.

In den Heimen für heranwachsende Jungen wurde mit dem sich entwickelnden männlichen Körper anders umgegangen. Dies drückte sich dort offenbar in
einem sexualisierten Verhalten der Jungen untereinander aus und in Übergriffen,

vor denen die Jungen nicht geschützt wurden und die auch nicht thematisiert wurden. Herr Isenburg war solchen Übergriffen ausgesetzt war. Ihm war intuitiv bewusst, dass er ein Tabu verletzt hätte, wenn er sich darüber bei den Erziehern beschwert hätte. Anders als der Körper des Mädchens, wird der männliche nicht als ein schützenswerter, sonder als ein sexuell aggressiver definiert und wer als Mann ein Opfer sexueller Übergriffe wird, wird auch dadurch erniedrigt, dass er durch die offenbar gewordenen Ohnmacht in seiner Männlichkeit entwertet wird.

7.4 Beziehungen zwischen Mitarbeiterinnen und Kindern

In den Heimen der 50er und 60er Jahre, in denen so große Gruppen üblich waren, dass es kaum Zeit für eine individuelle Betreuung der Kinder gab, litten auch die pädagogischen Beziehungen. Viele der befragten Kinder und Jugendlichen erinnerten sich an keinen einzigen freundlichen Betreuer. Die meisten sind so viele Jahre ihres Lebens in einer Umgebung aufgewachsen, die sie als lieblos empfanden. Frau Ahrens und Frau Hennig können sich beispielsweise an mütterliche Gefühle gegenüber der sie betreuenden Nonne, bzw. Diakonisse nicht erinnern. Obwohl diese Tag und Nacht für sie da gewesen waren, sie auch gut mit Essen und Kleidung versorgten, was durchaus von heute aus dankbar wahrgenommen wird, entstand aus dieser Betreuung keine emotionale Beziehung.

Die Nonne, die Frau Ahrens betreute, nähte sogar die Kleidung selbst. Allerdings hatte Frau Ahrens damals schon den Verdacht, dass sie sich eigentlich auch lieber mit der Nähmaschine als mit den Kindern beschäftigte, weil sie stundenlang davor saß, während sich die Kinder „anderweitig" beschäftigten.

Auch Frau Becker meint, dass die Erzieherinnen in der Gruppe, in der sie war, nicht besonders engagiert oder liebevoll gewesen seien, da sie sich an warme oder herzliche Zuwendung nicht erinnern kann und Frau Christmann erinnert kein einziges freundliches Wort und keine Umarmungen aus dem Erziehungsheim, in dem sie war. Sie hatte damals überhaupt keinen näheren Bezug zu den Ordensschwestern, denn diese seien „knochenhart" gewesen und hätten eine Nähe gar nicht zugelassen.

Währen die meisten von überforderten, uninteressierten oder distanzierten Betreuerinnen berichteten, hatte Frau Debus sogar das Gefühl, dass sie in ihrer Kindheit im Grunde nur von „bösen Menschen" umgeben war. Niemand habe sich für sie auch nur ein einziges Mal wirklich interessiert. Nie sei sie gefragt worden, wie es ihr gehe oder ob sie Probleme oder Sorgen hätte. Damals habe ihr vor allem jemand gefehlt, an den sie sich "mal hätte anlehnen können", der sie mal gedrückt hätte oder ihr einen Rat gegeben hätte.

Wie Frau Debus den Mangel beklagte, dass sie ihre ganze Kindheit hindurch
nie jemand in den Arm genommen hat, so erinnert Frau Jost besonders eine Erzieherin, die regelmäßig Nachtdienst hatte und die dies immer beim „Gute Nacht"
sagen getan hatte. Frau Jost ist dieser Mitarbeiterin dafür bis heute dankbar:

> „Bei ihr habe ich eigentlich gelernt die Menschennähe. Die Umarmung. Die hat also
> ‚Gute nacht' gesagt und das war nachher so irgendwie anscheinend bei mir drin,
> dass ich dann mal morgens gesagt habe: ‚Sie haben mir gar keine ‚gute Nacht' ge-
> sagt. Wieso, sagte sie, wir haben uns doch umarmt. Ich bin gekommen, du hast dich
> hingesetzt, hast mich umarmt und wieder hingelegt. Also es war dann so richtig im
> Unterbewusstsein drin gewesen. Das habe ich von der Agnes gelernt." (Interview
> Jost)

Mit dieser Erfahrung steht Frau Jost allerdings alleine da. Die große Mehrheit
der befragten ehemaligen Kinder und Jugendliche berichtete von einem Mangel
an wirklichen Beziehungen zu den Mitarbeiterinnen. Diese Erfahrung steht interessanterweise im Gegensatz zu den Vermutungen, die von der Gruppe der ehemaligen Mitarbeiterinnen geäußert wurde. Viele aus dieser Gruppe glauben, dass
die Tatsache, dass Mitarbeiter früher den ganzen Tag mit den Kindern zusammen
waren auch eine bessere Beziehungsarbeit nach sich zog. Zumindest in der Erinnerung der hier befragten Gruppe der ehemaligen Kinder kann dies nicht bestätigt werden. Vielmehr berichten viele von spürbaren Überforderungen, die Beziehungen erschwerten. Nur vereinzelt wurde von guten Erzieherinnen und Erziehern gesprochen. Diese arbeiteten meistens in ganz anderen Gruppen, fielen
aber durch ihre freundliche und humorvolle Art auf. So berichtete Frau Ehlers
von einem Erzieher der Jungengruppe, der spürbar seinen Beruf geliebt habe:

> „Ja, der ging mit uns spazieren und wenn sie was hatten, dann konnten Sie zu ihm
> hingehen und ihm das sagen. Und wo er helfen konnte hat er geholfen. Da gingen
> wir nachher gar nicht mehr zu der Erzieherin oder zu der Stationstante hin, also
> meistens ging man zu dem … Onkel Hugo. Und der machte auch viel mit den Kin-
> dern, der bastelte viel und also der machte Musik mit uns. Das war … also das war
> 'ne Bereicherung. Muss ich ganz ehrlich sagen, das war wirklich 'ne Bereicherung.
> (…) Und 'ne Ausnahme … das war … ein Mensch, … der liebte seinen Beruf. Der
> liebte die Kinder und der machte alles mit denen. Der machte eine Nachtwanderung
> mit denen, … aber mit den Jungs." (Interview Ehlers)

Diese Beobachtung von Erzieherinnen und Erziehern, die „ausnahmsweise"
ihren Beruf und Kinder liebten, bei denen man „Liebe und Wärme" spürte, die
„nicht ganz so streng waren", taucht auch bei Herrn Fichtner auf, für den ein
„menschlicher Umgang" bei Erziehern ebenfalls nicht die Regel war. Die meisten seien „brutal" gewesen und man habe von ihnen sofort „vor die Löffel" be-

kommen, wenn eine Arbeit nicht so erledigt wurde, wie sie sollte. Es habe nur einen „menschlichen" Bruder gegeben, der habe es mehr so gemacht, „wie Eltern das machen". Herr Fichtner kann verstehen, warum es von diesen „menschlichen" Erziehern so wenig gab, denn diese hätten es sehr schwer mit den dortigen „Ganoven" gehabt, weil diese menschliche Erzieher nur auslachten. Weil der schroffe und ständig strafende Umgang für ihn das Normale darstellte, war Herr Fichtner geradezu „erschüttert", als die Frau des ebenfalls gewalttätigen Heimleiters, die sonst ein „fieses Weib" gewesen sei, ihn einmal nicht bestrafte, als sie ihn lesend bei einer Hausarbeit antraf:

> „Ich war der „Kammerbulle", …der die Bekleidung unter sich hatte.(…) Es war im Leseraum, wo die Klamotten ausgeteilt wurden. Ich habe angefangen, schiele da so in das … Buch. Und da kommt die rein und sieht mich lesen. Ich habe gedacht: Um Gottes Willen! Die hat aber kein Wörtchen – doch: ‚Bist du fertig?' Ich: ‚Äh.' Sie: ‚Dann lies doch, wenn du fertig bist.' Das war alles. Da war ich erschüttert. (…) Erschüttert, weil die Frau wie ein Mensch reagiert hat." (Interview Fichtner)

Die schlechten Beziehungen, welche die betreuenden Erwachsenen zu ihnen hatten, drückten sich für viele Kinder in der Art und Weise des Sprechens, der Lautstärke und der Wortwahl der Erwachsenen aus, die viele der Befragten als entwürdigend empfanden. Frau Debus berichtete von dem „Kommandierton", der üblich war und Frau Hennig erinnert sich, dass die Diakonisse, die sie betreute, schon gar nicht mehr in der Lage war, ruhig zu sprechen, sondern immer laut war und Anweisungen gab. Befehle wie „Jetzt gibst du mal Ruhe!", „Jetzt mach du mal" oder „Du komm mal her" hat sie bis heute noch im Kopf. Auch Frau Gerlach hat solche Befehle noch präsent und erinnert Sätze wie „Komm mal her du Kerl" oder „Komm mal her Fräuleinchen, dir werden wir das zeigen." Sie erinnert auch, dass die Kinder, die so angesprochen wurden, eigentlich nichts Schlimmes gemacht hatten. Schlimmer als den Befehlston empfand Frau Gerlach aber noch die Schadenfreude, mit der eine Erzieherin reagierte, wenn ihr etwas nicht gelang und die höhnische Art mit der sie vor allen Kindern als „böses Kind" bloßgestellt und vorgeführt wurde, als sie einmal in die Hose gemacht hatte.

Viele der ehemaligen Kinder aus den Heimen erinnern das Wort „Heimblag" als Diskriminierung, so Frau Ahrens, die vom Hausmeister ihrer Schule so angesprochen wurde und deutlich die Verachtung in dem Wort spürte. Aber auch als „uneheliches Balg" zu gelten, machte vielen zu schaffen.

Neben der distanzierten Betreuung und dem abwertenden Umgangston prägte bei vielen auch das Gefühl, den Erwachsenen im Heim ausgeliefert zu sein, die Beziehung zu ihnen. Viele hatten das Gefühl, mit ihnen konnte man machen, was man wollte. Beispielhaft drückte dies Herr Fichtner aus, der sich gegen die Schläge und die unwürdige Behandlung damals nicht hatte zur Wehr setzen können:

„Wir hatten sowieso keine Möglichkeit uns zu beschweren. Wenn das Jugendamt kam – angenommen ein Kind hat zuhause erzählt, was da los war – dann waren die Eltern beim Jugendamt und dann fing die Bürokratie an. Das Jugendamt hat dann angerufen und gesagt: ‚Hören Sie mal, der und der hat erzählt.' Anstatt dass das Jugendamt das anonym sagt. Wir haben einige Städte gehabt: aus Frankfurt und Nürnberg kamen mehrere. Es wurde der Name gesagt und dass sie zur Inspektion kommen. Dann war natürlich Friede, Freude, Eierkuchen, wenn das Jugendamt kam. Wenn die weg waren .... – abgesehen davon, dass der Junge vorher durch den Fleischwolf gedreht wurde, weil er bei den Eltern gelogen hatte – obwohl es wahr war." (Interview Fichtner)

Das Gefühl der Machtlosigkeit gegenüber den Betreuenden führte in der Erinnerung mancher auch zu einer Gegenbewegung bei den Kindern, die in der Gruppe ihre Stärke spürten und manchmal deshalb gerade zu denen gemein waren, die etwas weniger hart durchgriffen.

Das Bild, das von den befragten ehemaligen Kindern und Jugendlichen von der Beziehung zwischen ihnen und den Betreuenden gezeichnet wird, wird zum Teil von den befragten ehemaligen Mitarbeiterinnen bestätigt. Allerdings ist es den meisten – das wird aus den Interviews mit ihnen durchaus glaubwürdig deutlich – offenbar gelungen, eine der als „menschlich" bezeichneten Beziehung aufzubauen. Es scheint damals auch eine Frage der Generation der Betreuenden gewesen zu sein, denn die befragten Mitarbeiterinnen berichteten von den damals schon kurz vor der Pensionierung stehenden Nonnen oder Diakonissen, die damals oft aus Altersgründen mit der Betreuung der Kinder oder Jugendlichen überfordert waren, dort aber bleiben mussten, weil es eine Mangeln an Arbeitskräften in der Heimerziehung gab. Diese Generation der Betreuer, die ihre Berufstätigkeit bereits in der nationalsozialistischen Zeit ausübte, ist zum großen Teil heute schon verstorben oder zu alt, um noch Interviews zu geben.

Frau Meyer nannte noch einen Aspekt, der das Verhältnis zwischen den „Fürsorgezöglingen" und dem geistlichen Betreuungspersonal Jugendlichen zusätzlich belastete. Sie hat das damalige Verhältnis zwischen Diakonissen und den Mädchen so in Erinnerung, dass auf Seiten der Erzieherinnen eine unnachgiebige und fordernde Strenge geherrscht habe, die allerdings oft „mit völliger Ohnmacht" und Hilflosigkeit gepaart gewesen sei. Auf der Seite der Mädchen wurden dagegen alle Anordnungen der Erzieherinnen als Beschneidung der persönlichen Freiheit aufgefasst. Daher seien die Mädchen ständig in Opposition gegangen:

„Ich hatte den Eindruck, die ganze Tagesarbeit der Erzieherinnen bestehe darin, die Mädchen zu den nötigen Arbeiten anzutreiben, diese Arbeiten zu beaufsichtigen und die Mädchen im übrigen möglichst ‚kusch' zu halten, während die Mädchen darauf bedacht waren, der Erzieherin gegenüber ihre Persönlichkeit zu behaupten." (Interview Meyer)

Um zu verstehen, wodurch die Beziehungen zu den Kindern und Jugendlichen hauptsächlich belastet wurde, muss der Blick noch einmal genauer auf die Arbeitsbedingungen der Mitarbeiterinnen gerichtet werden.

7.5 Die Arbeitsbedingungen der Mitarbeiterinnen

In den 50er und 60er Jahren herrschte ein großer Mangel an Fachkräften in der Heimerziehung. Eine der interviewten Sozialpädagoginnen gab an, sie hätte 1962 nach ihrer Ausbildung an jedem Finger zehn Stellen haben können. Dies lag aber nicht nur an einem Mangel an ausgebildeten Erziehern und Erzieherinnen, den es tatsächlich gab. Entscheidender ist die Tatsache, dass kaum jemand etwas mit den „Heimblagen", wie sie damals oft genannt wurden, den unehelich Geborenen, den „verwahrlosten" und sittlich gefährdeten Jugendlichen zu tun haben wollte, jedenfalls nicht, wenn es auf dem Arbeitsmarkt eine Alternative gab. Frau Heinemann musste sich sogar dafür rechtfertigen, dass sie mit „sittlich verwahrlosten" Mädchen zusammen lebte.

Hinzu kam die Arbeitsbelastung einer Tätigkeit, die kaum einen Feierabend kannte. Es gab Gruppen, bzw. „Stationen" mit bis zu 30 Kindern, manche von nur einer Diakonisse und einer Praktikantin betreut. Die Arbeitszeit begann um sieben, manchmal schon um sechs Uhr morgens, wenn die Kinder aufstanden und endete um sieben Uhr abends, manchmal erst um neun Uhr, wenn die Kinder im Bett waren und die Nachtwache kam. Viele Mitarbeiterinnen berichteten, dass auch die Pausen nur „mit Glück" stattfanden:

„Schichtdienst, die 38 oder 40 Stunden-Woche, das gab es nicht. Wir haben morgens um sechs angefangen und wenn wir Glück hatten, hatten wir am Tag eine Freistunde und wenn man ganz großes Glück hatte, hatte man abends um neun Uhr Feierabend. Das hieß, wir waren rund um die Uhr da." (Interview Schreiner)

Im Tagesablauf der Säuglings- und Kinderheime blieb neben den pflegerischen Tätigkeiten (Wickeln, Füttern, Anziehen) und den hauswirtschaftlichen (vor allem dem Putzen) kaum bis gar keine Zeit, sich mit den einzelnen Kindern zu beschäftigen. Eine ehemalige Praktikantin berichtete, dass viele Kinder erst spät laufen lernten, da sie die Tage im Laufstall verbrachten. Lediglich am Sonntag, wenn einige Kinder von ihren Müttern abgeholt wurden, hatte jeweils eine der Mitarbeiterinnen frei.

Es war üblich, dass die Mitarbeiterinnen auch auf den Gruppen wohnten, sodass man – dort wo es keine Nachtwachen gab oder wenn sie ausfielen – auch nachts im Dienst war, wenn die Kinder oder Jugendlichen aufwachten. Auch die vorhandenen Räumlichkeiten entsprachen nicht unseren heutigen Vorstellungen. Eine Mitarbeiterin fragte sich rückblickend:

> „Wie hatten wir das bloß geschafft, ein Zimmer ohne Bad, ohne WC, die Toilette musste man morgens vor 6.00 besuchen. (…) Wir wohnten in den Gruppen. Wir hatten ein etwas größeres Zimmer auch mit einem Waschbecken." (Interview Fuchs)

Die belastenden Arbeitsbedingungen führten nicht selten zu längerfristigen Erkrankungen. Gerade diejenigen, die versuchten, die alten Strukturen zu verändern, das Anstaltsmäßige zu verändern und eine positive Beziehung zu den Kindern aufzubauen, gerieten oft an ihre physischen Grenzen (Hahnemann, Heinemann).

Trotz der hohen Belastung war die Bezahlung – auch im Vergleich mit anderen Frauenberufen – gering. Eine ehemalige Erziehungshelferin gab an, 1959 nur 90 Mark bekommen zu haben, eine Erzieherin erinnert sich, Mitte der 60er Jahre zwar 200 Mark Gehalt bekommen zu haben. Davon wurden jedoch noch die Miete und das Verpflegungsgeld abgezogen. Diakonissen, Diakone, Nonnen und Ordensbrüder bekamen gar kein Gehalt, nur ein Taschengeld, was in der Erinnerung einer Diakonisse bei 50 Mark im Monat lag.

Die große Mehrheit des geistlichen Personals hatte keine pädagogische Ausbildung. Weil aber Angehörige eines Ordens oder einer Schwesternschaft gelobt hatten, zu dienen und zu gehorchen, wurden manchmal auch Menschen in die pädagogische Arbeit geschickt, die lieber in die Krankenpflege, die Haus- oder Landwirtschaft gegangen wären.[1] Frau Meyer berichtete von der Diakonisse, welche ihre Arbeit mit den Mädchen als „Strafe ihres Lebens" auffasste. Und eine der ehemaligen Jugendlichen erinnert sich an das Befremden, das sie empfand, als eine Nonne ihr gegenüber äußerte, dass sie nicht freiwillig Nonne geworden sei:

> „Also ich habe immer gedacht, die Nonnen sind was Heiliges und gottverbunden – und dann haben sich zwei ältere mal mit mir unterhalten, wo die ganz ehrlich sagten, die sind ins Kloster gesteckt worden. Die wären von einem Bauernhof gewesen und

---

[1] Zu den Schwierigkeiten das Frauenbild des Dienstes und der Selbstaufgabe innerhalb der evangelischen Schwesternschaften zu modernisieren, um den quantitativen Rückgang aufzufangen vgl. Scharffenorth et. al. 1984

der ältere Bruder hätte den Hof gekriegt. Die andere Schwester hätte das gekriegt und die und die und du musst ins Kloster. Und so wurde denen vorgesagt, du musst gehen und die hätten sich fügen müssen. Und da fielen mir die Schuppen von den Augen. Weil ich ja auch irgendwie den Wunsch hatte, Nonnen zu werden." (Interview Ahrens)

Die offenbar vorwiegend schlechten Beziehungen zwischen Betreuenden und Kindern sind daher neben den Arbeits- auch durch die Lebensbedingungen der Angehörigen eines geistlichen Ordens zu erklären. Denn diese haben die Bedingungen, in denen die Kinder und Jugendliche in den Heimen lebten, auch deshalb nicht als entwürdigend, anstaltsmäßig oder zu streng erlebt, weil sie selbst auch so lebten. Auch sie wurden streng behandelt von ihrer geistlichen Leitung, sie mussten gehorsam und fleißig sein, mussten schweigen bei Tisch und in vielen Fällen auch noch in einem Schlafsaal mit anderen oder in einem sehr kleinen Raum neben den Kindern schlafen. Sie gingen nicht irgendwann nach Feierabend in ein eigenes Leben. Sie verließen das Heim genau so wenig wie die Kinder und hatten noch nicht einmal die Perspektive, dies zu tun, wie die Kinder es hatten, wenn sie groß geworden waren. Frau Heinemann erklärt sich aus dieser Tatsache, dass das Heim der Lebensort der Diakonissen war, auch den Wunsch, sich wenigstens beim Essen von den betreuten Kindern oder Jugendlichen abzugrenzen:

> „Zum Frühstück gab es dann die berühmte Schwesternbutter, d. h. die Mädchen a- ßen Margarine und wir bekamen Butter. Und das Brot wurde auch gesondert geliefert, das war dann frischeres Brot wahrscheinlich, anders geschnitten. (…) . Es würde ins System passen, dass wir auch Wurst bekamen und die Mädchen Marmelade. (…) Ich hab es für mich so gedeutet, dass wir …ja langfristig blieben und die Mädchen … befristet. Man sollte langfristig bleiben und dass man deswegen Vergünstigungen hatte." (Interview Heinemann)

8 Erziehungsziele: Gehorsam, Fleiß und Ordnung

Einiges von dem, was den Alltag im Heim bestimmte, war nicht durch pädagogische Ziele, sondern durch von außen gegebene rechtliche, finanzielle oder institutionelle Rahmenbedingungen vorgegeben. Allerdings ergab sich auch aus den gesellschaftlich damals vorherrschenden Erziehungszielen und –methoden eine spezifische Umgangsweise, die im Heim – je nach Einschätzung des „Schwierigkeitsgrades" eines Kindes – noch einmal modifiziert wurde. Wie bereits beschrieben, waren sich die Jugendbehörden und die Heimleitungen in der Regel darin einig, dass gerade bei den „verwahrlosten" oder den „unehelichen" Kinder und Jugendlichen eine besonders strenge Erziehung erfolgen müsse, um sie vor dem Schicksal ihres Herkunftsmilieus zu bewahren. Allgemein akzeptiertes Erziehungsziel war es daher, die Kinder und Jugendlichen in den bürgerlichen Tugenden wie Ordnung und Fleiß zu unterweisen, vor allem aber ihnen Gehorsam gegenüber Erwachsenen beizubringen.

8.1 Die Perspektive der ehemaligen Kinder und Jugendliche

Die Erziehung zum Gehorsam ist auch in der Perspektive der damaligen Kinder das prägendste Erziehungsziel gewesen, gleichzeitig dasjenige, das von vielen, wenn auch nicht von allen, kritisch gesehen wird. In Bezug auf Ordnung und Disziplin glauben die beiden befragten Männer sogar, dass diese Ziele heute zu stark vernachlässigt würden.

Besonders scharf verurteilte dagegen Frau Debus die reine Gehorsamkeitserziehung und das Fehlen von erkennbaren, guten Erziehungszielen in dem Landeskinderheim, in dem sie damals untergebracht war. Sie konnte und kann bis heute nicht begreifen, zu was man sie mit den dort angewandten Methoden eigentlich erziehen wollte. Sie sei nur eine „Befehlsempfängerin" gewesen:

> „Was sind das für Ziele, wenn sie den Kindern ständig sagen, dass sie blöde Heimblagen sind? Und dass das alles im Kommandierton abgeht. Und wo ein Besinnungszimmer ist. Was sind das für Ziele? Was wollten die aus den Menschen machen? (…) Ich habe meinen Sohn auch nicht so erzogen, dass der ins Besinnungszimmer muss. Oder nur einfach in dem Kommandierton. Also ich habe die Erfah-

rung gemacht, dass man sich unterhält, wenn Probleme auftauchen. Und nicht dass
der eine der Empfänger von Befehlen ist und der andere welche erteilt. Das bringt
doch nichts, oder? (Interview Debus)

Frau Kunstmann glaubt nicht, dass es damals ein anderes Ziel gab als das, die
Kinder irgendwie bis zum Schulabschluss zu „verwahren". Ihr sei nie „ein Weg
gezeigt worden". Auch Frau Becker glaubt, es sei damals vor allem darum gegangen, die Kinder „groß zu kriegen". Zum Erziehungskonzept habe aber auch
gehört, dass jeder seine Aufgabe in der Gruppe hatte, z.b. Bodenwischen im
Flur, Reinigung der Umkleidekammer, der Toilette, Abwaschdienst und Tischdecken. Das habe gewechselt, so dass jeder mal drankam. Dies fand Frau Becker
damals schon in Ordnung und auch heute noch ganz vernünftig.

Allerdings geben einige der Befragten auch an, dass ihnen durchaus Ziele
vermittelt wurden oder sie diese hinter den Erziehungsmethoden ausmachen
konnten. So ist Frau Hennig davon überzeugt, dass die sie betreuenden Schwestern klar erkennbare Erziehungsziele hatten. Sie wollten, dass „aus jedem Kind
was wird", dass sie „ihre Berufe kriegen, dass die stark sind und dass die ihr
Leben meistern können". Man hätte die Kinder zu gute Menschen erziehen wollen, die nicht stehlen und nicht lügen. Ehrlichkeit sei besonders wichtig gewesen.
Diese Absichten sind ihr glaubhaft gemacht worden. Auch Frau Jost glaubt, das
Ziel sei gewesen, „dass man auf dem geraden Wege bleiben soll" und das habe
auch geheißen, dass man in den Andachten auf ein Leben nach dem Evangelium
hingewiesen wurde. Es hätten zwar nicht alle zum Glauben gefunden und man
hätte auch nicht versucht, etwas „einzutrichtern", aber die Absicht, die Kinder
zum Glauben zu führen sei spürbar gewesen und sie fand das auch gut.

Die Kinder zum Glauben und zum Leben gemäß den 10 Geboten und dem
Evangelium zu erziehen, das war nicht nur in den kirchlichen, sondern auch in
den anderen Heimen, ein wichtiges Erziehungsziel. Daher waren Gebete, Andachten und Gottesdienste fest in den Tagesablauf der Heime eingebunden. Von
den Kindern und Jugendlichen ist das nicht nur negativ empfunden worden, viele
sind bis heute gläubig und kritisieren die Kirche nicht. Allerdings sehen die
meisten die Art und Weise der religiösen Vermittlung heute kritisch:

> „Und natürlich jeden Morgen laut beten, das war wichtig. Jeden morgen, jeden A-
> bend beten. (…) Ich meine, das ist nichts negatives, es ist ja in Ordnung. Aber die
> haben so getan … Streng katholisch war diese Tante da. Die katholischen Kinder
> durften ja nichts essen bevor sie in die Kirche gingen und die mussten alle ihre Sün-
> den aufschreiben und das wurde dann auch noch kontrolliert." (Interview Debus)

Frau Becker gibt an, in dem evangelischen Missionskinderheim, in dem sie war,
sei es sehr religiös gewesen, aber von der Freiheit, die Christ sein heute für sie

bedeutet, sei nie die Rede gewesen, die hätte sie sich später erst erkämpfen müssen. Alles habe unter „einem bestimmten religiösen Muster" gestanden, das den
Kindern aufgezwungen wurde. Mit Verständnis habe das nichts zu tun gehabt.
Das Religiöse sei aufgesetzt und vorgegeben gewesen, egal ob es für den einzelnen passte oder nicht.

Die Erziehung zu einem gottgefälligen Leben bestand besonders für die he-
ranwachsenden Mädchen in den kirchlichen Einrichtungen darin, sie vor „unkeuschen" Handlungen zu „bewahren". Viele Mädchen wussten jedoch damals gar
nicht, was an ihrem harmlosen Kontakt zu Jungen, dem Betrachten von Kinoplakaten oder ihren Besuchen von Schwimmbädern, Eisdielen oder Jahrmärkten so
verdächtig sein sollte. Frau Ahrens hat nur einmal in ihrem Waisenhaus von der
Nonne eine Tracht Prügel erhalten und zwar als sie sich als Elfjährige von einem
Jungen die Schultasche nach Hause tragen ließ. Sie wurde sofort als „Jungen-
geck" beschimpft und wusste doch gar nicht warum. Auch Frau Hennig wurde in
dieser Weise einer „unkeuschen" Verhaltensweise bezichtigt, als sich ein Junge
im Schwimmbad zu ihr auf das Handtuch setzte. Danach wurde ihr verboten, das
Schwimmbad jemals wieder zu besuchen. Trotz dieser negativen Erfahrung in
bezug auf die sexuelle Entwicklung, beurteilt Frau Hennig insgesamt die religiöse Erziehung als sehr positiv, da der Glaube ihr in einer persönlichen Krise sehr
geholfen hat:

> „Das fand ich dann auch ganz gut so, dass die uns im Kinderheim dieses Christliche
> beigebracht haben, dieses Beten und dass da einer da ist in Not. (…) Ich habe diesen
> Glauben auch wieder bekommen, dass einer da ist, der mir die Sorgen abnimmt,
> wenn ich Sorgen habe, dann bete ich zu Gott: Wenn ich nicht mehr kann und merke,
> mir wird alles zuviel, dass er mir wieder Kraft gibt." (Interview Hennig)

Auch Frau Jost ist froh darüber, dass sie durch eine Missionsveranstaltung, die
sie mit der Gruppe ihres Heimes besuchte, „zum Glauben gefunden" hat. Allerdings hat sie negativ in Erinnerung, dass die Erzieherin, die sie damals zu diesen
Veranstaltungen mitnahm, ihr später, als sie an Krebs erkrankte geschrieben hat,
dass und warum sie durch die Krankheit von Gott bestraft wurde.

8.2 Die Perspektive der ehemaligen Mitarbeiterinnen

Auf Seiten der Mitarbeiterinnen waren es deutlich mehr, die die Ziele, die damals in der Heimerziehung vertreten wurden, auch genau erklären konnten und
wollte. Noch häufiger als bei der anderen Gruppe wurde zur Zielbeschreibung
das Motiv des „geraden Weges" benutzt, auf den man die Kinder führen wollte.
Man wollte sie vor „Irrwegen" bewahren. Der richtige Weg war, fleißig und

arbeitsam zu sein. In der Erinnerung der Befragten vertraten damals die älteren Mitarbeiterinnen zum Teil auch noch sehr strenge Vorstellungen von der Enthaltsamkeit gegenüber „weltlichen Verführungen", wozu auf jeden Fall freundschaftliche Kontakte zum anderen Geschlecht zählen.

Die Kinder sollten gehorchen lernen, sich an Ordnung, Sauberkeit, Pünktlichkeit und einen geregelten Tagesablauf gewöhnen. Die Mädchen sollten eine hauswirtschaftliche Grundbildung erhalten, um später als Haushaltshilfe oder im eigenen Haushalt arbeiten zu können und nicht (wieder) in die Prostitution oder uneheliche Verhältnisse geraten. Die Begegnung mit Musik und Kultur wurde von einigen der Befragten ebenfalls als wichtiges Erziehungsziel genannt.

Kritisch betrachteten einige, dass Selbständigkeit und Individualität als Wertorientierungen der Erziehung damals faktisch noch keine Rolle spielten. Daher seien auch die individuellen Probleme der Mädchen nicht gesehen worden. Allerdings sei dies nicht nur in den Heimen so gewesen:

> „Man muss ja auch den Hintergrund der Gesellschaft bedenken. Dieses Bezogensein auf das Individuum und auf seinen persönlichen Weg, das war ja in der Gesellschaft noch nicht mal gegeben. Wie sollte das in diesen Häusern gegeben sein?" (Interview Meyer)

Dagegen behaupteten Frau Schreiner und Frau Hahnemann, dass in ihrer Einrichtung schon damals Selbständigkeit ein wichtiges Ziel gewesen sei. Allerdings verstand Frau Schreiner darunter vor allem die Fähigkeit, sich selbst anzuziehen oder mit Papier und Schere umzugehen, weil man das in einer großen Gruppe nicht für alle erledigen konnte.

Frau Hahnemann nannte als pädagogische Ziele ihrer eigenen damaligen Tätigkeit, die Kinder zu Lebensfähigkeit, Selbständigkeit, Entscheidungsfreiheit und sozialer Verantwortlichkeit zu erziehen. Die Kinder sollten einen Schulabschluss machen, um berufliche Perspektiven entwickeln zu können. Sie selbst habe ihnen auch Geborgenheit geben wollen, wie es für ein christliches Heim angemessen sei. In diesem Anspruch hätten die Mitarbeiterinnen auch hinter ihr gestanden. Allerdings habe es aus Zeitmangel viel zu wenig Mitarbeiterinnenbesprechungen gegeben, auch hätte sie die unter 21jährigen Mitarbeiterinnen selbst manchmal noch erziehen müssen, da manche gedacht hätten, „sie könnten ihr freies Leben auch bei uns weiterführen".

Anders als in der Arbeit mit kleinen Kindern stand in der Arbeit mit den größeren auch der geschlechtsspezifische Aspekt im Vordergrund. Das Ziel bei den Jungen war, dass sie möglichst einen handwerklichen Beruf erlernten. Die Mädchen sollten eine „gute Hausfrau und Mutter" (Interview Hauptmann) werden. Dies seien die Fernziel gewesen, daneben habe es aber viele „Nahziele" gegeben, die für jeden verschieden gewesen seien, z.B. dass ein Mädchen erst einmal zur Ruhe kommen sollte, dass ein anderes lernen sollte, mit ihrer Situation umzugehen oder eines, eine Lebensplanung zu entwickeln:

> „Dass sie sieht, wie kann ich mit meiner Familie zurecht kommen. Alles so kleinere Ziele, die darauf denn zuführen. Also, dass sie einfach mit dem Leben zu Recht kommt. Denn das war einfach letztlich das Problem im Grunde." (Interview Hauptmann)

Das damalige Ziel in den Mädchenerziehungsheimen war es – so Frau Hauptmann – eine Arbeit zu vermitteln, um die Mädchen von der zum Teil unterschwelligen Prostitution fernzuhalten, in der viele damals vor der Heimunterbringung gelebt hätten. Ob die Mädchen wirklich aus diesen Verhältnissen kamen, das wussten die Erzieherinnen jedoch nicht, denn damals war es nicht erlaubt, in die Akten zu sehen. Daher sei es sehr häufig passiert, dass die Mädchen behaupteten „zu Unrecht" in dem Heim zu sein, während die Erzieherinnen dies ebenso selbstverständlich in Frage stellten.

Um die Mädchen heirats- und berufsfähig zu machen, wurde auf die folgenden Werte – so Frau Hauptmann – besonderer Wert gelegt: Ordnung, Sauberkeit, Pünktlichkeit und Zuverlässigkeit. Diese Werte seien vor allem im Rahmen der „Arbeitserziehung" vermittelt worden, wo man „Schlüpfer gebügelt und Hemden in Reih und Glied nach einem Pappmaß gestapelt" habe.

Noch heute glaubt Frau Hauptmann, dass eine „lockere" Erziehung nichts bringt.

Auch Frau Heinemann sagt, das damalige Erziehungsziel sei es gewesen, dass die Kinder lernten, ein „geregeltes, geordnetes Leben zu führen". Um dies zu erreichen seien Werte vermittelt worden, vor allem auch durch die Interessengruppen mit Literatur, Musik und Theater, aber auch durch die Beziehungsarbeit. Es habe aber dahinter sozusagen noch einen geheimen Lehrplan gegeben. Es sei zwar nicht das offizielle Ziel der Einrichtung gewesen, die Mädchen zu brechen, sie seien aber de facto gebrochen worden, da ihnen die ständigen Reglementierungen keinen Spielraum ließen. Sie hatten keine Entscheidungsfreiheit in bezug auf offene Türen, Kleidung, Elternbesuche, Besuche bei eigenen Kindern. Auch Radio sei verboten gewesen, vor allem Schlager hören, denn die Welt außerhalb des Heimes wurde als eine potentiell „von Sünde durchdrungene" Welt gewertet. Dass diese Haltung damals in der kirchlichen Heimerziehung sehr verbreitete war, erfuhr auch Frau Schmidt, als sie in ihrem diakonischen Jahr von der leitenden Schwester des Säuglingsheims in dieser Hinsicht noch „nacherzogen" wurde:

> „Ich bin mal abends in die Eisdiele …gegangen mit meiner Schwester und irgendjemand hat mich gesehen. Ich weiß nicht, um zehn Uhr lagen wir sowieso alle im Bett. Es muss so zwischen acht und neun Uhr gewesen sein. Und dann sagte die

Schwester …, das dürfte ich nicht machen, Eisdiele wäre etwas Schlechtes. Ich wäre doch ein Mädchen aus gutem Hause und müsste Vorbild sein. (lacht). Zum einen wusste ich nicht, dass ich aus einem guten Haus bin. Ich wusste, glaube ich gar nicht, was das ist. Und dass eine Eisdiele schlecht sein kann, das wusste ich auch nicht, weil von zuhause aus durfte ich ja in die Eisdiele gehen. (…) Und Kirmes war noch schlimmer. Da hat sie gesagt, neun Monate später kommen Babys und ich glaube, ich war gar nicht so aufgeklärt, um zu wissen, wie die überhaupt kamen. Das hat mich auch, glaube ich, nicht interessiert." (Interview Schmidt)

Vergleicht man die Tendenz in der Beurteilung der früheren Erziehungsziele so gibt es auf Seiten der ehemaligen Kinder und Jugendlichen eine Mehrheit, die die Erziehung zum Gehorsam verurteilt, auch wenn damit Ordnung, Fleiß und der „gerade Weg" vermittelt werden sollte. Auf Seiten der ehemaligen Mitarbeiterinnen dagegen werden die damaligen Ziele mehrheitlich, wenn auch nicht von allen, positiv bewertet, besonders die Erziehung zu geregelter und ordentlicher Arbeit

9 Erziehungsmethoden: viel Strafen und wenig Belohnungen

Allgemein waren die meisten Eltern und Pädagogen in den 50er und 60er Jahren der Meinung, dass der Königsweg der Kindererziehung darin besteht, das negative Verhalten zu bestrafen und das positive zu belohnen. Auch heute gehen viele verhaltenstherapeutisch orientierte Erziehungsprogramme noch von diesem schlichten Modell der Beeinflussung kindlicher Verhaltensweisen aus, während Erziehungsvorstellungen, die auf Kinderrechten, auf partnerschaftlichen Erziehungsverhältnissen, auf tiefenpsychologisch begründetem Verstehen und auf Ermutigung basieren, in vielen Milieus unserer Gesellschaft noch immer keine Anerkennung finden. Immerhin hat heute aber die Strafe in vielen Familien, in der Schule und in Heimen eindeutig als Erziehungsmittel an Bedeutung verloren. Wer heute versucht, kindliches Verhalten zu beeinflussen, etwa in dem verhaltenstherapeutisch beeinflussten Konzept des TRIPLE P (Sanders u.a. 2003), baut vor allem auf positiven Verstärkern, also auf Belohnungen auf, da man weiß, dass diese nicht nur humaner, sondern auch erfolgreicher funktionieren.

In den Interviews wurde dagegen noch mehr von Strafen als von Belohnungen berichtet, die eindeutig nachrangig zur offenbar für wirksamer gehaltenen Strafe war. Um Jugendliche auf „andere Bahnen zu lenken" (Heinemann), wurde gestraft. Die Berechtigung, ja die Notwendigkeit zu strafen, wird von vielen ehemaligen Erzieherinnen, ja auch von einigen ehemaligen Kindern und Jugendlichen, auch heute noch gesehen:

> „Was nicht ging, das ging nicht, man konnte nicht ein Zimmer zerstören und die Vasen so überall runterschwenken und dann steht man da und muss das wegmachen, also so ging das ja nun nicht." (Interview Fuchs)

9.1 Belohnungen

Zu den wenigen Belohnungen, von denen berichtet wurde, gehörten Geschenke wie Schokolade, Geld oder „Fleißkärtchen" für gute Zeugnisse (Jost, Becker, Schreiner). Andere erinnern, dass man mehr Taschengeld bekam, wenn man in den Arbeitsbetrieben fleißig war. Auch wurden gewisse Vergünstigungen oder beliebte Arbeiten an diejenigen vergeben, die sich „brav" verhielten. Frau Christmann erinnert sich auch an eine besondere Gruppe, in die man kommen konnte, wenn man nach einer Bewährungsfrist gezeigt hatte, dass man ein besonders „braves" Mädchen war:

> „Jede Gruppe hatte so einen Namen, also Neuland kann ich mich noch daran erinnern, Jungborn oder Friedland. Friedland waren... die jungen Mädchen, die die Babys kriegten. Man konnte sich da auch herauf arbeiten. Ich weiß noch, wenn man in Jungborn war, dann war man besonders lieb oder besonders folgsam." (Interview Christmann)

In manchen Einrichtungen wurden richtige Zensurenspiegel für gutes und schlechtes Verhalten geführt, vergleichbar den in den Schulen Nordrhein-Westfalens wieder eingeführten „Kopfnoten". Dazu wurden die Beurteilungen aus den Wohn- und Arbeitsgruppen gesammelt. Entsprechend dieser Noten wurde nicht nur Taschengeld, sondern auch Dauer und Häufigkeit des Ausgangs vergeben. Allerdings sind auch diese Zensurenspiegel teilweise als Strafe zu begreifen, da diejenigen, die nicht fleißig waren und sich nicht konform verhielten wenig oder nichts bekamen.

9.2 Strafen

Die Strafen für unerwünschtes Verhalten waren sehr viel reichhaltiger und zudem ausdifferenzierter. Sie reichten von kurzen körperlichen Strafen bis zu tagelangem Einsperren. Nicht nur Schläge, auch andere schmerzhafte Strafen wurden dabei verhängt. Manchmal reichte es, allgemein „sündig" zu sein, um Strafe zu verdienen. So erinnert sich Herr Fichtner an sein erstes katholisches Heim, in dem er manchmal minutenlang auf Holzscheiten knien musste. Das hätten dort alle mal machen müssen – ohne erkennbaren Grund.

Als Körperstrafe kann auch das Strafstehen vor der Tür des Heimleiters gelten, von dem Frau Jost und Frau Ehlers berichten, das sie aber sehr unterschiedlich erlebten und mit dem sie unterschiedlich umgingen. Frau Jost ging nach kurzer Zeit eigenmächtig wieder weg und fühlte sich nicht besonders eingeschüchtert, während Frau Ehlers einmal eine ganze Nacht vor der Tür stand, sich nicht traute sich wieder hinzulegen und heute noch empört ist, wenn sie darüber berichtet.

Insgesamt berichteten fast alle befragten ehemalige Kinder von einem immensen Druck, der aus der Angst vor Strafen in ihrem Alltagsleben entstand. Es war an der Tagesordnung, dass man sofort gestraft wurde, wenn man nicht schnell genug arbeitete, unpünktlich kam, unordentlich war oder auch nur, wenn die Erzieher einen „Kick auf dich hatten" (Isenburg). Allerdings war dieser Druck nicht nur in den Heimen, sondern für viele auch in Schule und Elternhaus spürbar. Allgemein drohten Erwachsene, wenn Kinder sich in den Augen der Erwachsenen unangemessen verhielten. Frau Becker glaubt, dass diese falsche Methode, Kinder unter Druck zu setzen, aus dem Bewusstsein genährt war, dass Erwachsene fehlerfrei und besser als Kinder sind:

> „Ich denke, denen fehlte das Bewusstsein oder eine Erkenntnis, dass sie selber auch fehlerhaft waren. Es fehlte Verständnis, …was ich ganz, ganz stark vermisst habe. (…) Überall .. Brechstangen. Es war immer alles so erzwungen mit Druck. Das hat mich richtig kaputt gemacht. (…) Man wollte immer das brave Mädchen sein und gehorsam sein. Obwohl auf der anderen Seite auch die andere Schiene da war: nein, das mache ich nicht, diese Widerspenstigkeit." (Interview Becker)

Auch Frau Debus erinnert sich, dass ihr täglich mehrmals gedroht wurde, vor allem mit Essensentzug oder mit dem Besinnungszimmer. Es sei ein richtiger „Psychostress" mit Druck, Angst und Enttäuschungen gewesen und ständig sei man erinnert worden, dass man ja „nicht umsonst" im Heim war.

Neben den Körperstrafen gab es vor allem Stubenarrest, „Ausgangssperre" und Strafarbeiten (Schuhe putze für alle, Kochtöpfe reinigen, Treppe wischen, Gullis fegen). Manche wurden von Feizeit- oder Gruppenaktivitäten ausgeschlossen. Wer nicht aufaß, musste solange sitzen bleiben, bis er es tat oder bekam den Teller zu jeder Mahlzeit wieder hingestellt. Manchmal entwickelten die Erzieherinnen auch rabiate Methoden, um das nicht gemochte Essen einzuflößen. Frau Hennig berichtet, dass die Diakonissen, die Kinder, die nicht essen wollten, auf den Boden legten. Dann sei das Essen „reingestopft" worden:

> „Wenn einer nicht essen wollte, der wollte den Spinat nicht oder den Grünkohl nicht oder Sauerkrauteintopf nicht, dann haben sie das Kind dann hingelegt und: ‚Das wird jetzt gegessen.' Oder dann mussten die den Mund aufmachen und dann wurde das reingestopft. Dann kam das wohl manchmal an den Seiten so raus. (…) Ich habe es gegessen. Ich habe gedacht: ‚Ehe, dass sie mir das reinstopfen.' Das habe ich immer so dieses Beobachten: ‚Was passiert, wenn du das und das nicht machst.'(Interview Hennig)

In zwei Fällen wurde sogar berichtet, dass man auch Erbrochenes wieder aufessen musste.

Gestraft wurde aber auch mit Entzug von Essen oder von anderen begehrten Dingen (z.B. Büchern, dem Sonntagskleid, einer Handarbeit) und dem Entzug von Taschengeld, der von den älteren Jugendlichen besonders schlimm erlebt wurde:

„Schwerer waren dann schon die Strafen beim Taschengeld. Die Höchstsumme im Monat waren drei Mark. Das hing vom Verhalten, vom Fleiß und von der Ordnung ab. (….) Bringen sie es erst mal fertig, einem Mädchen, das drei Mark im Monat hat, davon auch noch 20 Pfennig abzuziehen. Das kann man praktisch nicht machen." (Interview Meyer)

In manchen Einrichtungen mussten Jugendliche, die weggelaufen waren, eine besondere Strafkleidung tragen. Frau Hauptmann erinnert sich an das „Olympiakleid" aus schwarzem Stoff mit bunten Ringen darauf, das die Mädchen tagelang tragen mussten, wenn sie weggelaufen waren.

Für manche der befragten Personen war die Tatsache, als Strafe für unerwünschtes Verhalten ignoriert zu werden, schlimmer als Schläge. Frau Christmann hat die Nichtbeachtung ihrer Person so in Erinnerung:

„Also die Hauptbestrafung war, das ist auch heute noch schlimm für mich – Nichtbeachtung, Nicht-da zu sein. Das konnten die gut, die konnten einen gut bestrafen. Ich habe ja gearbeitet wie eine Verrückte. Ausschließen der Gesellschaft, der Gruppe. Aber wir sind nicht geschlagen worden, das brauchten die nicht. Die haben einen so von der Psyche her fertig gemacht, dass die Schläge wahrscheinlich angenehmer gewesen wären, als die psychische Nicht-Beachtung, die lange Nachwirkungen hat. Schläge vergehen ja, die bleiben zwar auch haften, aber es ist – wie soll ich sagen – du bist nichts wert, hau ab und gehe in einen Raum und nehme dort deine Mahlzeiten. Sie haben nicht widersprochen, obwohl – das kam auf den Typ an. Gab auch welche, die frech waren, aber die hatte man auch schnell irgendwie direkt beiseite getan, es war also kein Gruppenführer da." (Interview Christmann)

Die Folge dieser Behandlung war – so sagt Frau Christmann heute –, dass sie weder zuhause, wo ähnlich mit ihr umgegangen wurde, noch im Heim gelernt habe, Konflikte auszutragen. Sie sei im Konfliktfall immer ignoriert, weggeschickt oder auch weggesperrt worden. Eine andere Umgehensweise habe sie nicht kennen gelernt.

Unter den Interviewten war jedoch auch eine Frau, die sich heute noch positiv an die Strafen erinnert, die sie damals bekam. Frau Jost erinnerte sich, dass sie Kirchenlieder habe auswendig lernen „dürfen". Das habe sie sehr gerne gemacht, es sei ihr leicht gefallen, zu lernen und es habe ihr später im Leben auch geholfen

9.2.1 Rattenkeller, Gummizelle und Besinnungszimmer: Wegsperren als Strafe

Besondere Zimmer, in denen Jugendliche zur Strafe für einen festgelegten Zeitraum eingesperrt wurden, hat es in der Erinnerung aller Befragten (mit einer Ausnahme) nur in Erziehungsheimen gegeben und auch nicht in allen.

Die Ausnahme stellt das Kinderheim dar, in dem Frau Kunstmann und Frau Ehlers waren und in dem es den „Rattenkeller" (bzw. „Mäusekeller") gegeben hat, einen dunklen Kellerraum, in den Kinder zur Strafe stundenweise eingesperrt wurden. Die Anlässe waren gering. Es reichte, wenn man beispielsweise nach mehrfacher Ermahnung im Schlafsaal nicht ruhig war. Der „Rattenkeller" war in der Erinnerung der Kinder eine sehr schlimme Strafe, denn dort hatten sie Angst, nicht nur vor der Dunkelheit, sondern auch vor den Ratten.

In den Heimen der Fürsorgeerziehung gehörten Strafräume zum Konzept, sie wurden von den Jugendlichen jeweils etwas anders genannt und anders erlebt. Die Namen drückten aus, dass hier in Analogie zum Gefängnis oder zur Psychiatrie eine Strafe als Strafe für kriminelles oder „verrücktes" Verhalten erlebt wurde, wenn beispielsweise der Begriff der „Gummizelle" genannt wurde. Einige Mitarbeiterinnen sprachen dagegen etwas verniedlichend vom „Strafkämmerchen" oder dem „Drei-Tageszimmer". Herr Isenburg nannte das Strafzimmer den „Bau". Für eine Woche war er in diesem Raum mit den vergitterten Fenstern eingesperrt, weil er versucht hatte, nach Hause abzuhauen. Tagsüber wurde das Bett hochgeklappt, ansonsten gab es dort nur einen Tisch und ein Buch. Daher vergleicht er den Raum direkt mit einer Gefängniszelle. Herr Isenburg hat die Woche als schlimme Zeit in Erinnerung, aber auch als wirksame Strafe:

> „Das war so, das war die Heimstrafe, das war nun mal eben so. Da hab ich Rotz und Wasser geheult und gedacht, meine Güte, ich hab gedacht, die Welt geht unter, ne. Aber ich muss auch auf der anderen Seite sagen, ...auch wenn dass für mich total negativ war, aber das hab ich mir gemerkt ..." (Interview Isenburg)

Frau Fuchs erinnert sich, dass man Mädchen isolierte, wenn sie gewalttätig wurden oder sonst „dem Rest der Gemeinschaft wirklich schadeten", ansonsten habe man viel über Gesprächsführung versucht zu erreichen. Eingesperrt wurde man in der Erinnerung der Jugendlichen vor allem, wenn man weggelaufen war, aber auch für widerständiges Verhalten. Frau Kunstmann erinnert sich, dass die meisten Mädchen in ihrem Erziehungsheim in die „Gummizelle" kamen, weil sie die Arbeit verweigert hatten. Sie war Ende der 60er Jahre dort und erinnerte sich auch, dass diese Praxis bald abgeschafft wurde. Sie hat die Einrichtung ein paar Jahre später besucht und da hätte man diejenigen, die keine Lust hatten, arbeiten zu gehen, nicht mehr zwingen können.

In einer Einrichtung für „sexuell verwahrloste" Mädchen wurde der Ausdruck „Isolierzimmer" benutzt, auch um damit auszudrücken, dass aufgegriffene Mädchen zunächst in eine Art Quarantäne mussten, um sie routinemäßig auf ansteckende Geschlechtskrankheiten zu untersuchen. Diese Untersuchungen hatten damals oft etwas Entwürdigendes und waren zudem manchmal völlig unnötig. Frau Kunstmann berichtete von einem jungen Mädchen, das aus einem anderen geschlossenen Heim kam und trotzdem auf den gynäkologischen Untersuchungsstuhl, den „Pflaumenbock" – wie ihn die Mädchen nannten – sollte:

> „Die kam aus einem anderen Heim zu uns, weil sie jetzt größer war und kein Kind mehr, sondern Heranwachsende. Trotzdem erst mal in Quarantäne. Dann kam der Arzt, da habe ich sie geholt und gesagt, sie soll mal hinter den Vorhang gehen und den Schlüpfer ausziehen. Hat sie gemacht. Habe ich gesagt: ‚Komm und setzt dich mal auf den Stuhl.' Hat sie sich auf den Stuhl gesetzt. Dann kam der Arzt rein. Da geht die hin und hat, wo die Beine rein kommen die Arme rein und dem Arzt die Zunge rausgestreckt. Der hat dann gesagt: ‚Kind, weißt du was, zieh dich wieder an.' (Interview Kunstmann)

In der Einrichtung von Frau Sommerfeld waren die Mädchen in dem Isolierzimmer ganze vier Wochen isoliert, wenn sie aufgegriffen worden waren. Sie bekamen ihr Essen hereingeschoben und hatten einen Toilettenstuhl drinnen.

Nur in dem Aufnahmeheim, von dem Frau Meyer berichtete, gab es keinen besonderer Raum zum Einsperren, dies hatte allerdings den Grund darin, dass die Mädchen dort sowieso in Einzelzimmern untergebracht waren und nicht nur regelmäßig nachts, sondern dort auch dann eingesperrt wurden, wenn sie bestraft werden sollten.

Etwas anderes als das Straf- oder Isolierzimmer war das Konzept des „Besinnungszimmers", wie es Frau Debus erlebte. Dort gab es kein Essen, bis die Jugendlichen sich „besonnen" hatten. In dem abgeschlossenen Raum stand ein Tisch, darauf lag ein Block und es sollte aufgeschrieben werden, was „man falsch gemacht" hatte. Dann musste man einen Aufsatz schreiben darüber, „wie man sich zu benehmen hat", nämlich folgendermaßen:

> „Dass man auch parieren muss und auf Erwachsene zu hören hat. (…) Und dann hieß es auch: fehlerlos. Und wer Fehler machte, dann wurden die rot angestrichen diese Fehler und dann dreimal abschreiben fehlerlos. Und dann wieder ein Fehler: viermal abschreiben. Aber alles im Besinnungszimmer. (…) Wer nicht putzen wollte oder wer nicht mitgehen wollte zum Spazieren gehen: Besinnungszimmer …(…) Damit wir wieder was zu essen bekommen, wurde einfach irgendwas geschrieben. Dann wurde das vor allen anderen laut vorgelesen. Und dann können Sie sich vorstellen, wie die anschließend gehänselt wurden. Wie man belacht wurde. Sogar in

den Hintern getreten wurde: ‚Hör mal, du hast doch gesagt, du willst dich ändern, dann ändere dich mal. So ging das ab." (Interview Debus)

Das Einsperren von Kindern und Jugendlichen ist heute in der Jugendhilfe untersagt, bzw. nur im Falle einer Gefahr von Leib und Leben der eigenen oder anderer Personen kurzfristig erlaubt. Nichtsdestotrotz gibt es die Idee des „Besinnungszimmers" oder eines „Time-out"- Raumes in einigen Einrichtungen der Jugendhilfe auch heute noch oder wieder (vgl. 11.1).

9.2.2 Erniedrigungen für Bettnässer

Die erniedrigenden Strafpraktiken für Bettnässer verdienen hier eine besonderen Erwähnung, da bei keinem anderen „Vergehen" einerseits so deutlich die mangelnde „böse Absicht" bei den Kindern unterstellt werden kann und andererseits trotzdem besonders entehrende Strafen erfolgte. Diese Diskrepanz offenbart, mit welchen unterschwelligen Aggressionen Erzieherinnen und Erzieher in manchen Fällen auf das „Bettnässen" reagierten, vermutlich nicht nur, weil es ihnen Arbeit machte oder bei ihnen Abscheu hervorrief, sondern möglicherweise auch, weil es sie auf unerwünschte Weise an die Bedürftigkeit der Kinder erinnerte, wenn sie sich wie „Babys" verhielten. Offenbar hing die Art der Bestrafung von Bettnässern aber sehr stark von den einzelnen Einrichtungen und Erziehern ab. Es gab sogar Heime, in denen Bettnässen gar nicht bestraft wurde. Allerdings war dies nach dem Eindruck der Interviews die deutliche Minderheit.

Frau Ahrens, die selbst nicht zu den Bettnässern gehörte, wurde Zeugin davon, dass Bettnässer in dem Heim, in dem sie lebte, geschlagen wurden und man sie zusätzlich aufforderte, an ihren Bettüchern zu riechen oder andere riechen zu lassen. In dem Heim von Frau Kunstmann wurden Bettnässer morgens zur Waschküche gebracht und dort mit dem Schlauch kalt abgespritzt, auch im Winter. Auf dem Schlauch sei soviel Druck gewesen, dass man „durch die Gegend geflogen" ist.

Herr Fichtner, der in mehreren Heimen war, hat am eigenen Leib verschiedene, aber meist negative Reaktionsweisen erlebt: Im ersten Heim, in dem er war, passierte nicht viel, wenn sein Bett am Morgen nass war. Das Bett wurde neu bezogen, ein Gummituch untergelegt und ein neuer Schlafanzug gebracht. In dem zweiten Heim sah das ganz anders aus. Da musste er „Spalier" stehen mit dem nassen Bettuch. Wenn die Nonnen aus der Kirche kamen, gab es danach auch noch eine „Tracht Prügel". In dem Erziehungsheim, in dem Herr Fichtner zuletzt war, wurde er auch als Strafe für das Bettnässen geschlagen. Zusätzlich bekam er ab vier Uhr nichts mehr zu trinken und musste abends Salzbrot essen.

Andacht vs. Prügel

wo Bettnässen

Besonders die Verbindung zwischen den Körperstrafen für das Bettnässen und der Andacht erscheint von heute aus betrachtet sehr fragwürdig, da einerseits die Kinder zu religiöser Besinnung aufgefordert, andererseits bereits klar war, wer danach wegen einem nassen Bett am Morgen geschlagen wurde:

> „Und jeden Abend hatten wir dann im großen Saal …Andacht, da wurde zum Harmonium gesungen und gebetet, wir waren ja kirchlich. Und dann als es zuende war, wurde durchgekaut, was tagsüber passiert ist. Da hieß es Bettnässer vortreten und dann gab es einen Satz heiße Ohren, alle. Und ich war da auch mehrere Male dabei." (Interview Fichtner)

Herr Fichtner war bis zum 20. Lebensjahr Bettnässer, danach hörte es plötzlich ohne erkennbaren Grund auf. Seiner Familie hat Herr Fichtner nie davon erzählt, obwohl sein Sohn in der Kindheit auch Bettnässer war. Vermutlich haben die jahrelangen öffentlichen Strafen so tiefe Schamgefühle in bezug auf das Bettnässen in ihn eingebrannt, dass diese es verhinderten.

9.3 Schläge als Alltagserfahrung in Familie, Schule und Heim

Von besonderem Interesse bei der Befragung der Zeitzeugen war die Frage, ob diese sich an Schläge erinnern, die sie selbst erlebt oder sogar ausgeteilt haben. Meine Erwartung war, dass sich das Bild über die Allgegenwärtigkeit von Schlägen und Misshandlungen, das in dem Buch „Schläge im Namen des Herrn" gezeichnet wurde, dadurch relativieren lassen würde. Diese Erwartung wurde nur teilweise erfüllt. Meine Befragung bestätigt zumindest auf Seiten der befragten ehemaligen Kinder und Jugendlichen, dass Schläge – nicht aber Misshandlungen – den Erziehungsalltag der meisten prägte. Die Frage, ob die Befragten die Schläge damals als „Prügel" oder sogar als Misshandlungen erlebten oder auch, ob sie es heute so einschätzen würden, wurde dagegen in den meisten Fällen verneint. Dies wird vor allem dadurch erklärbar, dass die Mehrheit ähnliche, manchmal schlimmere Schläge in der Schule, vor allem aber in ihrer Herkunftsfamilie erlebt hatten oder weiterhin bei Besuchen zuhause erlebten und dass Schläge als „normales" Erziehungsverhalten von Kindern und Erwachsenen akzeptiert wurde.

Schläge als normal

9.3.1 Schläge im Heim im Erleben der ehemaligen Kinder und Jugendliche

Die Mehrheit der befragten Kinder und Jugendlichen wurde im Heim geschlagen. Nur drei (Becker, Christmann, Isenburg) gaben an, gar nicht geschlagen worden zu sein, zwei von ihnen hatten aber Schläge beobachtet, die andere bekommen hatten. Allein Frau Christmann berichtete, dass sie weder selbst geschlagen wurde, noch Schläge beobachtete. Vier der Befragten sind selten (Ehlers, Hennig) oder nur einmal (Ahrens, Jost) geschlagen worden. Dass es sie selbst nicht oder weniger traf als andere, führten sie darauf zurück, dass sie sich – meist aus Angst – fügten und an die Regeln hielten. Die Befragten unterschieden deutlich „Schläge" von Prügel und betonten mehrheitlich, dass es letzteres nicht gegeben habe. Frau Ahrens beschrieb die strafenden Schläge der sie betreuenden Nonne mit den Worten: „Man kriegte so, wo die hinlangte, langte die Nonne hin." Sie entschuldigt dieses Verhalten aber gleich im nächsten Satz, obwohl sie die Nonne allgemein nicht in guter Erinnerung hat:

> „Aber ich sage als Entschuldigung so dabei: früher war das auch ein bisschen anders als heute. (…) Andere wurden auch geschlagen …Zuhause wurden auch andere geschlagen, wenn sie irgendwas gemacht haben." (Interview Ahrens)

Frau Jost erinnerte sich zunächst gar nicht an Schläge, die sie selbst bekommen hat und behauptet, sie hätte eben „Glück gehabt". Dann fiel ihr eine Begebenheit ein, die sie damals nicht weiter tragisch genommen hatte, da sie sich zur Wehr setzte. Auch hier wird wieder deutlich, – wie schon im Fall des Strafe-Stehens – dass das Erleben einer ähnlichen Situation sehr verschieden sein kann. Entscheidend ist bei Frau Jost, dass sie sich ganz offenbar nicht hilflos den Schlägen ausgesetzt sah, sondern sich wehrte:

> „Habe ich auch mal was gekriegt, stimmt. Die hatte mit der Hand gekloppt, da habe ich einen Schuh genommen und habe mit dem Schuh weitergekloppt. Sie hatte mich vorne so und ich habe ihr hinten so. Und damit war das erledigt gewesen. Warum weiß ich gar nicht mehr. Kann ich gar nicht nachtragend sein. Aber jetzt fällt mir das so ein. " (Interview Jost)

Die Gruppe derer, die selten geschlagen wurden, können m.E. zu Recht behaupten, dass sie in bezug auf die Schläge in vergleichbaren Umständen wie in einer familiären Umgebung aufwuchsen, also nicht mehr oder weniger geschlagen wurden, als es im Durchschnitt in der familiären Erziehung noch üblich war.

Regelmäßige, „beiläufige" Schläge   *Schläge wie nebenbei*

Dies trifft jedoch nicht auf die Gruppe der fünf Befragten zu, welche angaben, dass sie regelmäßig geschlagen wurden (Debus, Gerlach, Hennig, Fichtner, Kunstmann). Allerdings betonen auch sie, dass sie nicht verprügelt wurden (zum

Teil aber Prügel beobachteten: Fichtner, Isenburg, Kunstmann, s.u.). Frau Debus berichtet, dass es in dem Landeskinderheim, in dem sie war, zur täglichen Routine gehörte, quasi nebenbei, *„nur einfach mal so im Vorbeigehen"* Schläge auszuteilen. So sei beispielsweise die Gruppenleiterin nach dem Putzen immer zur Kontrolle gekommen. Wenn sie noch Schmutz fand, bekam man den Aufnehmer „mal eben so durch das Gesicht" oder es sei der Handfeger zur Strafe auf den Rücken geschlagen worden. Auch sonst habe es viele Gelegenheiten gegeben, zu schlagen.

> „Wenn wir ungefragt was gesagt hatten, mal eben so eine Backpfeife. (...)Das gehörte dazu. Wer nicht pünktlich fertig war mit Waschen oder Putzen, dann gab es mal eben so einen auf den Hinterkopf. Mal richtig so feste." (Interview Debus)

Auch Frau Gerlach berichtet von dieser „beiläufigen" Form der Gewalt, die den Alltag durchzog. Sie sei als kleines Kind geohrfeigt worden, wenn sie die Hände bei der Mittagsruhe falsch gehalten hatte, wenn sie versehentlich eine Erzieherin mit Essen beschmutzte oder sich nicht schnell genug oder falsch anzog:

> „Und die Tante C., die hat mir mal einen Pantoffel ins Gesicht gehauen. Aber feste, weil ich die (Schuhe) versehentlich falsch angezogen hatte. Da hat die mir die ausgezogen und mit der dicken Sohle ins Gesicht gehauen." (Interview Gerlach)

Wie Frau Debus und Frau Gerlach erinnert auch Frau Hennig einen Alltag, der von drohenden und tatsächlichen Schlägen und anderen schmerzhaften Attacken gekennzeichnet war. Besonders die täglichen Schularbeiten waren für sie durch die Angst vor solchen Übergriffen gekennzeichnet:

> „Wenn die Schwester Greta schon mal so die Hefte gesehen hat. (...): ,Ich habe dir doch gesagt, du sollst das so und so schreiben!' Und das Kind hat das dann wieder nicht gemacht. Da hat sie dann schon mal den Kopf genommen und hat dann: ,Kapierst du das nicht.' Den Kopf so auf das Heft draufgeknallt. Da habe ich immer Angst davor gehabt, dass sie das mit mir macht. Ich bin gar nicht mit meinem Heft dahin gegangen. Ich habe das wohl gezeigt und dann hat sie so gekuckt, aber hat so nie richtig nachgerechnet ... (...) Ich habe versucht, das immer ganz sauber zu schreiben." (Interview Hennig)

Auch abends, wenn die Kinder zu laut waren im Bett, hat Schwester Greta manchmal, wenn auch selten, zugeschlagen:

> „Wenn wir Kinder dann oben keinen Schlaf nicht gefunden haben und wir turnten immer noch darum, dann hat sie – dreimal war sie drin und dann sagte sie: ,Wenn ich jetzt gleich noch mal komme, dann kriegt ihr alle durch die Bank.' Dann hat sie

auch alle durch die Bank gehauen. (…) Dann kam die Bettdecke hoch, ….ein Bett nach dem anderen und ich habe gesagt: ‚Schwester Greta, ich habe nicht getobt. Ich habe nicht getobt, ich habe …' ‚Ist egal.' Bettdecke hoch, Bettdecke hoch. Wir haben uns nicht gewehrt. Wir haben wohl immer so gemacht (hält die Hand vor), aber wir sind nicht weggelaufen. Wir sind im Bett geblieben und haben gedacht, das müssen wir jetzt durchstehen. Bett hoch, Beine hoch und dann hat die mit dem Handfeger draufgeknallt, zwei-, dreimal und dann die nächste, bis alle durch waren. (…) Dann hat keiner mehr was gesagt. Das wollten wir ja nicht, dass die wieder kommt. So war das dann auch eine ganze Zeit dann still. Nach ‚Gute Nacht:' Haben wir dann nicht mehr viel gesagt. Meistens haben wir in den Betten dann so gesessen (schaukelt vor und zurück)." (Interview Hennig)

Eine ähnliche Szene beschrieb Herr Fichtner, der ebenfalls öfter geschlagen wurde. Grundsätzlich glaubt Herr Fichtner, dass diejenigen, die behaupten, im Heim keine Schläge bekommen zu haben, zu einer anderen Zeit dort gewesen sein müssen. Auch in dem Heim von Herrn Fichtner wurden nachts, wenn der Lärm im Schlafsaal zu stark wurde, alle bestraft. Einer der dort wohnenden Brüder kam dann herein und sofort mussten alle „strammstehen". Pro forma wurde gefragt, wer laut gewesen sei:

„Hat sich natürlich keiner gemeldet und dann haben alle gekriegt: Hausschuh, bücken, zack. (…) Wir standen auf der Reihe und dann ging das so an ihm vorbei, bücken und zack und dann konnten wir wieder ins Bett gehen. Und das tut weh, wissen Sie … mit Gummisohlen, mein lieber Schwan." (Interview Fichtner)

Diese Form der „beiläufigen" oder der unverdienten Schläge, die Kindern fortwährend das Gefühl vermittelten, sie würden nichts wert sein und ständig zu Fehlern neigen, ist m.E. von der Wirkung her nicht weniger schlimm und folgenreich, als die Prügelstrafe.

Prügelstrafen

Von richtigen „Prügelszenen" berichteten nur vier der Befragten (Fichtner, Isenburg, Kunstmann, Hennig), nicht zufällig waren die zwei Männer der Befragung dabei. Herr Fichtner berichtete, dass die Jungen, die aus den Großstädten ins Heim kamen, sehr oft Schläge und manchmal auch Prügel bekamen. Einmal, während der Nikolausfeier, hätten die Brüder wahllos mit einem Stock in die Menge der Jungen geschlagen:

„Da haben wir ganz spezielle Ganoven gehabt und die hatten den Nikolaus veräppelt. Dann packte der sein Bündel und ist abgehauen und dann kamen die Erzieher rein mit dem Stock und haben wahllos in die Meute reingeschlagen." (Interview Fichtner)

Herr Fichtner fragt sich heute, ob diese prügelnden Erzieher sich daran „weideten", wenn sie Kinder verprügeln können. Manches Mal hätten er und die anderen Jungen das Gefühl gehabt. Herr Isenburg, der selbst nie Schläge bekommen hat, außer von den anderen Jungen, hat ebenfalls als Zeuge Prügelszenen miterlebt, die ihn erschütterten. Einmal hat er beobachtet, wie ein Betreuer, einem Jungen eine Ohrfeige gab, dass der Junge „durch die Gegend geflogen" sei. Der Erzieher habe auch manchmal gesagt, man könne auf die Wiese gehen und mit ihm boxen. Einmal war er in seinem ersten Heim Ohrenzeuge, als ein Junge verprügelt wurde. Der habe sehr lange geschrieen:

> „Das sind so Sachen, wo ich immer gedacht hab, wenn du das mal erzählst, auch schon damals, dir glaubt man nicht und dann kriegst du noch Ärger und dergleichen. Es war schon, diese Erziehungsmaßnahmen waren schon da …" (Interview Isenburg)

Frau Kunstmann berichtet von Prügelszenen in der Schule des Heimes, wo sie regelmäßig „gezüchtigt" worden seien. Der Lehrer sei schon älter gewesen und ein richtiger „Kommunist". Was letztere Vermutung mit der Prügel zu tun hat, erläuterte Frau Kunstmann nicht weiter. Es scheint aber für sie ein Schimpfwort zu sein:

> „Das war ein Prügelheini. Und wenn es hieß, wir machen einen Waldspaziergang, dann wussten wir, was los war. Er hatte keine Stöcke mehr. Da wurden wieder Stöcke gesammelt. Wenn der auf ein Kind sauer war – alle Achtung. (…)Ich kann mich an den einen Jungen erinnern, der ist abgehauen. Dann haben die den wieder eingefangen. Dann hat der erst mal von den Hauseltern Senge bezogen vom Allerfeinsten. Und dann kam der in die Klasse und dann war es der Lehrer, der ihn zusammen – also wirklich – zusammengeschlagen hat. Dann musste er die restlichen Stunden in der Ecke stehen. Und Sie sahen immer, wie dem Jungen die Beine weggegangen sind. Da hatte der wieder den Knüppel im Kreuz gehabt. Das war ein Miststück der Lehrer. (…) Und der Lehrer, der ging ja grundsätzlich mit dem Stöckchen hinter dem Rücken durch die Reihen und ‚Zack', hatten Sie wieder eine. Weil Sie entweder was geredet haben oder da was geschmiert haben. Irgendeinen Grund hat der immer gefunden." (Interview Kunstmann)

Eine von Frau Hennigs schlimmsten Erinnerungen ist die, als eine Erzieherin nicht aufhörte ein Kind zu schlagen, auch als es schon heftig blutete, bloß weil es nicht still am Tisch gesessen hatte:

> „Da wurde ein Kind geschlagen und das wurde blutig geschlagen. Das Blut kam schon aus der Nase raus und ich habe das gesehen und die hat immer noch mehr drauf gehauen und dann auf einmal …. Den ganzen Tagesraum habe ich zusammengeschrieen. Da habe ich geschrieen, sie soll das Kind loslassen (verzweifelt) und dann bin ich rausgerannt und musste das erst mal verarbeiten (weint). Ich konnte das nicht mehr ertragen. (…) Ich weiß nicht, wie viele Jahre ich da immer mal wieder dran gedacht habe, an dieses Mädchen, wie das so geschlagen wurde." (Interview Hennig)

Frau Hennig, die einen solchen Gewaltausbruch offenbar bei der Schwester, die sonst die Gruppe betreute, noch nicht erlebt hatte, war damals regelrecht „ausgeflippt" und hatte nicht aufgehört zu schreien, auch als die Erzieherin schon aufgehört hatte zu schlagen. Mit dem Kopf habe sie immer weiter gegen die Wand gehauen, als wäre eine lange aufgestaute Angst endlich herausgebrochen. Frau Hennig glaubt heute, sie wäre verrückt geworden, wenn sie damals nicht so reagiert hätte. Die Erzieherin erschrak damals mehr über die Reaktion von Frau Hennig, als über ihren eigenen Gewaltausbruch.

Erstaunlicherweise werteten Herr Fichtner, Herr Isenburg und Frau Kunstmann (anders als Frau Hennig) die erlebte Gewalt, selbst die Prügel nicht als dramatisch und glauben, dass sie nicht „geschadet" hat und auch heute nicht schaden würde. Besonders Frau Kunstmann äußerte zudem die Überzeugung, dass es manchmal ohne Schläge in der Erziehung nicht gehe, weil sonst die Autorität der Eltern in Gefahr geraten könne:

> „Es war nicht schön, aber geschadet – mal einen Klaps oder so? Und wenn ich das sehe, dass Kinder ihre eigenen Eltern anzeigen, weil sie eine Ohrfeige gekriegt haben, da geht mir die Hutschnur hoch. Okay, die Schläge, die wir gekriegt haben, dass ich ohnmächtig auf der Erde gelegen habe, so was muss natürlich nicht sein. Aber was die Kinder heute für Lobbys haben und was die sich alles rausnehmen dürfen, also das ist mir zu hoch." (Interview Kunstmann)

Diese drei Befragten verarbeiteten offenbar die erlebte oder miterlebte Gewalt so, dass sie begannen, sie „in Maßen" als legitimes oder zumindest nicht ersetzbares Mittel der Erziehung für besonders schwierige Kinder zu betrachten. Obwohl beispielsweise Herr Fichtner glaubhaft berichtete, wie er unter dem ständige Druck litt, der durch Gewalt erzeugt wurde, wünscht er sich doch, dass es auch heute noch solche Einrichtungen für Jugendliche geben würde, weil heute viele so etwas bräuchten. Wie lässt sich diese Haltung erklären? Mein Eindruck war, dass der Wunsch, auch die heutige Jugend möge härtere Erziehungsmaßnahmen erleben, auf einer unbewussten Aggression beruhte. Eine Aggression gegenüber den heutigen Kindern und Jugendlichen, denen offenbar und ungerechterweise erspart bleibt, was man selbst erlitten hat. Verständlich wird diese Reaktion zudem, wenn man bedenkt, dass die Aggressionen, welche damals durch die erlittene Gewalt erzeugt und angestaut wurden, nie offen wahrgenommen und schon gar nicht dort ausgelebt werden durften, wo sie entstanden waren. Die Hilflosigkeit, mit der man der Macht der Gewalt ausgeliefert war, ist auch in der Erinnerung offenbar nur schwer zu ertragen und zuzugeben, sodass sie oft verharmlosend in dem Satz: „Ein Klaps hat noch keinem geschadet" oder „Die Prügel waren nicht so schlimm" verarbeitet wird. Auch wenn also die Befragten die erlittene Gewalt im Nachhinein manchmal rechtfertigen oder sogar eine Rückkehr zur Strafpädagogik fordern, heißt dies nicht, dass Gewalt in der Erziehung tatsächlich in diesen Fällen harmlos war oder sogar positiv gewirkt hätte, sondern im Gegenteil macht diese Reaktion es deutlich, wie notwendig es ist, das Thema der Gewalt in der Erziehung in seinen Folgen genauer zu analysieren und deren nachträgliche Verharmlosung als falsch zu verurteilen, um eine Weitergabe an die nächste Generation zu vermeiden (vgl. vertiefend zu dem Zusammenhang der Verdrängung erlittener Gewalt in der Kindheit Miller 1980).

Erklärungen für die Schläge in der Heimerziehung

Fast alle Befragten, Kinder wie Mitarbeiterinnen berichteten davon, dass sie damals nicht nur im Heim, sondern auch in der Schule geschlagen worden waren. Nur drei der Befragten waren zuhause nicht geschlagen worden (Ehlers, Debus, Gerlach), während vier von sehr vielen Schlägen in der Herkunftsfamilie berichteten (Ahrens, Becker, Jost, Kunstmann). Die anderen hatten keinen Vergleich oder machten keine Angaben. Eine Empörung über die damaligen Schläge äußerten nur wenige, dagegen brachten viele sofort von sich aus Erklärungen und Entschuldigungen an:

> „Man kann ja auch jemanden bis zum Blute reizen. Und dann ist schon mal jemandem die Hand ausgerutscht, aber dann ist die auch meistens vor dem Esszimmer ausgerutscht, wo wir also alle das sehen konnten. Wenn sie (die Hausmutter C.K.) dabei war, dann hatte sie aber immer sofort gesagt: ‚Vater, Vater lass es sein.' Das war aber, wenn es auch wirklich zur Weißglut gebracht wurde irgendwie. Aber sonst – Schlägertypen waren das nicht, auch die Erzieherinnen eigentlich nicht." (Interview Jost)

Frau Jost ist überzeugt, dass die Kinder in einer großen Gruppe eine große Macht gegenüber den Erziehern darstellen. Manchmal konnten Kinder diese Macht auch ausnutzen, wenn sich beispielsweise jemand nicht durchsetzen konnte.

Auch in dieser Hilflosigkeit würde Frau Jost eine Ursache für eine „ausgerutschte Hand" sehen:

> „Eine der ersten Erzieherinnen war die Hildegard Düring. Wenn wir die geärgert ha-
> ben, dann ist die immer auf ihr Zimmer gegangen und wir haben dann durch das
> Schlüsselloch gekuckt. Und die saß dann am Fenster und weinte bitterlich." (Inter-
> view Jost)

Frau Gerlach vermutete einen Grund für die Schläge darin, dass die Mitarbeiterinnen „viel Geschrei" für wenig Geld aushalten mussten und zudem als Diakonissen oft ohne Geld und Freunde „unausgeglichen" gewesen seien. Sie gehörte
aber mit Frau Debus zusammen zu den Befragten, die dies nicht als Entschuldigung gelten ließ. Denn sie glaubt, dass zu dieser Belastung auch noch die Einstellung kam, dass man es im Heim mit einer „asozialen Brut" zu tun hatte, auf
die man ungestraft „draufhauen" konnte. Die Mitarbeiterinnen seien zwar selbst
„Arbeitsopfer" gewesen, aber zugleich auch Täter geworden, da sie sich an
schwachen Kindern vergriffen hatten:

> „Wir mussten, wie vielleicht die Sklaven sagen ‚Ja Herr, ja Herr', so mussten wir
> sagen, ja, Tante. (…) Ich denke mal, das war strukturell auch so, von oben nach un-
> ten ging die Gewalt wie eine Spirale weiter an die Kinder und die Kinder haben
> nichts wiedergegeben, sondern die Kinder haben vielleicht, … später die Gewalt an
> ihre Kindern oder an andere Menschen weiter gegeben." (Interview Gerlach)

Interessant ist bei diesen Erklärungsversuchen, dass diejenige, die die kürzeste
Zeit im Heim war, die Mitarbeiterinnen, die sie geschlagen haben, am stärksten
verurteilte und die einzige war, die von sich aus ansprach, dass sie hierfür eine
Entschuldigung erwarte. Sie hat darüber hinaus auch als einzige die Assoziation,
dass ihr diese Gewalt im Namen der Kirche angetan wurde, da es eine kirchliche
Einrichtung war und dort Diakonissen tätig waren.

Eine mögliche Erklärung für die Unterschiede in der Bewertung liegt m.E.
einerseits ebenfalls darin, dass Kinder, die einer solchen Erziehung längerfristig
ausgesetzt waren, diese negativen Gefühle verdrängen mussten, um psychisch zu
überleben. Es ist aber auch möglich, dass Frau Gerlach mehr Schläge und weniger Zuwendung erhalten hat, da sie an die Regeln, die für sie neu waren, erst
„gewöhnt" werden musste und dies gewaltsamer geschah als die Gewöhnung,
die Kinder erlebten, die in diesem Heim aufwuchsen.

9.3.2 Schläge im Heim im Erleben der ehemaligen Mitarbeiterinnen

Anders als die Kinder und Jugendlichen aus dem Heim erinnert nur eine der befragten Mitarbeiterinnen, dass Schläge in der Einrichtung, in der sie (kurzfristig) gearbeitet hatte, an der Tagesordnung waren (Döring). Die anderen betonten, dass Schläge als pädagogische Maßnahmen nicht zum Konzept der Einrichtung gehörten, in der sie gearbeitet hatten. Aus einem Mädchenheim wurde berichtet, dass dort Schläge regelrecht „tabu" gewesen. Allerdings muss hier noch einmal darauf hingewiesen werden, dass sich die interviewten Mitarbeiterinnen freiwillig auf eine Zeitungsannonce hin gemeldet haben und zu vermuten ist, dass Mitarbeiter aus Einrichtungen, in denen damals regelmäßig geschlagen wurde oder die dies selbst taten, sich aus verständlichen Gründen nicht gemeldet haben. Daher halte ich die Stichprobe der befragten ehemaligen Kinder und Jugendlichen in dieser Hinsicht für deutlich repräsentativer, was die Darstellung von Strafen und Schlägen betrifft.

Dass ein Umgang ohne Schläge aber nicht gleichbedeutend mit einem menschlichen Umgang ist, das wurde auch von der Seite der Mitarbeiterinnen deutlich gesehen. Frau Fuchs berichtete über einen früheren Direktor, der in ihrem Mädchenheim aus Angst, die „gefallenen Mädchen" zu berühren, diese mit einem Stöckchen vor sich hergeleitet hatte, wenn er sie auf einem Weg begleitete. Sie ist der Meinung, dass eben dieser ausgedrückte Abscheu die Mädchen zu berühren schlimmere Wirkungen haben könnte, als Schläge.

Obwohl die meisten der befragten Mitarbeiterinnen in ihren eigenen Einrichtungen keine oder nur äußerst seltene Schläge erlebten, so sind sie sich doch einig, dass diese in der Zeit der 50er und 60er Jahre in der Familie, in der Schule und auch in anderen Heimen häufig üblich gewesen seien. Eine Mitarbeiterin erinnert sich, in ihren Praktika davon erfahren zu haben. Schon im ersten Kinderheim habe die Heimleiterin, so ein „Mütterchen", einen Stock in ihrem Zimmer gehabt und Kinder, die „Unsinn gemacht haben", wurden damit geschlagen. Auch erinnert sie einen „ganz lieben Hausvater" aus einem anderen Heim, in dem sie hospitierte. Er habe ihnen sogar extra in seinem Dienstzimmer seinen Stock vorgeführt:

> „Und er sagte: ‚Guckt hier habe ich den Stock und ich bin so froh, dass dieser Stock in meinem Arbeitszimmer steht und nicht in der Gruppe. Dass ich immer noch zwischen der Missetat des Kindes und der Aktion der Sanktion doch den Weg gehen muss.' Aber der hat sich überhaupt nicht geschämt zu sagen, dass er geschlagen hat." (Interview Heinemann)

Auch Frau Meyer erinnert sich, dass damals in der Einrichtung, in der sie Praktikum machte, in bestimmten Situationen oder bei bestimmten Mädchen eine Ohrfeige empfohlen wurde. Und das habe sie „leider" auch einmal gemacht:

> „Ich konnte mit einem Mädchen nicht zu Recht kommen und meine Vorgängerin
> hatte mir gesagt: ‚Wenn die nicht spurt, die muss nur eine saftige Ohrfeige haben
> und es geht alles gut.' Sie spurte nicht, sie bekam von mir eine saftige Ohrfeige, aber
> es war nichts, es war schlimmer als vorher." (Interview Meyer)

In dieser Situation habe sie die Leiterin geholt, die auch eine persönliche Beziehung zu dem Mädchen gehabt habe, denn sie hatte Angst gehabt, „ *mit dem ganzen Schiff unterzugehen".* Die Leiterin habe dem Mädchen daraufhin ein paar
Ohrfeigen gegen und es aufgefordert sich zu entschuldigen, was dann auch erfolgt sei.

Interessant an der Darstellung von Frau Meyer ist, dass die Ohrfeige aus
dem Gefühl der Ohnmacht heraus gegeben wurde, aus der Angst „mit dem ganzen Schiff unterzugehen". Dies wirft ein Licht auf die Verantwortung der Leitung und der gesamten Institution für dort praktizierte Strafen. Denn die Leitung
„empfiehlt" Strafen oder rät von anderen ab, gerade wenn die Erzieherinnen
noch jung und unerfahrenen sind. Wer sich an die empfohlenen Umgangsweisen
mit den Zöglingen nicht hielt, wurde – so berichtete Frau Heinemann – manchmal auch für pädagogisch unfähig gehalten:

> „Wir … wurden … nämlich reglementiert, d. h. wir wurden nicht bestraft, aber man
> überlegte sich ja: ‚Bist du überhaupt geeignet, Erzieherin zu sein?' Diese große Eh-
> re, Erzieherin zu sein, dass du weiter die Leitung der Gruppe haben kannst, müssen
> wir überlegen, wenn du das nicht schaffst …. „ (Interview Heinemann)

Die verbale und subjektiv erlebte Ohnmacht der Erzieher scheint auch in der
Perspektive der befragten Mitarbeiterinnen eine der wichtigsten Ursache von
Gewalt in Erziehungsverhältnissen zu sein. Sie ist im Rahmen der Literatur zur
Heimerziehung wiederholt ein Thema gewesen (vgl. Makarenko, Bettelheim).
Im Kapitel 11 soll dieser Zusammenhang noch einmal aufgegriffen und weiter
vertieft werden.

Die ausgerutschte Hand

Viele der befragten Mitarbeiterinnen berichteten, dass sie zwar grundsätzlich
nicht geschlagen haben, um Kinder oder Jugendliche zu bestrafen, dass ihnen
aber in einer bestimmten Situation, z.B. als sie selbst angegriffen wurden, „die

Hand ausgerutscht" sei. In diesen Situationen, so glauben die betreffenden Mitarbeiterinnen, würden sie heute auch noch genauso handeln. Diese Reaktion hat in ihren Augen nichts damit zu tun, dass in der damaligen Heimerziehung andere pädagogische Vorstellungen vorherrschten. Frau Heinemann beschrieb beispielsweise eine Situation, in der sie im Affekt einem Mädchen eine Ohrfeige gegeben hat. Sie sei auf der Treppe in ein körperliches Gerangel gekommen:

> „Es ging aber so, entweder flieg ich jetzt runter oder die fliegt runter. Und dann war in mir auch schon ein sehr großes Aggressionspotential. Bevor ich runterfliege, fliegt die auch. Was nicht richtig war. (…) Wir sind beide runtergekommen, aber ich habe ihr eine gelatscht. Habe das damals aber auch melden müssen, habe das auch gemeldet und das war so wie, als wenn sie heute eine Selbstanzeige machen. Das ist mir passiert. Ich habe mich bei der jungen Frau entschuldigt." (Interview Heinemann)

Auch Frau Hauptmann hat aus einer „Reaktion" heraus einmal einem Mädchen, das gerade neu gekommen war, eine Ohrfeige gegeben. Das Mädchen hatte sie auf eine Weise angefasst und angegriffen habe, die sie als grenzüberschreitend erlebt hatte:

> „Und die hatte mich irgendwie ein paar Mal auf dem Kieker gehabt. Ich weiß nicht, warum. (…) Die …. ist durch die Tür gekommen und hat ein Palaver da gemacht. Und wenn sie sich vorstellen, ich hatte 20 Mädchen da sitzen, die ich beaufsichtigen musste, die sollten arbeiten, die sollten was tun, ich sollte die beaufsichtigen. (…) Und ich bin dann hingegangen und hab mit ihr gesprochen und die wurde immer frecher und dann hat die mich angegriffen und ich hab ihr eine so ‚Platsch' um die Ohren gehauen. Und dann war Ruhe und ich hab das gleich im Büro gemeldet, … als ich dann runter bin und dann hat es nie wieder Probleme mit ihr gegeben. Aber ich war geschockt über meine Reaktion.". (Interview Hauptmann)

Latente Gewalt

Nur wenige Mitarbeiterinnen thematisierten die strukturelle Gewalt, die durch die geschlossenen Türen im Heim und den Zwang zur Arbeit entstand. Lediglich Frau Heinemann, die auch später eine sozialpädagogische Ausbildung machte, erkannte, dass zwar Schläge nicht ins Programm ihres Erziehungsheims gehörten, wohl aber der körperliche Zwang:

> „Das ging aber auch gar nicht anders, weil es musste Gewalt angewandt werden, wenn man das durchsetzen wollte. Die gingen natürlich nicht freiwillig in die Zimmer, wenn sie eingesperrt wurden. Logisch. (…) Es war so, auch wenn jemand auf

dem Arbeitsbetrieb nicht gespurt hat, Arbeitsverweigerung war so was. (…) Und wenn die eine Zeit gebockt hatten, dann schraubte sich das gegenseitig hoch, die wurden dann aggressiver und meist endete es damit, dass die anfingen zu randalieren. Weil die damit auch so in eine psychische Ausnahmesituation kamen." (Interview Heinemann)

Erklärungen für Schläge und Misshandlungen in anderen Heimen

Dass es in Heimen Schläge gegeben hat, bestätigen auch die befragten Mitarbeiterinnen und erklären dies ähnlich wie die befragten Kinder und Jugendlichen mit der damals in Familie und Schule üblichen Erziehungspraxis. Frau Hahnemann erinnert sich an die Schläge, die sie selbst in der Schule bekommen hat und die sie von heute aus betrachtet durchaus als Misshandlung werten würde:

> „Es war doch selbstverständlich, dass also ein Lehrer mit seinem Rohrstöckchen durch die Reihen ging, das habe ich auch noch kennen gelernt. Und die Kinder kriegten dann nicht so auf die Innenfläche, sondern auf die Außenfläche, tat ja auch richtig weh. Das war doch gang und gäbe." (Interview Hahnemann)

Während ein Teil der befragten Mitarbeiterinnen diese Pädagogik von „Zuckerbrot und Peitsche" heute ablehnt, klang doch bei manchen zwischen den Zeilen durch, dass sie die heutige gewaltlose Erziehungspraxis in ihrer Wirksamkeit in Frage stellen und bezweifeln, dass man gerade kleinen Kindern, welche sich „ständig widersetzen", ohne Schläge beibringen könne, dass sie sich „einzuordnen" hätten.

Dass es über Ohrfeigen oder „Klapse" hinaus in anderen Einrichtungen auch Misshandlungen gegeben hat, schließen die befragten Mitarbeiterinnen nicht aus und erklären es ebenso wie die ehemaligen Kinder und Jugendlichen vor allem aus der Überforderungssituation. Frau Meyer glaubt, dass dadurch oft Situationen entstehen, wo man nur noch sieht „Du oder ich". Sie vergleicht diese Situation mit der in der sich viele Eltern befinden, wenn sie ihre Kinder misshandeln:

> „Man verfolgt ja auch die Berichte in den Medien, was auch Eltern in der Lage sind, ihren Kindern anzutun. Wenn man mal machtlose Eltern erlebt hat, dann kann man sich vorstellen, dass die zusammenbrechen und dass es zu diesen Dingen kommt." (Interview Meyer)

Hinzu käme, dass die Mitarbeiterinnen ja auch oft allein in den Gruppen gewesen seien und dass es dann zu Eskalationen habe kommen können. Auch könne es sein, dass die Einrichtungen, die alle Jugendlichen nehmen mussten, mehr Probleme gehabt haben, als diejenigen, welche „elitärer" arbeiten konnten. Ähnlich äußerten sich auch andere, indem sie die Vermutung äußerten, dass es nur in Erziehungsheimen, nicht aber in Kinderheimen oder dass es nur in Jungeneinrichtungen zu Misshandlungen kam. Frau Hauptmann ist überzeugt, dass damals die Erziehungsverhältnisse noch immer stark von den Kriegserlebnissen der erziehenden Generation geprägt waren und dass denjenigen, die Kinder misshandelten einerseits die richtige Motivation für die pädagogische Arbeit fehlte und dass sie andererseits vor allem unfähig waren, mit der Macht, die sie in dem „geschlossenen Komplex" eines Heimes hatten, angemessen umzugehen. Jeder hätte sich damals fragen müssen:

> „Wie gehe ich mit mir um, wenn ich an meine Grenzen komme. Ich muss ja auch mit mir umgehen. Also, so nach dem Motto, liebe deinen Nächsten, wie dich selbst. Also liebe dich mal erst selber, dann kannst du die anderen auch lieben. Also muss man einfach erst einmal gucken, wie mache ich das. Und ich kann mir vorstellen, dass, wenn das verdreht ist, wenn man mit der Macht, die man hat, negativ oder nicht gut umgeht. (…) Ich hab ja Macht, ich kann das ja machen. Natürlich kann ich einen Stock nehmen und drauf losdreschen, kann ich. (…) Also bei mir kam auch die Ohrfeige, so ist das nicht. Obwohl ich eigentlich jemand bin, der sagt, ich habe mit all dem, was Krieg und solche Sachen angeht, das ist für mich alles, das lehne ich total ab. Und ich bin sogar der Meinung, dass man einen Krieg damit anfangen kann, dass man jemanden ohrfeigt. (…) Das befürworte ich überhaupt nicht. Aber ich denke, es kann so kommen, wenn jemand eben total erst einmal am Ende ist, selber als Erzieher, und wenn man die Eskalation laufen lässt." (Interview Hauptmann)

Frau Hauptmann erweiterte die Bedingungen für die Eskalation aber noch um einen entscheidenden Faktor. Misshandlungen konnten ihrer Meinung nach nur in einem Klima stattfinden, indem diese auch grundsätzlich akzeptiert wurden, was in ihrer Einrichtung nicht der Fall gewesen war, denn dort wurde bereits ihre Ohrfeige als eine Schuld, die sie auf sich geladen hatte, verurteilt.

Auch Frau Sommerfeld hält die Abgeschiedenheit der geschlossenen Heime für eine mögliche Ursache für Misshandlungen, glaubt aber, dass auch der „missionarische Charakter" mancher Heime einen Beitrag dazu lieferte:

> „Dass, als die Heime noch von Ordensleuten geführt wurden, dass die dieses Sendungsbewusstsein hatten, sie müssten fromme Christen erziehen. Und dass das nicht so hinhaute. (…) Dass man, wenn das nicht so funktionierte, es eben reinprügeln wollte." (Interview Sommerfeld)

Viele Mitarbeiterinnen glauben, dass Schläge und Misshandlungen in Institutionen auch heute noch ein Problem sind, wenn auch vielleicht nicht in Kinderheimen. Frau Sommerfeld berichtet, dass es während ihrer Tätigkeit im Jugendamt auch lange nach den 60er Jahren immer wieder vorkam, dass Kinder bspw. in Erziehungsstellen geschlagen wurden. Und Frau Fuchs, die heute im Altenbereich arbeitet, vergleicht die damalige Problematik der Tendenz zur Gewalt in Heimen mit der heutigen in Altersheimen, wo sie sich bei manchen „störrischen alten Damen" denkt, dass es fast an ein Wunder grenzt, wenn die Pflegerin geduldig bleibt und keine Gewalt anwendet.

Zusammengefasst wurden folgende Gründe für die Alltäglichkeit von Schlägen in der Heimerziehung genannt. Zum einen, dass Schläge allgemeine Erziehungspraxis in Schule und Familie gewesen seien und dass es gerade bei „schwierigen,, Kindern, vor allem bei Jungen ein allgemein akzeptiertes und sogar gefordertes Erziehungsmittel gewesen sei. Zum anderen, dass die Mitarbeiterinnen überfordert und schlecht ausgebildet waren und dass man mit den Jugendlichen quasi zusammen eingesperrt und dadurch nervlich oft am Ende war. Schließlich wurden auch die Isoliertheit der Heime und eine mangelnde Kontrolle von außen als Risikofaktoren gewertet. In der Beurteilung der religiösen Motivation zum Erzieherberuf waren sich die Befragten nicht einig. Ein Teil meinte, diese könnte vor allem die Kraft geben, gewaltlos mit der belasteten Situation umzugehen, andere vermuteten, dass enttäuschte Missionsbemühungen zur Gewalt führen könnten.

Vergleichen wir diese Erklärungen mit denen der befragten ehemaligen Kinder und Jugendlichen, so sind sich beide Gruppen einig darin, dass Schläge damals einerseits ein akzeptiertes Erziehungsmittel war und dass Schläge im Heim oftmals aus einer Überforderungssituation der Mitarbeiter heraus entstanden. Worauf die Mitarbeiterinnen zusätzlich verweisen ist der Aspekt, dass Schläge manchmal auch eine Reaktion auf absichtliche Provokation, Grenzüberschreitungen und Gewalt von Seiten der Jugendlichen waren.

9.4 Einschätzung der Debatte über „Schläge im Namen des Herrn" und zur Frage von Entschuldigungen und Entschädigungen

9.4.1 Die Haltung der ehemaligen Kinder und Jugendlichen

Interessant ist, dass von den befragten ehemaligen Kindern und Jugendlichen in Heimen nur drei von der öffentlichen Debatte mitbekommen haben, die seit der Veröffentlichung von Wensierskis Buch „Schläge im Namen des Herrn" entstanden ist. Zwei der Befragten hatten Fernsehberichte gesehen und nur eine,

Frau Ahrens, hatte das Buch gelesen und konnte daher auch Stellung dazu beziehen. Obwohl Frau Ahrens selbst vorwiegend negative Erinnerungen an ihre Zeit im Heim hat, grenzt sie ihre Erfahrungen von denen der im Buch beschriebenen ab, da die dort aufgeführten „krassen" Formen von Misshandlung in ihrem Heim nicht stattgefunden hätten. Insofern fühlt sie sich von dem Buch nicht repräsentiert.

Die Befragten, welche bisher nichts über die öffentliche Debatte gehört hatten, reagierten auf die Informationen über das Buch und den „Verein der ehemaligen Heimkinder" unterschiedlich. Manche bedauerten, bisher nichts gehört zu haben und waren interessiert, die meisten aber betonten, dass sie kein Interesse daran hätten, sich damit zu beschäftigen. Dies begründeten sie entweder damit, dass sie selbst ihre Erlebnisse nicht als Misshandlung werten würden oder damit, dass sie sich nicht mehr so intensiv mit ihrer Vergangenheit auseinander setzen wollten. Mehrere hatten berichtet, dass sie schon erwogen hatten, ein Buch über diese Zeit zu schreiben, dass sie dies aber aus ähnlichen Gründen verworfen hatten, aus denen heraus sie sich auch jetzt wenig für die öffentliche Debatte interessierten. Es sei nämlich sehr schwer, die negativen Gefühle, die mit dieser Zeit verbunden sind, längere Zeit zu ertragen:

> „Wenn ich da anfangen würde dann … Hin und wieder habe ich auch schon mal am Wasser gebaut. Wenn ich da noch mal geistig richtig, also, wenn ich das aufschreiben würde, ich weiß nicht, das würde ich nicht durchstehen. Das könnte man nicht."
> (Interview Fichtner)

Frau Becker kennt die aktuelle Debatte auch nicht, sie hat aber eine interessante Assoziation zu diesem Thema. Sie interpretiert sie als die Neuauflage einer von ihr miterlebten, ähnlichen „Pressekampagne" in den 60er Jahren. Einige Journalisten hätten sich damals als Praktikanten „eingeschlichen" und einen Artikel veröffentlicht mit dem Titel: ‚Vor der Tracht Prügel ein Stoßgebet zum Himmel'.[1] Daneben sei ein Foto des Hausvaters mit dem Stock gewesen. Schon damals habe es viel Aufregung um diesen Artikel gegeben. Frau Becker sollte unterschreiben, dass sie nicht geschlagen wurde, sie habe dies getan, weil sie tatsächlich nicht geschlagen worden sei. Ihr Bruder habe das nicht getan, sie wisse aber nicht warum. Allerdings habe sie vor diesem Hausvater, der im Artikel abgebildet war, auch Angst gehabt. Sie war oft, wenn sie in der Schule gelogen hatte, zu ihm geschickt worden. Er habe ihr aber nur gedroht. Frau Becker

---

[1] Tatsächlich hieß der Artikel von Hermann Vinke: „Erziehung mit „Liebe" und einem kräftigen Rohrstock„ und erschien am 22.3.69 in der Neuen Rhein Zeitung (NRZ). In dem Artikel wurde kritisiert, dass sich der 65jährige Heimleiter nicht nur offen zur Prügelstrafe bekannte, sondern diese auch häufig anwandte.

hält es für möglich, dass in dem Artikel die Wahrheit gestanden hat, sie selbst sei aber nie Zeugin von Schlägen geworden.

Insgesamt ist festzustellen, dass fast alle Befragten sich nicht als Opfer sehen und ihre Gewalterfahrungen, die sie mehrheitlich tatsächlich gemacht haben, nicht als Misshandlung einstufen würden.

Entschuldigen und Entschädigen

In der Frage der Entschuldigung waren die Einschätzungen der Befragten gespalten, d.h. die Hälfte war nicht der Meinung etwas erlebt zu haben, für das sich im Nachhinein jemand entschuldigen müsste und eine Person war unentschieden. Frau Jost meinte, sie könne grundsätzlich nicht verstehen, dass sich Menschen heute immer noch rächen wollten für Schläge, die sie vor so vielen Jahren bekommen haben. Irgendwann sollte damit Schluss sein.

Frau Hennig, die ihre ganze Kindheit über im Heim war und unter den Schlägen von Schwester Greta gelitten hat, würde trotzdem immer sagen, dass diese in ihren Augen keine Schuld trägt und daher wäre es für sie seltsam, wenn sie sich heute entschuldigen müsste:

> „Das war die beste, also ich muss sagen, die war eigentlich eine gute Mutter, aber die hat das vielleicht selber nicht empfunden. Diese Psyche, also die war eigentlich am Ende. Die hätte mehr in Kur gemusst, um das alles ruhiger zu machen. Die hat das immer alles selber gewollt … (…) Und dass die keine Nerven für solche Sachen hatte, das ist ja klar. Aber so war die im Grunde eine gute Seele. (…) Schwester Greta hat *immer* für uns gesorgt, dass wir vernünftig rumgelaufen sind. Wenn wir Löcher hatten oder so was, die hat sich sofort hingesetzt. Die hat das gestopft, die hat für uns gestrickt, mitten in der Nacht. (…) Auch wenn wir krank waren und so, hat sie immer gekuckt. Da ist die jedes Mal nachts, wenn einer krank war, hat sie immer nachgekuckt. Die war immer da, also wie eine Mutter, muss ich sagen. Wenn ich im Nachhinein viel von Familien gehört habe, wie es denen gegangen ist. Da habe ich gedacht, da bist du wirklich noch gut aufgehoben." (Interview Hennig)

Frau Hennig hat aber auch erlebt, dass sich tatsächlich eine frühere Erzieherin bei ihr entschuldigte, obwohl sie selbst von ihr direkt nicht geschlagen wurde. Die Szene als Frau Hennig als Elfjährige Zeugin einer Prügelszene wurde und darauf heftig reagiert hatte, war auch der ehemaligen Erzieherin noch lange im Gedächtnis geblieben. Frau Hennig traf die Erzieherin per Zufall mit einer Freundin zusammen wieder. Die ehemalige Erzieherin hat beide daraufhin zum Essen eingeladen, sich dabei entschuldigt und gesagt, dass ihr die Erinnerung an diese Szene auch jahrelang zu schaffen gemacht habe. Es habe ihr keine Ruhe gelassen bis zu dem Zeitpunkt, wo sie sich mit Frau Hennig ausgesprochen hatte.

Ähnlich wie Frau Jost oder Frau Hennig reagierten die meisten auf die Frage nach Entschuldigungen und forderten diese selbst nicht. Wie bereits erwähnt war nur Frau Gerlach daran sehr interessiert und äußerte auch die Meinung, dass es sehr wohl richtig wäre, wenn die Erzieherinnen, die damals geschlagen haben, sich „öffentlich bekennen" und ihre Fehler eingestehen würden. Schließlich sei sie selbst damals ein kleines Kind gewesen, das sich nicht habe wehren können.

Zu den Fragen von Entschädigung haben nur diejenigen eine Meinung, die im Erziehungsheim waren. Frau Ahrens meint, dass es sehr große Unterschiede zwischen Kinderheimen und Erziehungsheimen gegeben habe und dass deshalb diese Diskussion mehr eine Sache derer ist, die im Erziehungsheim waren. Eindeutig für Entschädigungen sprach sich nur Frau Christmann aus und begründet es wie folgt:

> „Überlegen Sie mal, ich habe elf Monate da geschuftet und keinen Pfennig dafür gekriegt, vielleicht mittags mal ein Butterbrot mit Pflaumenmus. (…) Sie wurden richtig ausgenutzt, richtig ausgebeutet. Ich weiß noch, dass ich manchmal auch kaputt war vom Arbeiten, obwohl ich ja ein junges Mädchen war. Aber wenn Sie mal so acht Stunden bügeln, Sie konnten sich nicht hinsetzen und sagen, ich mache eine Pause. Es war wie eine reine Fabrikarbeit." (Interview Christmann)

Obwohl auch Herr Fichtner sagen würde, dass er so „geschuftet" hat, dass man das heute „Kinderarbeit" nennen würde, wäre er nicht auf die Idee gekommen, dass er Anspruch auf Entschädigung haben könnte und er fragt sich auch, wie man das, was er damals erarbeitet hat, heute „beziffern" sollte. Mit welcher Grundlage könne er heute irgendjemandem sagen: „Ich hätte ganz gerne 10.000 Euro oder so." Auch gibt Herr Fichtner zu Bedenken, dass die Arbeit in seinem Erziehungsheim nur für den Eigenbedarf ausgeführt wurde. Trotzdem habe dies noch nicht gereicht, da man sich nur zu ungefähr 50% selbst ernährt habe.

9.4.2 Die Haltung der ehemaligen Mitarbeiterinnen

Anders als die ehemaligen Kinder und Jugendlichen haben die meisten der befragten Mitarbeiterinnen von der Debatte um „Schläge im Namen des Herrn" gehört. Sie fühlen sich durch diese Debatte mehrheitlich verunsichert und fragen sich, ob einiges von dem, was sie selbst getan haben, im Nachhinein als Misshandlung ausgelegt werden könnte, obwohl sie damals nie auf die Idee gekommen wären. Eine Befragte fühlt sich regelrecht durch die Debatte „beschmutzt."

> „Es hat mich sehr betroffen gemacht, muss ich sagen. (…) Ich kann es mir auch im Grunde nicht vorstellen. Aber ich denke mal, egal wie, es wird was dran sein und

man hat das ja auch auf Tagungen hier und dort mal gehört, dass da solche Sachen sind. Aber es hat mich insofern wahnsinnig betroffen gemacht, dass ich so an meiner eigenen Arbeit auch so gezweifelt habe. Da habe ich gedacht: ‚Boh.' Sie fühlen sich selber so beschmutzt dadurch, ja. Weil man sich fragt: Was hast du eigentlich getan und man forstet unheimlich in sich." (Interview Schreiner)

Frau Schreiner berichtet von einer Ehemaligen, mit der sie sich vor kurzem noch darüber unterhalten habe, dass die Mädchen in ihrem Heim damals auch Kartof-felnschälen mussten und sie dies zum Teil schon früh morgens getan haben, um später noch schwimmen gehen zu können. Dies könnte man heute auch kritisch sehen. Frau Schreiner und auch die Frau, die damals die Kartoffel schälte, erin-nerten dies zwar nicht als schlimm, aber beide hielten es für möglich, dass ande-re es so beurteilen könnten.

Manche der Befragten bezweifelten auf diese Weise ihre Erinnerungen und waren sich unsicher, ob das damalige Erleben nicht eventuell von heute aus be-trachtet, neu bewertet werden müsste. Die Mehrheit hatte allerdings das Bedürf-nis, zu sagen, dass in der Debatte völlig übersehen werde, dass es Dinge gab, die früher in der Heimerziehung besser waren und sehr viele äußerten die Meinung, dass heute vieles zu „lasch" gehandhabt werde und dass man sich zu Unrecht damit abgefunden habe, dass beispielsweise minderjährige Mädchen auf den Strich gehen oder Jugendliche Drogen nehmen.

Besonders die Intensität der Beziehungsarbeit, die früher möglich war, wur-de rückblickend hervorgehoben. Da man den ganzen Tag zusammen war, hätten Konflikte in einer anderen Art gelöst werden können, als im heutigen Schicht-dienst. Dies werde in der gegenwärtigen Debatte zu wenig gewürdigt, das kom-me daher, dass früher wie heute die Öffentlichkeit gerne bereit sei, ein Urteil nicht nur über die Kinder, sondern auch über die Mitarbeiterinnen im Heim zu fällen, ein Urteil, das nie gerecht ist, sondern oft zwischen Dämonisierung und falschem Mitleid schwankt (vgl. dazu Frau Hahnemanns Einschätzung, dass Heimerzieherinnen „entweder immer die Armen oder die Bösen" sind).

Entschuldigen und Entschädigen?

Auf Seiten der ehemaligen Mitarbeiterinnen wurde fast ausschließlich keine Notwendigkeit für Entschuldigungen und Entschädigungen gesehen. Frau Hei-nemann war die einzige, die sich schon länger mit dem Thema befasste und die von sich aus äußerte, sich bei den Mädchen, die sie damals betreute, entschuldi-gen zu wollen. Die anderen Befragten verwiesen in der Regel auf die allgemein üblichen Erziehungspraxen zu der Zeit oder hatten sich schon damals deutlich von diesen abgegrenzt und sahen deshalb für Entschuldigungen keinen Anlass.

Bei der Frage der Entschädigung bezweifelte auch Frau Heinemann, dass die Heime damals wirklich an der Arbeit der Jugendlichen verdienen konnten: Zwar sei für die Fremdwäsche bezahlt worden, das sei aber wenig gewesen. Der Tagespflegesatz sei damals 20 Mark und damit wenig gewesen. Dass es trotzdem in ihrer Einrichtung kostendeckend gewesen sei, lag ihrer Meinung nach an der geringen Bezahlung der Erzieherinnen, die auch nicht viel verdienten und noch Miete für ihre Zimmer im Heim zahlen mussten. Gruppen- und Heimleiter hätten auch wenig, die Diakonissen noch weniger und Praktikantinnen gar nichts verdient. Die Arbeit im Garten sei unter Anleitung eines angestellten Gärtners erfolgt. Das Obst, das Gemüse und die Kartoffeln wurden selbst gegessen, manchmal wurde die Gartengruppe an andere Bauern ausgeliehen, dafür habe man Kartoffeln oder Gemüse zum Eigenbedarf erhalten. Frau Heinemann glaubt, dass sie damals blauäugig gewesen ist und um der Liebe Christi willen gearbeitet hat. Von heute aus betrachtet, ist auch sie ausgebeutet worden. Frau Heinemann bezweifelt, dass sich irgendjemand an der damaligen Heimerziehung hätte bereichern können:

> „Das ist ja auch eine sozialpolitische Frage gewesen, dass (wir) so schlecht bezahlt waren, dass das gesellschaftliche Bild der Heimerziehung so ein …schlechtes war. Ich weiß nicht, ob man das … hätte … ändern können." (Interview Heinemann)

Ähnlich wie Frau Heinemann fragt sich auch Frau Hauptmann, was man eigentlich von heute aus als Ausbeutung verstehen kann und findet darüber hinaus die damalige „Arbeitserziehung" nicht grundsätzlich falsch. Schließlich könne man ohne Ziele und Beschäftigung in der Pädagogik nichts erreichen. Sie glaubt, wenn man die Mädchen „den ganzen Tag nur da hätte rumsitzen lassen", wäre auch nichts dabei rausgekommen. Irgendwie hätte der Tag gestaltet werden müssen und da wäre die Arbeit ein Angebot gewesen. Sie habe es auch ganz normal gefunden, dass die Mädchen hauswirtschaftliche Dinge in der Wäscherei oder Großküche lernten, das sei so, als wenn man in einer Firma etwas lernt. Später sei das ausgelaufen, weil die Mädchen länger zur Schule gingen, das sei aber in den 60ern einfach noch nicht der Fall gewesen.

10 Biographische Verarbeitung der Erfahrung von Heimerziehung und ihrer Ursachen

10.1 Heutige Probleme der Befragten und Resilienzfaktoren

Von Folgen der Heimerziehung für ihr weiteres Leben berichteten nur drei der Befragten (Fichtner, Debus, Hennig). Sie gehörten zu der Gruppe derer, die ihre ganze Kindheit, bzw. den größten und bewussten Teil der Kindheit im Heim verbracht hatten. Herr Fichtner, der mit der Zeit im Heim nicht endgültig abschließen kann und glaubt, dass die Heimerziehung bei ihm vor allem in Bezug auf die Beziehung zu seinen Kindern Spuren hinterlassen hat:

> „Ich merke das daran, wie ich mit meinen Kindern umgehe, wie ich mit meiner Familie umgehe. (…) Ich habe drei Kinder. Die große ist 32, von der ersten Frau und jetzt mit der zweiten Frau habe ich zwei Kinder. Der Bengel wird jetzt im Juni 17 und die Tochter ist 18. Und ich habe mit allen drei Kindern noch nie auf der Erde gelegen und gespielt. Warum nicht? Das kann ich nicht. Oder die Kinder mal spontan in den Arm nehmen oder so was, das kann ich nicht. (…) Bei meiner Frau ist das was anderes. Da komme ich schon …mal auf die Idee, sie zu drücken, aber ich weiß nicht, ob das daher kommt? (…) Oder manchmal frage ich mich: sind wir eigentlich eine Familie? Wir leben zwar zusammen alle vier, aber sind wir so eine Familie wie ich das von anderen Arbeitskollegen so mitkriege oder von anderen Familien. Der Zusammenhalt ist bei uns gar nicht so. Und ich bin davon überzeugt, also ich glaube wenigstens: angenommen ich würde jetzt nach Hause fahren und hier auf der Autobahn haut mir einer ins Auto und der Alte gibt den Löffel ab, die Kinder würde das gar nicht so besonders treffen.(…) Das Benehmen von denen mir gegenüber, aber auch – das ist nicht einseitig, das kommt von beiden Seiten. Ich habe auch so zu den Kindern irgendwie keinen richtigen Zugang." (Interview Fichtner)

Auch von seinen Arbeitskollegen fühlt sich Herr Fichtner abgesondert, er nehme nicht am Büroklatsch teil, gehe kein Bier mit trinken, da er keinen Alkohol trinke, besuche kranke Kollegen nicht im Krankenhaus etc. Es erschrecke ihn selber, aber er habe den anderen gegenüber ein Gefühl der Gleichgültigkeit, sodass es ihn nicht berühre, was mit ihnen los ist. Herr Fichtner sieht aber noch eine weitere, nicht unbedingt negative Folge seiner Heimerziehung. Er gehe bis heute mit Kleidung sehr ordentlich um und räume sie selbst in seinen Schrank. Seine Frau mache das nicht ordentlich genug. Auch müsse er stets jeden Schnipsel in Haus und Garten aufheben. Dieser Ordnungssinn sei zwar in ihn „hineingeprügelt" worden, aber trotzdem habe er ihn nicht abgelegt.

Ebenso wie Herr Fichtner glaubt auch Frau Hennig, dass sie, wenn sie nicht im Heim aufgewachsen wäre, möglicherweise eine andere, noch intensivere Beziehung zu ihrer Tochter gehabt hätte. Zwar habe sie gern Mutter werden wollen und sich eine Familie gewünscht, wie sie ihre Klassenkameradinnen hatten, aber bei ihrer Familiengründung hätte sie überhaupt nicht gewusst, was eine Familie eigentlich ausmacht, da sie selbst nie ein Familienleben kennen gelernt hatte. Erst durch das Zusammenleben mit ihrer Tochter hat Frau Hennig nach und nach begriffen, was sie in ihrer eigenen Kindheit entbehrt hat. Offenbar konnte sie aber trotzdem ihrer eigenen Tochter genug Zuwendung geben, wenn auch nicht in dem Maß, das sie sich heute wünschen würde:

> „Mir ist das alles so bewusst geworden, wie ich meine eigene Tochter bekommen habe. Wie ich groß geworden bin. (…) Die haben ja gar keine Zeit gehabt uns auf den Arm zu nehmen. (…) Ich spüre das heute noch bei den Enkelkindern, …wie die einen brauchen, wenn man mit denen spricht und wie die die Aufmerksamkeit vor allen Dingen brauchen, unheimlich viel, die kleinen Kinder, damit die ihr Selbstbe-wusstsein auch gestärkt kriegen. Das hatten wir alles gar nicht und das habe ich auch gemerkt. Wie ich älter war, auch in der Schule und so, da habe ich mich immer ganz, ganz klein gefühlt." (Interview Hennig)

Frau Hennig berichtet auf Nachfrage, dass es ihr im Erwachsenenleben oft schwer gefallen sei, zuzugeben, dass sie im Heim groß geworden ist, da viele, die dies wussten, – auch ihr späterer Mann und ihre Schwiegereltern deshalb auf sie heruntergeschaut hätten. Auch ihrer Tochter hat sie nie erzählt, dass sie im Heim groß geworden ist. Wenn sie jetzt von ihren Enkeln gefragt wird, kommt sie immer in Bedrängnis, glaubt aber, dass es eigentlich gut wäre, wenn sie es erzählen könnte und überlegt, dass nun eventuell die Zeit gekommen ist, dies endlich zu tun.

Wie viele andere berichtet auch Frau Hennig, dass sie im späteren Leben in eine Krise geraten ist und während dieser Zeit die Erlebnisse Ihrer Kindheit eine Rolle spielten. Sie habe damals bewusst keine Psychopharmaka genommen, da sie überzeugt war, eine Ursache für ihre zunehmenden Angstzustände zu finden. Frau Hennig fand glücklicherweise eine Therapeutin, die bereit war, ihr trotz Warteliste sofort zu helfen:

> „Das sind dann so Momente, wo du wieder an Gott glaubst. Wo du wieder sagst, da ist wieder einer, der dir hilft, wieder auf die Beine zu kommen. Wie ich dann mit der Therapeutin zusammen war, habe ich auch gemerkt, wie ich die Ängste wieder be-

kommen hatte. Wo ich nachts aufgesprungen bin, geschwitzt habe, wie eine Verrückte, die ganz Nacht nur hin und her gelaufen bin. Irgendwas hatte ich wohl gesucht, aber ich wusste nicht was. Diese Unruhe ständig. Aber ich habe immer gedacht: Ist egal, kommst du schon irgendwie durch. Es nützt dir anders nicht. Und
dann habe ich zum Gott gebetet, zu Gott habe ich gebetet und immer wieder gebetet,
er soll mich aus dem Tief rausholen (weint). Ich kann das nicht schaffen alleine, ich
glaube das nicht. Und der hat mich, der hat geholfen .... (…) Einer kann dich da
rausholen und das ist Gott. Da habe ich so fest dran geglaubt. Und es ist nicht von
heute auf morgen gekommen (weint). Aber ich bin da raus. Ich bin echt draußen.
(…) Es waren so fünf, sechs, sieben Jahre. Ich merke, dass es mir jetzt richtig gut
geht. Danach, so richtig gut." (Interview Hennig)

Ebenfalls bei Frau Debus hat die Art und Weise, wie mit ihr umgegangen wurde,
als sie im Heim war, Spuren hinterlassen. Durch den abwertenden Umgang der
Erzieherinnen mit ihr und den anderen hat sie sich permanent erniedrigt gefühlt.
Sie fühlte sich sehr oft schuldig, ohne zu wissen wofür. Unterschwellig spürte sie
jedoch, dass es etwas mit ihrer unehelichen Geburt zu tun haben musste. Frau
Debus hat starke Schamgefühle gegenüber ihrer Zeit im Heim entwickelt und ihr
ganzes Leben lang verschwiegen, dass sie im Heim war. Auch ihr Mann und ihr
Sohn wissen nichts davon und sie hat Angst, sie könnten es erfahren. Sie schämt
sich noch immer dafür, obwohl sie heute weiß, dass sie nichts dafür kann:

„Wissen Sie, ich habe Angst vor Fragen, die ich nicht beantworten kann. ‚Ja, warum
warst du denn im Heim? Doch nicht nur, weil deine Mutter gestorben ist. Da muss
doch was anders gewesen sein. (…) Ich würde mich schämen vor meiner Familie.
Die sollen das ruhig schön weiter so glauben. Weil, … ich bin davon überzeugt
manchmal, dass das alles so stimmt, was ich gesagt habe. Ich kann das nicht mehr
auseinanderhalten, Realität und Lüge, was stimmt denn?" (Interview Debus)

Frau Debus räumt ein, dass ihr das „Märchen erzählen" über die Jahre nicht
leicht gefallen sei, besonders am Anfang, denn man müsse ein sehr gutes Gedächtnis haben, da man das, was man gelogen hat, nicht vergessen darf. Und
obwohl Frau Debus anfangs äußerte, ihre Familie soll „ruhig schön weiter" ihre
Lügen glauben, gibt sie doch zu, dass das Lügen oft „grausam" und „unwahrscheinlich schwer" gewesen sei.

In allen anderen Fällen, in denen über Folgen der Kindheitserfahrungen für
das heutige Leben berichtet wurde, führten die Befragten etwaige Probleme im
heutigen Leben auf die Erfahrungen *vor* der Heimerziehung zurück, beispielsweise auf die Tatsache, ein ungewolltes Kind zu sein, auf den Tod der Eltern, auf
Misshandlungen, Missbrauch oder Vernachlässigung durch die Herkunftsfamilie.
Vier Befragte berichteten, dass sie bereits mehrmals eine Therapie gemacht hat-

ten, aber nur in einem Fall waren die Erfahrungen im Heim Gegenstand der Behandlung (Hennig).

Das Gefühl, von der Mutter nicht wirklich geliebt zu werden und auch in der Schule und im Heim als „Kind der Sünde" angesehen zu werden, hat bei Frau Ahrens Spuren in ihrem Selbstwertgefühl hinterlassen. Die Angst, anderen Menschen eine Belastung zu sein, verfolgte sie lange:

> „Ich habe immer so getan: ‚Tut so, als bin ich gar nicht da.' Habe auch so, wenn ich ging, weggeräumt, Stuhl angerückt, so. So als wäre ich gar nicht da. Also pflegeleicht, als bin ich gar nicht da. (…) Ich habe früher als Jugendliche auch oft gesagt: am liebsten, ich wäre überhaupt nicht da, warum sterbe ich eigentlich nicht. Ich wollte oft am liebsten tot sein. Was soll ich hier, warum bin ich überhaupt geboren." (Interview Ahrens)

Auch Frau Becker kennt dieses Gefühl, nicht mehr leben zu wollen. Die Ursache hierfür sieht auch sie nicht im Heimaufenthalt, sondern in der Tatsache, dass sie vom Vater zuvor lange misshandelt worden ist. Der Schaden sei da gewesen, bevor sie ins Heim kam, das Heim war eine Erleichterung. Sie wundert sich nicht, wenn Menschen, die früher misshandelt wurden, sich später das Leben nehmen wollen, da die Gefühle, die aus der Kindheit immer wieder hoch kommen, teilweise „nicht lebbar" seien:

> „Und das geht über Jahre und immer wieder und immer wieder. Man durchlebt das alles, was man als Kind nicht empfinden durfte, weil man es sonst nicht überlebt hätte. Man durchlebt das alles noch einmal. Das heißt neun Jahre habe ich noch mal durchlebt, mit Emotionen, wo ich erst mal nicht wusste, was ist das. Das überlebt so schnell keiner." (Interview Becker)

Auch im Fall von Frau Christmann sind lebenslange Folgen ihrer Kindheitserfahrung für sie deutlich, die nur am Rande mit dem Heim, aber viel mit dem Onkel, der sie missbrauchte und der Reaktion der Eltern auf diese Tatsache zu tun haben. Frau Christmann gibt an, sie habe bis heute große Schwierigkeiten, was Partnerschaften betrifft, wobei sich die damalige sexuelle Bedrohung und Einschüchterung auch auf andere Lebensbereiche übertrage:

> „Ich würde nie einem Mann sagen, was ich haben möchte, ich mache es nur im Dunkeln. (…) Ich lasse es sozusagen über mich ergehen und würde zum Mann auch noch sagen, du bist gut, obwohl ich davon überhaupt nichts habe. Aber in anderen Bereichen kann ich diese Bedürfnisse auch nicht äußern. Ich bin wie so ein Hund, der hinter einem her rennt und wenn ich dann einen habe, der sich um mich kümmert, der kann mich dann kaputt machen und ausnutzen. Wenn Sie mich treten, sage ich auch noch danke schön. Das sind einfach so die Folgen von meinem Onkel und von der Erziehung durch meine Eltern." (Interview Christmann)

Auch Frau Kunstmann glaubt, dass nicht das Heim, sondern das Verhalten ihrer Mutter sie sehr stark geprägt hat und dies ist ihr gar nicht recht. Manchmal sei sie erschrocken gewesen, wenn sie sich gehört habe und genauso geschrieen habe, wie die Mutter früher. Allerdings habe sie sich bemüht, ihre Kinder nicht so viel zu schlagen, wie sie geschlagen wurde. Sie habe immer nur gesagt: ‚Das nächste Mal knallt es.' Allerdings habe das auch Grenzen gehabt. Als sie das Gefühl hatte, von den Kindern nicht ernst genommen zu werden, hat sie sich im Recht gefühlt, auch zu schlagen:

> „Da kriegte ich mit, dass Michael sagte: ‚Denk dran, die Mama sagt immer, das nächste mal knallt es, aber knallen tut es trotzdem nicht.' (…) Da bin reingegangen und habe dem Michael ein paar hinter die Ohren gehauen. (lacht) ‚Was war das?' Da sage ich: ‚Das war für das nächste Mal.' (lacht)." (Interview Kunstmann)

Allerdings habe sie immer versucht, sich Grenzen zu setzen und nicht wie die eigene Mutter oder die Heimerzieherinnen sofort zuzuschlagen, sondern sich zunächst „abzureagieren". Dramatisch findet sie die Schläge, die sie selbst bekommen hat, für ihren eigenen weiteren Lebensverlauf trotzdem nicht. Trotz ihrer vielen blauen Flecke, die sie als Kind hatte, glaubt sie, dass diese keine tieferen Spuren hinterließen. Kinder könnten zum Glück „schnell auch vergessen":

> „Ich kann heute darüber reden, das macht mir nichts aus. Ich kenne andere, die können darüber gar nicht reden. Mir macht das nichts aus. Die Zeiten sind vorbei, was soll's." (Interview Kunstmann)

Zusammenfassend lässt sich sagen, dass eine Minderheit über direkte negative Folgen der Heimerziehung berichten, die vor allem im Bereich von Schamgefühlen, Gefühlen emotionaler Distanz zu anderen Menschen und in Angstzuständen bestanden. Im Fall von Frau Hennig könnten die Angstzustände tatsächlich eine Folge der sehr langen und schon früh beginnenden Heimerziehung sein, da sie seit ihrer Geburt im Heim aufgewachsen ist und selbst von typischen Hospitalismusschäden berichtet (gemeinsames Schaukeln der Kinder auf dem Töpfchen oder im Bett). Umso beeindruckender ist, dass sie die Kraft gefunden hat, nicht nur eine positive Beziehung zu ihrer Tochter und ihren Enkeln aufzubauen, sondern auch die Krise, die durch den Verlust ihres Arbeitsplatzes ausgelöst worden war, zu meistern.

10.2 Ratschläge für die heutige Heimerziehung aus Sicht der Befragten

10.2.1 Die Perspektive der ehemaligen Kinder und Jugendlichen

Sensibler Umgang mit seelisch und körperlich verletzten Kindern und Jugendlichen

Ohne zu zögern gaben die meisten der ehemaligen Kinder und Jugendlichen aus Heimen auch ihren Rat an heutige Heimerzieherinnen und Heimerzieher und Tipps für eine bessere Gestaltung der Jugendhilfe insgesamt.

Aufgrund ihrer eigenen Misshandlungsgeschichte fordert Frau Becker, dass man lieber ein Kind zu früh aus der Familie nehmen sollte, als zu spät. Sie glaubt, dass die psychischen Langzeitfolgen einer Misshandlung so schwer sind, dass es manchmal für die Kinder sogar besser wäre, wenn sie sterben würden, wie es auch oft passierte. Von den Erzieherinnen fordert sie Verständnis, Begleitung und einen besonders sensiblen Umgang mit misshandelten Kindern. Heimerziehung stehe und falle immer mit dem einzelnen Erzieher. Man müsse aber auch anerkennen, dass man an manche Kinder nicht herankommt, da man ein gewisses Alter haben müsse, um Erlebtes und Erlittenes überhaupt zu verarbeiten. Man sollte auf jeden Fall damit rechnen, dass misshandelte Kinder mit Gefühlen kämpfen müssen, die sie selbst nicht einsortieren könnten und dass sie oft selbst nicht wüssten, wie sie damit umgehe sollten.

Frau Christmann glaubt, dass ihr eine Therapie damals wahrscheinlich geholfen hätte, ihren Missbrauch zu verarbeiten und rät ganz dringend, die Sprachlosigkeit im Bereich der sexuellen Übergriffe zu überwinden. Man sollte den Betroffenen dabei helfen, ihre Erfahrungen auszusprechen und auch die Eltern mit in die Gespräche einbeziehen. Sie glaubt, dass vieles dadurch „kaputt geht", wenn man keine Therapie macht und ist stärker als Frau Becker auch davon überzeugt, dass es bereits kindgerechte Formen der Aufarbeitung traumatischer Erlebnisse gibt.

Kinder verstehen, ihnen zuhören und sie in den Arm nehmen

Ein weiterer Ratschlag von Seiten der ehemaligen Kinder bestand darin, dass Erzieherinnen besser zuhören, auch zwischen den Zeilen lesen und auf „nicht gesagte Worte" achten sollten:

> „Was ich auch im Kinderheim vermisst habe, das ‚Warum hast du das getan?' (…)
> Denn jedes Tun hat einen Sinn. (…) Die Erzieher – ich versteh das, die haben auch

alle ihre Arbeit, die haben auch alle ihre Probleme. Aber sie haben einen sehr verantwortungsvollen Beruf anderen gegenüber übernommen. Und die müssen bisschen mehr hinter die Kulissen kucken." (Interview Kunstmann)

Den meisten Kindern fehle Liebe und gerade bei kleinen Kindern sei es ganz wichtig, sie auch ab und zu in den Arm zu nehmen. Dieser Forderung würden sich viele der befragten ehemaligen Kinder anschließen, auch Frau Jost fällt zuerst ein, dass die körperliche Nähe, das Streicheln und Umarmen eine ganz wichtige Bedeutung hat. Und Frau Gerlach meint:

„Und vielleicht ein Kind öfter mal, wenn es, wenn es geht, – wenn das Kind nicht will, dann nicht -, aber öfter mal in Arm nehmen und einfach unter die Arme greifen. (3) Und viel mehr erklären. (….) Also als ein Kind, nicht wie eine Nummer …. Nicht nur essen, trinken, schlafen, sauber, satt, Ende." (Interview Gerlach)

Daneben findet sie es wichtig, genau hinzuhören und offen Fehler zuzugeben. Frau Kunstmann betonte auch die Notwendigkeit, sich zu überlegen, warum man eigentlich Erzieherin werden möchte. Dies findet auch Herr Isenburg und wünscht sich, dass es mehr Erzieher und Erzieherinnen geben sollte, die ihre Arbeit mit Liebe und mit Überzeugung machen, weil es kein Job wie jeder andere ist.

Mehr „Druck" ausüben – Grenzen setzen

Neben diesem Appell an ein besseres Verständnis kindlicher Bedürfnisse beurteilen einige der Befragten, die heutige Erziehung jedoch auch kritisch und fordern durchaus tendenziell eine Abkehr von den in ihren Augen zu liberalen heutigen Erziehungspraxen. Herr Isenburg wünscht sich so eine Einrichtung, wie die, in der er war, auch für heute, weil man dort die „Faust im Nacken" spürte, wenn man seine Ausbildung nicht fertig machen wollte. Und selbst Herr Fichtner, der früher so unter dem Druck der Erzieher gelitten hat, glaubt, dass heute zuwenig Druck auf Kinder und Jugendlichen ausgeübt wird. Frau Kunstmann findet, dass Kinder heute zu viel Rechte haben. Und obwohl sie darunter gelitten hat, dass man früher den Müttern zu früh die Kinder weggenommen habe, würde sie sich wünschen, dass das Jugendamt heute wieder härter durchgreift. Sie glaubt, hier müsse man einen Mittelweg finden.

10.2.2 Die Perspektive der ehemaligen Mitarbeiterinnen

Gemeinsam leben und Beziehung gestalten

Von Seiten der Erzieherinnen wird ebenfalls die hohe Bedeutung der pädagogischen Beziehung hervorgehoben. Auch Frau Hauptmann findet es wichtig, nachzuspüren, woran liegt es, dass ein Mensch sich in einer bestimmten Weise verhält. Und Frau Fuchs glaubt, dass durch persönlichen Kontakt viele Jugendliche beeinflusst werden können und man vielen bei der Aufarbeitung ihrer Lebenssituation helfen kann. Für besonders wichtig hält sie die Arbeit, die der Erzieher an sich selbst tun muss, um glaubwürdig zu bleiben und eine Beziehung zu den Kindern aufzubauen.

Frau Schreiner rät daher auch allen Menschen, die in der Heimerziehung tätig werden wollen, sich wirklich zu fragen, ob sie mit Kindern in einem gemeinsamen Lebensraum leben wollen. Für sie sei der gemeinsame Mittagstisch das allerwichtigste, man könne Kindern nicht einfach das Essen hinstellen oder befehlen das Zimmer aufzuräumen:

> „Nein, ich muss es zehnmal mit ihm zusammen machen. Dann kann ich sagen, jetzt hast du es gelernt, jetzt kannst du es alleine machen. Aber ein Kind in ein Chaos reinzuschicken oder ein Kind im Chaos schlafen zu lassen abends, das geht nicht." (Interview Schreiner)

Anders als die befragten ehemaligen Kinder glauben viele, dass gute pädagogische Beziehungen früher eher möglich waren und sehen das durch den heutigen Schichtdienst und Tatsache erschwert, dass Erzieherinnen und Kinder nicht mehr zusammenwohnen.

Mehr Grenzen setzen

Obwohl alle befragten Mitarbeiterinnen eindeutig die geschlossene Unterbringung nicht wieder haben möchten, melden doch einige Zweifel an, ob es eine befriedigende Alternative dazu gibt:

> „Ich denke, dann hört man solche Berichte, die man heute im Fernsehen sieht, wo die halt auf der Straße leben und in der Prostitution eben sind oder landen, was wir eigentlich eben verhindern wollten. Was man heute, ich finde besser machen könnte und davon lernen könnte, fände ich auch mal, ist einfach, dass man doch wieder lernt, doch mehr Grenzen zu setzen heute. Dass die Jugendlichen einfach lernen, dass sie nicht nur alleine auf der Welt sind, sondern dass wirklich, dass in einer Ge-

meinschaft leben lernen, das war nicht negativ. (…) Man hat gelernt, auf andere Rücksicht zu nehmen, man hat gelernt, miteinander umzugehen, Sachen auszudiskutieren ….." (Interview Hauptmann)

Insgesamt beurteilen viele der befragten ehemaligen Mitarbeiterinnen die frühere Heimerziehung als zu „eng" oder zu „streng", aber in einigen Punkten auch besser als die heutige. Manche bedauern sogar, dass man bestimmte Dinge (die nicht näher ausgeführt werden) nicht mehr machen könne, weil es keiner mehr verstehen würde und „weil die Zeit halt eine andere ist und es auch nicht mehr erlaubt ist, dass man so was macht." (Interview Fuchs).

Orientierung und therapeutische Hilfen bieten, Kinder als Subjekte ernstnehmen

Nur zwei der befragten Mitarbeiterinnen gaben an, was ihnen heute besser gefällt: Frau Heinemann nannte die therapeutische Ausrichtung heutiger Heimerziehung und dass man nicht mehr von Verhaltensauffälligkeiten spreche, sondern von „Störungsbildern". Allerdings seien diese Störungen heute meistens schlimmer als früher.

Frau Hahnemann sagte, heute sei die Heimerziehung eindeutig besser, weil es kleinere Gruppen und ausgebildetes Personal, darüber hinaus auch mehr Zeit für einen „Austausch über einzelne Kinder" gebe. Auch sei gut, dass Säuglinge nicht mehr ins Heim kämen, sondern in Pflegefamilien und es sei eindeutig besser, dass die Kinder heute nicht mehr wie „Objekte" behandelt werden. Sie glaubt allerdings wie auch Frau Heinemann, dass heute die Kinder aus noch problematischeren Familien und Situationen kommen als früher und dass Kindesmisshandlung und Missbrauch zugenommen hat. Allerdings ist dies nur eine Vermutung, denn damals wurde man aus Prinzip nicht über die Familiensituation informiert.

Zusammenfassend kann man sagen, dass die ehemaligen Mitarbeiterinnen die strukturellen Veränderungen in der Heimerziehung würdigten und aus beiden Gruppen die heutige Tendenz zu einer therapeutischen Orientierung in der Heimerziehung positiv beurteilt wurde. Ebenfalls in beiden Gruppen und ohne Ausnahme wurde die ehemalige geschlossene Unterbringung verurteilt und geraten, diese nicht wieder einzuführen. Aus beiden Gruppen kamen aber auch einzelne Forderungen nach mehr Grenzsetzungen in der heutigen Jugendhilfe.

10.3 Diskussion der Ergebnisse

Wenn wir die Lebens- und Berufserinnerungen der im Rahmen dieser Studie befragten ehemaligen Kinder, Jugendlichen und Mitarbeiterinnen mit den Interviews vergleichen, die Peter Wensierski in seinem Buch „Schläge im Namen des Herrn" durchgeführt hat, so besteht ein wesentlicher Unterschied einerseits in der Darstellung der Unterbringungsgründe, die von Wensierski im Wesentlichen in ordnungspolitischen Absichten der Jugendämter gesehen wurden und in der Konzentration seiner Darstellung auf Misshandlungserfahrungen. Die These, dass Heimerziehung vor allem durch nicht zu rechtfertigende Unterbringungsgründe und ausschließlich durch Misshandlungssituationen gekennzeichnet war, lässt sich mit Blick auf die hier vorgelegten Interviews nicht bestätigen. Wohl aber wurde deutlich, dass Schläge, Strafen und ein unpersönlicher Umgang für die Mehrheit eine alltägliche Erfahrung war. Interessant ist aber, dass trotz der beschriebenen negativen Folgen auf das Selbstwertgefühl der ehemaligen Kinder, viele der Meinung waren, dass es ihnen ohne die Heimerziehung schlechter gegangen wäre. Manche glaubten sogar, dass sie ihnen geholfen hat, sich gesellschaftlich zu integrieren, besonders durch ein gute Ausbildung. Da die vorliegenden Interviews sowenig wie die Interviews von Wensierski repräsentativ sind, soll hier noch ein Vergleich mit anderen bisher vorliegen Ergebnissen wissenschaftlicher Forschungen erfolgen.

Für einen direkten Vergleich bietet sich vor allem die 2002 erschienene Dissertation von Annette Lützke an, in der 133 Fürsorgeerziehungsakten des Landesjugendamtes Rheinland und 40 Personenakten des evangelischen Dorotheenheimes in Düsseldorf ausgewertet wurden. Die Akten betrafen Mädchen, die in den 50er und 60er Jahren in Fürsorgeerziehungsanstalten untergebracht waren. Diese Aktenstudien ergänzte Lützke um neun biographische Interviews mit Frauen, deren Akten sie studiert hatte.

Lützke kam ähnlich wie in der hier vorliegenden Studie zu dem Ergebnis, dass die meisten Frauen heute ihren früheren Heimaufenthalt differenziert betrachten und neben den negativen Erinnerungen auch positive äußerten. Allerdings habe bei den meisten die negative Tendenz überwogen, was vor allem das Gefühl des Eingesperrt-Seins betraf. Positiv erinnerten die meisten die schulische Förderung und die hauswirtschaftliche Ausbildung, ebenso die Tatsache, dass sie im Heim einen Schutzraum vor sexuellen Übergriffen von Vätern oder Stiefvätern fanden. Im Vordergrund vieler Erinnerungen in den neun Interviews stand das Gefühl, schuldlos in einer Art Gefängnis gelandet zu sein. Daneben erinnerten sich nur wenige an Strafen wie Arrest. An Körperstrafen erinnerte sich nur eine Befragte, die einmal eine Ohrfeige bekam, weil sie einen Strumpf falsch gestopft hatte. Die Nonnen und Schwestern wurden manchmal als freundliche, oft aber auch als distanzierte, in keinem Fall aber als gewalttätig oder bösartig erinnert. Auch die befragten Frauen bei Lützke hatten vor ihrer Heimerziehung meist negative Erfahrungen (Misshandlungen, Vernachlässigung, Missbrauch) in ihrer Herkunftsfamilie gemacht (Lützke 2002, S. 284ff.).

2007 erschien die Dissertation von Julia Fontana, in der Interviews mit sechs Frauen ausgewertet werden, welche in der Studie von Pongratz/Hübner fast 50 Jahre zuvor bereits einmal untersucht worden waren. Fontana suchte die zwischen 1931 und 1934 geborenen Frauen erneut auf und fragte neben ihrer Lebensgeschichte auch nach dem subjektiven Erleben der damaligen Fürsorgeerziehung, die zum Teil noch vor 1945, vorwiegend aber in den 50er Jahren stattgefunden hatte. Drei der sechs Befragten erinnerten die Heimerziehung positiv, zwei davon begründeten dies damit, dass sie dort besser versorgt und behandelt wurden als zuhause. Auch fanden sie gute Betreuerinnen und konnten soziale Kompetenzen entwickeln. Nur zwei Befragte erinnerten die Zeit im Heim vorwiegend negativ, eine äußerte sich nicht (Fontana 2007, S. 243ff.).

Leider ist bisher keine Forschungsarbeit mit Interviews erwachsener Männer zu ihren Erinnerungen an die frühere Heimerziehung erschienen. Die beiden Interviews mit Männern in meiner Untersuchung legen nahe, dass hier möglicherweise andere Erlebisse im Vordergrund standen und Gewalt sowie sexuelle Übergriffe untereinander und von Seiten der Erzieher eine stärkere Rolle spielten. Es liegt die Vermutung nahe, dass Schläge im Jugendalter geschlechtsspezifisch unterschiedlich verteilt wurden und dass die Gewalt, die Mädchen erfuhren in den 50er und 60er Jahren stärker auf der psychischen und strukturellen Ebene lag, also vor allem im Einsperren und in der Abwertung als „sexuell verwahrloste" Mädchen.

Zusammenfassend kann – unterstützt durch die oben ausgeführten Studien – die Hypothese vertreten werden, dass weder behauptet werden kann, die Heimerziehung damals habe grundsätzlich und systematisch Kinder misshandelt, wie es u.a. der „Verein ehemaliger Heimkinder" tut, noch dass eine große Zahl positive Erfahrungen hat, wie kirchliche Vertreter in einem FOCUS-Artikel vom 13.8.07 behaupteten. Die Wahrheit scheint eher in der Mitte zu liegen. Die Erziehungsmethoden, vor allem die Strafpraxen, müssen heute eindeutig als Misshandlungen verurteilt werden, auch wenn sie von vielen betroffenen nicht so gedeutet wurden. Interessanterweise gab es gerade in der Beurteilung der damaligen pädagogischen Maßnahmen sowohl in der Gruppe der ehemaligen Erzieherinnen wie in der Gruppe der ehemaligen „Heimkinder" sowohl Kritik als auch Rechtfertigung.

Der These, dass die Praxis der damaligen Heimerziehung durch eine menschenunwürdige Erziehung charakterisiert werden kann, würden sich immerhin vier Fünftel der befragten ehemaligen Kinder aus dem Heim und ein Drittel der befragten ehemaligen Mitarbeiterinnen anschließen.

Andererseits muss anerkannt werden, dass die Heime damals unter materiellen und personellen Mängeln zu leiden hatten, die nicht von den Trägern der Jugendhilfe zu verantworten waren, sondern allgemeine gesellschaftliche Ursachen hatten. Die Diakonissen, Nonnen und Erzieherinnen mussten damals Tag und Nacht für eine Gruppe von 20 bis 30 Kindern zum Teil alleine da sein und waren oftmals überfordert. Viel wichtiger als eine nachträgliche Klärung von Schuldfragen, die im Übrigen auch die in der Studie befragten ehemaligen Kinder und Jugendlichen aus den Heimen nicht besonders interessierte, ist die Frage, wie man den Menschen, die manchmal noch heute an den Folgen ihrer schweren Kindheitserfahrungen leiden, helfen kann. Dabei stand nicht einmal der Heimaufenthalt bei allen im Vordergrund, sondern auch die von den Eltern oder Verwandten erlittenen Vernachlässigungen, Misshandlungen oder in einem Fall auch ein Missbrauch (vgl. Kapitel 11.3 und 11.4).

11 Aus Geschichte lernen: Folgerungen für die heutige Praxis

„Ein Kind ist klein, sein Gewicht ist gering, es ist nicht viel von ihm zu sehen. Wir müssen uns schon zu ihm hinunterneigen. Und was noch schlimmer ist, das Kind ist schwach. Wir können es hochheben, in die Luft werfen ... wir können all sein Bemühen vereiteln. (...) Dies Gefühl der Ohnmacht erzieht zum Glauben an die physische Kraft; nicht nur der Erwachsene, sondern jeder, der älter und stärker ist, kann ... seine Forderung mit Gewalt durchsetzen ..." (Korczak 1988, S. 8)

Was können wir heute aus den in den Interviews angesprochenen Erlebnissen und Erfahrungen lernen? Im Folgenden sollen vier Bereiche angesprochen werden, in denen eine Antwort auf diese Frage möglich ist. Zum ersten geht es um die Forderung, Gewalt als immanentes Problem der Heimerziehung zu thematisieren und zu enttabuisieren. Zum zweiten geht es darum, Rechte von Kindern festzuschreiben und Methoden zu überlegen, wie die Einhaltung dieser Rechte gesichert und geprüft werden kann. Zum dritten geht es um die Frage, wie verhindert werden kann, dass ehemalige Kinder und Jugendliche aus Heimen nicht erneut stigmatisiert werden und schließlich zum vierten darum, einen angemessenen Umgang mit Entschuldigungs- und Entschädigungsforderungen zu finden.

11.1 Enttabuisierung des Themas: Macht, Gewalt und Heimerziehung

Ein wichtiges und bis heute relevantes Thema im Bereich der Erziehung und besonders der Heimerziehung stellt die Frage dar, wie erziehungsberechtigte Erwachsene mit der Macht umgehen, die sie über die ihnen anvertrauten Kinder haben. Zwar hat ein Mensch, der ernsthaft versucht, Kinder zu erziehen, das Recht und zugleich die Pflicht, die Macht, die er oder sie über ein Kind hat, zu gebrauchen. Er muss sie gebrauchen zum Schutz des Kindes vor Gefahren aber auch, um das Kind zu „zivilisieren", um ihm die Spielregeln der Gesellschaft beizubringen. Frau Hennig drückte dies mit den einfachen Worten aus, dass man versucht hat ihr beizubringen, dass man nicht lügen und nicht stehlen darf. Aber zugleich ist die Macht der Erwachsenen eine ständige Versuchung, diese für eigene Interessen zu missbrauchen, sei es nur das Interesse seine eigenen Bedürfnisse nach Bestätigung zu befriedigen oder auch – im schlimmsten Fall – seine Aggressionen zu entladen.

Kinder sind anders als sie uns in romantischen Vorstellungen von Rousseau bis zu manchen Vertretern der Reformpädagogik oder der antiautoritären Erziehung begegnen. Sie sind von Natur aus nicht gut, aber auch nicht schlecht, sind weder bessere noch schlechtere Menschen als die Erwachsenen. Vor allem sind sie in der Regel nicht begeistert von Grenzsetzungen und nicht dankbar für Belehrungen. Kinder sind im Entwicklungsprozess einem Wechselbad von Gefühlen ausgeliefert, weil sie erst noch lernen müssen, sich selbst zu beherrschen. Kleine Kinder reflektieren nicht, ob sie einem anderen Kind das begehrte Spielzeug entreißen dürfen, sie tun es einfach. Sie sind noch nicht in der Lage, sich überhaupt in die Perspektive anderer einzudenken (vgl. Piaget 2003), weshalb einmalige moralische Belehrungen in der Regel nicht fruchten. Kinder sind widerständig. Kinder lügen und stehlen. Das ist normal, denn sie müssen die Erfahrung machen können, wie es ist, Regeln zu überschreiten. Erst in diesem Prozess lernen sie, diese zu verinnerlichen. Von dem polnischen Arzt und Pädagogen Janus Korczak kann man lernen, dass die Empörung, die die Erwachsenen oft angesichts des unmoralischen Verhaltens von Kindern und Jugendlichen an den Tag legen, in der Erziehung fehl am Platz ist. Einem Kind, das sich zu oft mit anderen prügelte, gab er die Aufgabe, zu versuchen, es statt dreimal nur zweimal in der Woche zu tun. Mit dieser entspannten Haltung abweichendem, kindlichen Verhalten gegenüber lassen sich viele Erziehungskonflikte besser ertragen.

Wenn Kinder nicht einfach tatenlos zusehen, wie ihre Freiheit von Erwachsenen beschnitten wird, wenn sie sich durchsetzen wollen, um länger draußen zu spielen, länger aufzubleiben, die Hausaufgaben hinauszuschieben oder nachlässig zu machen, dann setzt diese Widerständigkeit in der erziehenden Person Aggressionen frei. Wenn diese Aggressionen nicht kontrolliert werden, dann kann aus dem Machtverhältnis, das die Erziehung darstellt, ein Gewaltverhältnis werden, in dem der Mächtigere den Schwachen unterwirft und seine Macht missbraucht. Leider ist vielen Erziehenden nicht bewusst, dass viele ihrer Erziehungsmethoden nicht Ausdruck eines verantwortlichen und fürsorglichen Verhaltens sind, sondern dass sie von oftmals unbewussten Aggressionen gespeist werden.

Zu den traurigsten Kapiteln der Erziehungsgeschichte gehört die Erfindung von brutalen Straf- und Disziplinierungsritualen, die nicht der Erziehung und nicht einmal hauptsächlich der Disziplinierung dienten, sondern den Erwachsenen einen Kanal zur Abfuhr eigener aggressiver Triebe öffnete. Auch die Erziehungspraxis der 1950/60er Jahre ist noch von dieser „schwarzen Pädagogik" geprägt, deren Ursprung die bürgerliche Gesellschaft des 19. Jahrhunderts darstellt (Rutschky 2001). Wir sollten allerdings nicht zu sicher sein, dass diese Phase endgültig überwunden ist, denn die Popularität von „Boot Camps" weist darauf hin, dass noch immer (oder wieder) eine gesellschaftliche Tendenz herrscht, sich an einer öffentlich zur Schau gestellten Unterwerfung von widerspenstigen Kindern und Jugendlichen zu erfreuen.

Dass Erwachsene ein Recht haben, Kinder mit Gewalt zu erziehen, dass Klapse nicht schaden und dass Ohrfeigen oder auch die berühmte Tracht Prügel ein legitimes Mittel der Grenzsetzungen sind, von dieser Vorstellung hat man sich offiziell erst seit den 1970er Jahren verabschiedet und erst seit dem Jahr 2000 haben Kinder auch in Deutschland ein Recht auf gewaltfreie Erziehung (vgl. Kapitel 11.2). Dass dieses Recht von Erziehenden höchste Selbstdisziplin erfordert, die man – steht man allein vor dieser Aufgabe – emotional oft kaum bewältigen kann, ist eine Ursache dafür, dass viele Erwachsene vor dieser Aufgabe einer gewaltfreien Grenzsetzung im Erziehungsprozess die Waffen strecken und entweder auf Kinder oder auf deren Erziehung verzichten.

Wenn wir Erziehung als ein Machtverhältnis sehen, das latent auch in ein Gewaltverhältnis umschlagen kann, zumal wenn Kinder sich als widerständiger erweisen, als der Erwachsene emotional verkraften kann, dann bedeutet diese Tatsache für die Heimerziehung eine noch verschärfte Herausforderung. Einerseits, weil Erzieherinnen im Heim nicht auf gewachsene Beziehungen zu den Kindern zurückgreifen können und damit einer wichtigen Grundlage entbehren, auf welcher Kinder Grenzsetzungen besser ertragen und verarbeiten können. Andererseits, weil die Heimerziehung damals wie heute mit Kindern zu tun hat, die aufgrund von oft traumatischen Erlebnissen, widerständiger sind, als andere Kinder. Das Thema des Gewaltmissbrauchs und des richtigen Umgangs mit Gewalt zieht sich durch die Geschichte der Heimerziehung wie ein roter Faden. Schon Wichern erörterte seitenlang, warum man zwar auf körperliche Strafen nicht verzichten könne, warum man aber diese auch genau kontrollieren müsse (vgl. Wichern 1979, S. 281ff.). Der russische Pädagoge Makarenko, der mit Jungen arbeitete, die zuvor lange auf der Straße gelebt hatten, stellte zu seinem eigenen Erstaunen fest, dass er nach einer Ohrfeige, die er dem Anführer der ehemaligen Straßenbande gab, plötzlich in seinem pädagogischen Bemühen von diesem unterstützt wurde (Makarenko 1980, S. 46ff.).

Und Bruno Bettelheim, der mit seiner „Orthogenic School" und seinem psychoanalytischen Ansatz einen wichtigen Beitrag zum Verstehen von Verhaltensauffälligkeiten und zum gewaltfreien Umgang mit ihnen geleistet hat, soll selber Kinder geschlagen haben. Er habe dies gegenüber seinen Mitarbeitern kommentiert mit den Worten: „Do as I say, not as I do." (vgl. Krumenacker 1998)

Wenn wir ernst nehmen unter welcher emotionalen Anspannung die Mitarbeiterinnen in Heimen bis heute stehen, dann geht es weniger darum, sich zu empören, dass unbeherrschte Momente zu Ohrfeigen führen können, als darum zu überlegen, unter welchen Arbeits- und Ausbildungsbedingungen Heimerziehung ein gewaltfreies Erziehen möglich machen, bzw. garantieren kann. Diese Bedingungen waren sicher in den 50er und 60er Jahren nicht ausreichend gegeben und sind heute wieder stark in Frage gestellt. Es gehört ein hoher Personalschlüssel, ein hohes Qualifikationsniveau und eine hohe Selbstreflexivität der Erziehungspersonen dazu, wie sie nur durch eine regelmäßige Supervision und eine fachliche und unterstützende Heimleitung gewährleistet werden kann. Nur so kann die notwendige emotionale Entlastung dieser hochbelastenden Arbeit garantiert werden.

Leider ist die Heimerziehung ein Arbeits- und Berufsfeld, in dem anders als in Schulen oder Krankenhäusern, vor allem Berufsanfängerinnen arbeiten, da es nach wie vor finanziell und von den Arbeitsbedingungen her für ein längeres Berufsleben wenig attraktiv ist. Es gibt zuwenig „Profis" mit langjähriger Erfahrung in der Alltagsgestaltung und der Konfliktbewältigung mit Kindern. Immer öfter kommt es daher in jüngster Zeit in Heimeinrichtungen zu gewalttätigen Übergriffen von Jugendlichen auf Erzieherinnen. Es scheint, dass die Gewalt, welche durch ein konfliktträchtiges Miteinander im Heim entstehen kann, sich heute gegen die Betreuerinnen wendet, als Kehrseite der Medaille. Diese Situation macht den Ruf nach „altbewährten" Methoden der Heimerziehung vom „Isolierzimmer" bis zur Geschlossenen Unterbringung und zu rigiden Straf- und Belohnungssystemen lauter. Zur Einsicht aber, dass solche Methoden nicht tauglich sind, *dass man so keine Menschen erzieht*, hat hoffentlich diese Studie beigetragen.

Die oben ausgeführten Überlegungen zu der latenten Gefahr eines Machtmissbrauchs in der Erziehung meinen nicht, dass die Erziehenden nicht eine Art „Notwehrrecht" hätten, aus dem heraus, eine zeitweise Isolierung, wie auch Tokenlisten (Belohnungssysteme) zu rechtfertigen sind.

In einigen Schulen mit vielen sozialen Problemen werden heute sogenannte „Trainingsräume" eingerichtet, in die Schüler bei wiederholten Unterrichtsstörungen geschickt werden, um dort mit Hilfe eines Lehrers oder Sozialpädagogen Vorschläge für ein konstruktiveres Verhalten zu überlegen. Ist dies als Rückkehr zu einer wegschließenden Pädagogik zu verstehen, wie sie von den Befragten dieser Studie so einhellig kritisiert wurde (vgl. 9.2.1)?

In einer retrospektiven Befragung von jungen Erwachsenen, die als Kinder in den 90er Jahren im Rahmen einer Erziehungshilfemaßnahme kurzfristig bei gewalttätigem Verhalten in solche Räume zum „Abkühlen" hineingebracht worden waren, erschienen diese Räume nicht als Gefängnis oder „Gummizelle", sondern durchaus als hilfreiche und nicht beängstigende Maßnahmen (vgl. Kuhlmann 2007) .Wie ist dieser Unterschied in der Bewertung zu erklären?

Meines Erachtens kommt es hierbei sehr auf die Bedingungen, die Dauer, die Begleitung und die Anlässe der Isolierung von Kindern in einen besonderen

Raum an. Die Anlässe waren in den 50er und vor allem 60er Jahren Weglaufen und Arbeitsverweigerung, seltener aggressives Verhalten; auch war die Isolierung nie mit einem Beziehungsangebot verknüpft. Darüber hinaus muss deutlich beachtet werden, dass das Einsperren in den 50er und 60er Jahren in dem pädagogischen Gesamtkontext einer zu starken Reglementierung kindlichen und jugendlichen Verhaltens stand, während heute viele Kinder und Jugendliche zuwenig Grenzsetzungen durch fürsorgliche Erwachsene erfahren und Konsequenzen für ihr nicht angemessenes Verhalten im Nachhinein offenbar sogar dankbar registrieren (vgl. dazu auch den autobiographisch beeinflussten Roman „Heim" von Günter 2004, in dem die heutigen Heimerzieher von der Autorin verurteilt werden, vor allem wegen der von ihr als Ausdruck von Gleichgültigkeit erlebten Inkonsequenz und Passivität). Trotz dieser Differenzen müssen Räume, in die Kinder und Jugendliche bei nicht gewünschtem Verhalten ausgesondert werden, immer daraufhin überprüft und beobachtet werden, ob sie nicht doch als „Strafzimmer" erlebt und missbraucht werden (vgl. dazu auch Balz 2006; für die stationäre Jugendhilfe: Schumacher 1998). Ein wichtiger Faktor scheint hier die Anwesenheit einer Bezugsperson in dem Raum selbst zu sein (vgl. auch Redl/Wineman 1982, S. 89ff.).

„Time-out" – Räume wie auch Belohnungssysteme sind nur dann taugliche Erziehungsmethoden, wenn das Kind eine emotionale Bindung an die Erziehungsperson aufgebaut hat (und umgekehrt) und wenn sie nur im Notfall gebraucht werden. Strafen sind allgemein für die Erziehung von Kindern und Jugendlichen untauglich und unproduktiv, Grenzen auf einem anderen Weg zu setzen ist zwar schwerer, aber im Sinne einer partnerschaftlichen, demokratischen und gewaltfreien Erziehung geboten und auch möglich (vgl. Dreikurs/Grey 2000; Hokanen-Schobert 2002; zum gewaltfreien Umgang mit „schwierigen" Jugendlichen: Schlippe/Omer 2002).

11.2 Zur Notwendigkeit festgeschriebener Kinderrechte

Ein zweiter wesentlicher Aspekt bei dem Versuch, eine bessere Heimerziehung zu gewährleisten, als sie vor vierzig Jahren existierte, ist die Anerkennung grundlegender Menschenrechte von Kindern. Kinder haben ein Recht auf körperliche Unversehrtheit, ein Recht auf Bildung, auf Schutz und Zuwendung, auch auf eine Privatsphäre. Dazu gehören auch Geheimnisse – vor allem wenn sie in Briefen an Eltern oder Freunde stehen. Die meisten dieser Rechte sind in der damaligen Heimerziehung missachtet worden. Kinder waren und fühlten sich rechtlos. In dieser Beziehung hat sich in den letzten Jahren rein formal sehr viel verändert. Am deutlichsten wird dies am Recht auf gewaltfreie Erziehung.

Dieses Recht hat einen sehr langen Weg hinter sich, der ein deutliches Licht auf die sich wandelnden Vorstellungen vom Elternrecht wirft. Im Jahr 1900 war im Bürgerlichen Gesetzbuch (BGB) die Tradition und die bisherige Rechtslage bestätigt worden, dass der Vater „kraft des Erziehungsrechtes angemessene Zuchtmittel gegen das Kind anwenden" darf.[1] Zwar waren Misshandlungen, die ernsthafte Verletzungen nach sich zogen, schon im 19. Jahrhundert verboten worden, aber Körperstrafen mit kurzfristigen Folgen gehörten nicht dazu. Das Recht der „väterlichen Zucht" umfasste auch das Züchtigungsrecht eines Lehrherren gegenüber den Lehrlingen (§ 127a der Gewerbeordnung), das allerdings bereits 1951 abgeschafft wurde. Auch das elterliche Züchtigungsrecht wurde als „Recht" bereits offiziell 1957 abgeschafft, andererseits wurden Klapse, Ohrfeigen oder Schläge noch nicht ausdrücklich verboten und wurden als „Gewohnheitsrecht" toleriert.

In der Gerichtspraxis wurde Eltern daher weiterhin das Züchtigungsrecht eingeräumt. Kinder galten als rechtlose Personen, auf die das Grundgesetz nicht angewandt wurde. Dies änderte sich erst durch eine Entscheidung des Bundesverfassungsgerichtes 1968, die klarstellte, dass das Elternrecht nicht das Recht *am* Kind, sondern allein die Verpflichtung zur Elternverantwortung *für* das Kind bedeutet. Geben Eltern ihren Kindern nicht den Schutz, die Hilfe und die Erziehung, die sie brauchen, haben nach diesem Entscheid die Kinder einen eigenen Anspruch auf Hilfe vom Staat. Damit wurde das Kind als Träger eines eigenen Rechtes auf Entfaltung der Persönlichkeit anerkannt. Die im Grundgesetz verankerten Rechte, besonders das Recht auf Achtung seiner Menschenwürde und seiner Menschenrechte gehören ebenfalls dazu (Bundesverfassungsgericht: BVerfGE 24, 119, 144, vgl. http://www.servat.unibe.ch/law/dfr/bv 024119.html. 7.11.07).

Erst in den 1970er Jahren wurde ein ausdrückliches Gewaltverbot diskutiert. 1973 verbot erstmals ein Bundesgesetz Körperstrafen in der Schule (dies war in der DDR bereits seit 1949 verboten und in einigen Bundesländern war es bereits ebenfalls verboten, bzw. eingeschränkt).

Ab 1979 hieß es im § 1631 BGB nicht mehr „elterliche Gewalt", sondern „elterliche Sorge". 1989 wurde von den Vereinten Nationen (UN) die sogenannte „Kinderrechtskonvention" verabschiedet und bis heute von 192 Staaten der Welt unterschrieben. Diese Staaten erkannten damit Kindern grundlegende Rechte auf Bildung und Beteiligung sowie einen Schutz vor Ausbeutung zu. Für unseren Zusammenhang ist besonders wichtig, dass hier auch das Recht auf eine gewaltfreie Erziehung nachdrücklich festgehalten wurde. Nachdem die Bundesrepublik

---

[1] Körperliche Züchtigungen waren im 19. Jahrhundert noch eine gängige Strafpraxis – nicht nur bei Kindern. Bis 1900 hatte der Ehemann noch das Recht seine Ehefrau zu züchtigen, auch Züchtigungen von Lehrlingen und Hausangestellten waren erst im Laufe des 19. Jahrhunderts verboten worden, bis 1923 war die Prügelstrafe bei Strafgefangenen erlaubt.

Deutschland 1992 diese Konvention unterzeichnet hatte, musste auch im deutschen Recht dieses Gebot einer gewaltfreien Erziehung verankert werden. Zunächst wurde 1998 der § 1631 Abs. 2 BGB, der frühere „Züchtigungsparagraph" umgeändert. Dort hieß es nun:

> „Entwürdigende Erziehungsmaßnahmen, insbesondere körperliche und seelische Misshandlungen sind unzulässig."

Allerdings war damit die Züchtigung noch nicht ausdrücklich verboten; dies erfolgte erst im November 2000 mit dem „Gesetz zur Ächtung der Gewalt in der Erziehung", mit dem der §1631 Abs. 2 BGB erneut verändert wurde und die heute gültige, folgende Formulierung erhielt:

> „Kinder haben ein Recht auf gewaltfreie Erziehung. Körperliche Bestrafungen, seelische Verletzungen und andere entwürdigende Maßnahmen sind unzulässig."

Das Gesetz fordert darüber hinaus Respekt und Fürsorge von den Erziehungsberechtigten (vgl. Bundesgesetzblatt Teil I 2000, Nr. 48, 7.11.2000, S. 1479; zu den Auswirkungen des Gesetzes Bussmann 2002; Bundesministerium der Justiz 2005). Seitdem gilt auch mit der Übertragung der elterlichen Sorge auf ein Heim der Rechtsanspruch des Kindes auf gewaltfreie Erziehung in dieser Einrichtung.

Um zu verhindern, dass Kinderrechte auch heute missachtet werden, müssen Kinder frühzeitig über ihre Rechte aufgeklärt werden. Jugendämter und Einrichtungen der Erziehungshilfe sind hier besonders in die Pflicht zu nehmen, entsprechende Informationen in kindgerechter Form an die Kinder zu geben. Beispielhaft für eine Bemühung in diese Richtung stehen Broschüren von Kinderschutzorganisationen, vom Bund oder kürzlich vom Westdeutschen Rundfunk, die alle das Bemühen eint, Kinder über ihre Rechte, besonders ihre Beteiligungsrechte und über das Recht auf gewaltfreie Erziehung aufzuklären (vgl. z.B. über das Gesetz zur Ächtung der Gewalt in der Erziehung vom November 2000, http://www.bmj.de/publikationen. 11.12.07).

In den heutigen Heimen muss dafür Sorge getragen werden, dass die Kinder und Jugendlichen einen Ort haben, an dem sie sich über gewalttätiges oder diskriminierendes Verhalten von Erziehern beschweren können. Auch gibt es viele positive Beispiele für zunehmende Beteiligung von Kinder und Jugendlichen in Form von Heimräten (vgl. dazu Blandow 1999).

Die Forderung nach verbrieften Grundrechten von Kindern ist von pädagogischer Seite um ein Recht auf einen den Kindern angemessenen Umgang zu ergänzen. Richtungweisend hierfür ist die von Janus Korczak bereits 1911 geforderte „Magna Charta" der Kinderrechte, in denen Korczak eine Verteidigung der Kinder gegenüber den häufigsten Erziehungsfehlern der Eltern vornahm und vor allem das „Recht auf Achtung" einforderte. Achtung vor der Wissbegierde und den starken Gefühlen der Kinder, vor ihrem Eigentum, vor der schweren Arbeit des Wachsens und vor den Bedürfnissen des Augenblicks (Korczak 1988, S. 26f.). In Korczaks Augen drückte sich das Recht Achtung vor der kindlichen Persönlichkeit vor allem darin aus, ob man als Kind so sein darf, wie man ist. Korczak fordert, man soll dem Kind erlauben, unvollkommen zu sein und mittelmäßig. Das Kind hat ein Recht so zu sein, wie auch erwachsene Menschen oft sind: manchmal launisch, aggressiv, eigensüchtig oder aufbrausend. Ein jedes Kind verdient Achtung dafür wie es ist, nicht dafür wie es sein soll, denn es ist bereits ein Mensch und wird nicht erst einer. Daher hat nach Korczak auch kein Erwachsener das Recht, Kindern einen Gott, ein Vaterland oder Menschenliebe „aufzuzwingen" (Korczak 1988, S. 29; 1992, S. 59). Andererseits sollten Erzieher ihnen aber Werte wie Wahrheit und Gerechtigkeit vorleben und nahe bringen, denn dass sich diese von selbst entwickeln, glaubte Korczak nicht.

Das zweite wichtige Recht, das Erwachsene nach Korczak oft missachten, ist das „Recht auf den heutigen Tag". Man soll anerkennen, dass die Kindheit nicht eine bloße Vorbereitung auf das eigentliche, das erwachsene Leben ist, sondern eine eigenständige, vollwertige Lebensphase. Man darf die Tage der Kindheit nicht opfern mit der Begründung, diese Opfer seien notwendig, damit es ein Kind „später" eventuell besser hat. Gerade Kinder leben sehr stark im Hier und Jetzt und sie haben ein Recht, ihren Tag auch nach eigenem Willen zu gestalten. Nur so ist es möglich, das hinter diesem Recht liegende „Recht auf eine glückliche Kindheit" zu verwirklichen.

Das Recht auf das eigene Leben denkt Korczak konsequent zu Ende in dem dritten Recht, dem „auf den eigenen Tod". Korczak ist es hier um die Einstellung zu tun, dass das Kind nicht den Eltern oder Erziehern „gehört", dass sie nicht Kinder zwingen sollten, in einer lebensfeindliche Umwelt zu leben, in Kinderzimmern, die aussehen wie ein „Operationssaal" oder in „blankgefegten" Gärten. Korczak befürchtet, dass wir das Kind aus Furcht vor dem Tod zu oft dem Leben entziehen (Korczak 1992, S. 44).

Da Korczak selbst in einem Heim als Leiter tätig war, entspringen diese Prinzipien nicht nur seiner Gedankenwelt, er hat sie auch durch ein System von Mitbestimmungsmöglichkeiten in die Praxis umgesetzt. Die Kinder gaben sich in seinem Heim selbst eine Verfassung und überprüften die Einhaltung durch ein Kameradschaftsgericht. Wie weit er damit der Erziehungspraxis in den anderen Heimen im In- und Ausland voraus war – ja heute noch voraus ist, kann man auch auf dem Hintergrund der Erzählungen dieser Studie ermessen.

11.3 Gegen eine lebenslange Stigmatisierung ehemaliger „Heimkinder": Es ist nie zu spät, eine glückliche Kindheit zu haben

Der dritte Lerneffekt, den die Beschäftigung mit der Geschichte der Heimerziehung haben kann, ergibt sich aus den Erfahrungen einer lebenslangen Stigmatisierung der ehemaligen Kinder und Jugendlichen in Heimen. Viele trauen sich bis heute nicht, ihre Vergangenheit zu erzählen. Die Scham über die eigene Familiengeschichte, über Missbrauch und Misshandlung, die uneheliche Geburt und den Heimaufenthalt treibt viele in ein Verschweigen der Vergangenheit. Ich war sehr überrascht, wie häufig ich den Satz hörte, dass ich erste bin, ja die einzige sein werde, der man dieses oder jenes erzählte. Vielen wurde übel oder sie bekamen Weinkrämpfe, wenn sie anderen von der Zeit erzählen sollten. Da ich aber eine anonyme Person war und niemand ihre Geschichte in nicht anonymisierter Form lesen würde, war es anders, mir diese Geschichte zu erzählen. Mir musste man keine Erklärungen abgeben, warum man solange geschwiegen hat, mich sah man, anders als Familienangehörige nicht wieder. Ich war auch nicht peinlich berührt, wenn mir jemand gestand, dass er früher Bettnässer war, daher erfuhr ich – wie Herr Fichtner meinte – in kurzer Zeit mehr über ihn als seine Frau jemals erfahren hatte. Und Frau Christmann meinte, sie spräche nur mit mir über ihren sexuellen Missbrauch und würde sonst gar nicht darüber reden. Das sei ein Thema in ihrer Familie, das zwar immer wieder angesprochen oder angedeutet werde, dann aber würden die Sätze unvollendet im Raum stehen bleiben.

Ein Grund für das Schweigen ist sicher die Verankerung negativer Selbstgefühle im Bereich der Scham, die für Menschen oft schwerer zu überwinden ist als Schuldgefühle. Schamgefühle werden in früher Kindheit vermittelt oder entstehen auf dem Hintergrund des Erlebens einer absoluten Hilf- und Machtlosigkeit. Sie sind der bewussten Beeinflussung auch in einem therapeutischen Rahmen oft nur schwer zugänglich (Herman 1993).

Die Stigmatisierung, die viele der Befragten erlebt haben, wenn sie in der Schule aufstehen und sich als Heimkind zu erkennen geben mussten, die Scham, die man erlebte, wenn man von anderen als „Heimblag" beschimpft wurde, sitzt tief. Im Laufe des Lebens ist bei vielen aber noch eine zweite Stigmatisierung hinzugekommen, die meistens so schwerwiegend ist, wie die erste Erfahrung. Heimkind gewesen zu sein, das bedeutet, dass die Umwelt meistens wie selbstverständlich davon ausging, dass man entweder schon immer schwere psychische Schäden gehabt hat oder mindestens nach dem Heimaufenthalt eine gestörte Persönlichkeit war. Viele haben die Erfahrung dieser Fremdbewertung gemacht, wenn sie ihre Vergangenheit erzählten und verstummten immer mehr. Herr Fichtner drückte dies so aus:

„Meine erste Frau hat mir hin und wieder mal aufs Brot geschmiert: 'Du bist ja ein Heimkind.' Das tut weh. Und deswegen halte ich mich mit Erzählen auch bei Kollegen unwahrscheinlich zurück. Wenn von mir einer was erfahren will, dann muss schon allerhand passieren." (Interview Fichtner)

So wichtig es war, über Hospitalismusschäden zu reden, sowenig hilfreich ist es für ehemalige Heimkinder, wenn sie immer wieder hören müssen, wie geschädigt sie eigentlich sein müssten oder sind. Damit sollen die biographischen Folgen, die viele erlitten haben, nicht geleugnet werden, aber es ist wichtig, darauf hinweisen, dass diese Folgen die meisten nicht daran hindert oder gehindert hat, ein normales und glückliches Leben zu führen. Ich hatte schon darauf hingewiesen, dass es sich in dieser Studie nicht um eine repräsentative Gruppe handelt, da sich die Befragten freiwillig auf eine Annonce meldeten. Trotzdem glaube ich, dass auch im Gesamtdurchschnitt viele der ehemaligen Heimkinder in Deutschland bei günstigen Bedingungen positive Beziehungserfahrungen nachholen konnten und auch nachgeholt haben. Vielen der Befragten ist dies mit ihren Ehepartnern, Kindern oder Enkeln gelungen. Sie sind Beispiele für die These, die der finnische Therapeut Ben Furmann in seinem Buch „Es ist nie zu spät, eine glückliche Kindheit zu haben" vertritt. Dass man Menschen mit schweren Kindheitserfahrungen von dem Druck befreien muss, der daraus entsteht, dass alle – auch sie selbst – schwere Schäden bei ihnen erwarten und daher manchmal Beziehungsprobleme als eine „self-fullfilling prophecy" auftauchen oder geglückte Beziehung als etwas erscheinen, das einem selbst nicht zusteht (Furman 2002). Wenn sich dieses Vorurteil verändert, dass ehemalige Kinder aus Heimen beziehungsunfähig oder sozial auffällig sind, dann werden auch mehr ehemalige Heimkinder bereit sein, über ihr Schicksal zu sprechen.

Viele der Befragten gaben auch Auskunft darüber, woher sie die Kraft bekamen, ihr Leben zu meistern. Oft wurde neben den oben genannten Ehepartnern auch der berufliche Erfolg genannt, manchmal der Glaube, aber manchmal auch eine Kraft, die aus einer inneren Überzeugung kam, ungerecht behandelt worden zu sein. Frau Debus drückte dies so aus.

„Ich habe ja des Öfteren zu Hören bekommen ‚Dummchen' und ‚blöd', irgendwie habe ich mir so gesagt, dass es das so nicht gewesen sein kann. Das ist eine Ungerechtigkeit, dass fremde Menschen so über dich bestimmt haben. Das bist du nicht, was du da warst. Ich wollte mir das selber beweisen." (Interview Debus)

11.4 Zur öffentlichen Debatte von Entschuldigungen und Entschädigungen

Auf dem Hintergrund des bis hier Ausgeführten sollte deutlich geworden sein, dass eine Distanzierung von den früheren Erziehungspraxen in der Heimerziehung mehr als geboten ist. Auch ist mehr als wahrscheinlich, dass es bei den Forderungen, welche vor allem vom „Verein ehemaliger Heimkinder" verlangt werden, nur vordergründig um Geld oder gute Worte geht. Hinter diesen Forderungen steht vor allem der berechtigte Wunsch, dass erfahrenes Leid anerkannt wird.

Trotzdem bleiben pauschale Entschuldigungen, sowie auch die Entschädigungsforderungen m.E. problematisch. Denn in den Interviews, die der vorliegenden Studie zugrunde liegen, ist erstens deutlich geworden, dass es große Unterschiede zwischen verschiedenen Heimen gab. Es gab offenbar Heime, die sich nichts vorzuwerfen brauchen und andere – wie dies nach den Veröffentlichungen über das Erziehungsheim im niedersächsischen Freistatt zu vermuten ist – in denen es besonders grausam zuging (Rosenkötter 2006). Zum zweiten gibt es offenbar auch eine Gruppe von ehemaligen Kindern und Jugendlichen aus Heimen, die keine schlechten Erfahrungen gemacht haben, auch wenn dies vermutlich nicht die Mehrheit ist.

Allerdings heißt dieser Einwand nicht, dass Entschuldigungen an sich unangebracht sind, sondern im Gegenteil sollten sich die heutigen Verantwortlichen der einzelnen Jugendhilfeeinrichtungen konkret bei den heute erwachsenen ehemaligen Kindern ihrer Einrichtung entschuldigen, wenn sie davon erfahren, dass diese dort Schläge oder andere entwürdigende Erziehungsmaßnahmen erlebt haben. Ihre Erlebnisse sollte man nicht mit dem Hinweis auf die damals übliche Erziehungspraxis in Familie und Schule bagatellisieren. Eine Distanzierung von der damals üblichen Erziehungspraxis ist aus professionell pädagogischer, bei kirchlichen Trägern auch aus theologischer Sicht, mehr als geboten. Beispielhaft für eine solche Distanzierung ist ein Artikel von Joachim Schmiedl in der Ordenskorrespondenz aus dem Jahr 2006. Schmiedl kritisierte in seiner Rezension zu „Schläge im Namen des Herrn" die „schwarze Pädagogik", die auch von den Orden mit getragen wurde. Diese hätten damals offenbar ähnliche pädagogische Vorstellungen gehabt, wie die staatlichen Behörden und Heime, was er aber theologisch nicht rechtfertigen möchte.

Die gewalttätige Erziehung – so Schmiedl – hätte „das für die seelische Entwicklung so notwendige Grundvertrauen in erwachsene Bezugspersonen" zerstört. Schmiedl macht ein falsches theologisches Bußverständnis, das auf einer „Schuld-Sühne-Vergeltungs-Theologie" basiert habe, für die Strafpädagogik der Heime mit verantwortlich. Dieses Bußverständnis verlangte von den Ordensangehörigen eine Form der körperlichen Selbstbestrafung, sodass sie die körperliche Strafe ihrer Zöglinge „zumindest nicht als etwas völlig Abwegiges" empfunden haben mussten (Schmiedl 2006, S. 239f.). Mindestens ebenso schwerwiegend wie die Körperstrafen sieht Schmiedl die von den Ordensleitungen den Schwestern und Brüdern auferlegte „innere Distanz zu den Kindern", eine Vorschrift, welche mit der Angst vor zu großer innerer Nähe und Bindung begründet wurde. Schmiedl verurteilt diese Weisungen hart:

> „Damit wurde im Grunde genommen der Gründungszweck der Orden, für die Menschen da zu sein, pervertiert. Schließlich besteht der Sinn des aktiven Ordenslebens gerade in der Hingabe an die Menschen. Und dazu muss man sie in das eigene Herz hinein lassen. Die aszetische (selbstquälende C.K.) Haltung der Distanz zu den anvertrauten Menschen, wie sie in den Orden gepredigt wurde, ist dabei verfehlt." (Schmiedl 2006, S. 240)

Schwieriger als die Frage nach der richtigen Entschuldigung von konkreten Einrichtungen oder religiösen Gemeinschaften ist die Frage der Entschädigungen für im Heim geleistete „Zwangsarbeit" zu beurteilen. Auch hier muss sicher zwischen einzelnen Heimen differenziert werden, Hilfe im Haushalt wird selten dazu gezählt und gilt auch nach heutiger Rechtslage noch als eine Kindern zumutbare Arbeit (§1619 BGB). Aus den Interviews wurde bereits deutlich, dass Mitarbeiterinnen und ehemalige Jugendliche aus den Erziehungsheimen auch untereinander die Bedeutung der Arbeit unterschiedlich einschätzten. Fest steht, dass es ähnlich wie die Strafen damals ausdrücklich zum pädagogischen Konzept gehörte, die Jugendlichen arbeiten zu lassen, da man sich davon den notwendigen Erwerb von Fähigkeiten für die Integration in die spätere Berufswelt und das Erlernen nützlicher praktischer Fähigkeiten versprach. So schrieb der Leiter des rheinländischen Landesjugendamtes Walter Hecker, durch die Arbeit in Land- und Hauswirtschaft würden die Heime versuchen, die „Arbeitsnot ihrer Schulentlassenen zu steuern" (Hecker 1960, S. 926) Und in einem Artikel des Handbuches der Heimerziehung wurde betont, dass es hierfür besonders qualifizierter „Arbeitserzieher" bedarf, da die Arbeit wesentlicher Bestandteil der Erziehung sei:

> „Die Arbeit ist im Heim nicht Selbstzweck, sondern ein Erziehungsmittel und integraler Bestandteil der Heimpädagogik." (Schaubert 1960, S. 965)

Dies entschuldigt von heute aus betrachtet selbstverständlich nicht, dass junge Menschen in einer übertriebenen Weise zur Arbeit gezwungen wurden. Allerdings ist fraglich, ob Jugendliche in Arbeitsverhältnissen in der Landwirtschaft, im Bergbau, der Fabrik oder in Lehrverhältnissen zu dieser Zeit weniger arbeiten mussten und geringerem Druck ausgesetzt waren als in manchen Erziehungsheimen. Allerdings gab es auch hier Ausnahmen. Besonders in den Heimen für „Schwererziehbare" wurden oft Arbeiten verrichtet, die eindeutig den Charakter von „Zwangsarbeit" hatten (Rosenkötter 2006). Ein weiterer Unterschied zu den Jugendlichen in anderen Arbeitsverhältnissen besteht darin, dass Jugendliche dort einen Lohn erhielten und damit verbunden haben sie heute einen Rentenanspruch. Dass Jugendliche arbeiteten, gehörte damals noch mehrheitlich zur Normalität, erst in den 1970er Jahren verlängerte sich langsam die Schulzeit. Betrachtet man die finanziellen Rahmenbedingungen der damaligen Heimerziehung, so ist aber trotz der Tatsache, dass die Jugendlichen keinen Lohn erhielten, nicht wahrscheinlich, dass die Heime sich an der Arbeit der Jugendlichen bereichern konnten, da die Heime auch die Kosten für Unterkunft, Verpflegung und Betreuung trugen. Trotzdem muss von heute aus betrachtet eingestanden werden, dass es auch pädagogisch besser gewesen wäre – ähnlich wie in Lehrlingsheimen – den Jugendlichen einen Lohn auszuzahlen, von dem die oben genannten Kosten hätten abgerechnet werden können. Dass dies nicht geschah, hat sicher auch damit zu tun, dass die Arbeit von vielen damals nicht nur als erzieherisches Mittel im Sinne einer „Arbeitstherapie" gesehen wurde, sondern ähnlich wie den Freiheitsentzug als eine Strafe für zuvor gezeigtes „verwahrlostes" Verhalten.

Bei der Beurteilung der Frage nach Entschädigungen und Entschuldigungen ist noch ein weiterer Aspekt beachten. Die Debatte um die Heimerziehung in den 50er und 60er Jahren hat sich in vielen öffentlichen Diskussionen zu einem Opfer-Täter-Diskurs entwickelt, dessen Dynamik eine objektive und individuelle Herangehensweise erschwert. Typisches Merkmal von Opferdiskursen, wie wir sie auch aus der Auseinandersetzung zwischen Juden und Deutschen nach 1945 oder aus der Auseinandersetzung zwischen Opfern und Tätern im Rahmen von sexueller Gewalt aus den 80er Jahren kennen, ist die Tendenz der Pauschalisierung. Diese Tendenz ließ sich auch in vielen öffentlichen Debatten von ehemaligen Trägern der Jugendhilfe beobachten.

Problematisch ist dabei, dass es in Opfer-Täter-Diskursen nur schwarz oder weiß gibt, nur gut oder böse. In der Perspektive solcher Diskurse ist jeder Deutsche potentiell ein Judenhasser, jeder Mann potentiell ein Vergewaltiger und im Fall der Heimerziehung der 50er und 60er Jahre jeder ehemalige Mitarbeiter ein Mensch, der Kinder misshandelte. Die psychologischen Ursachen dieser Kommunikationsdynamik liegen auf der Hand, sind aber nicht einfach außer Kraft zu setzen. Sie liegen in der langen Tabuisierung und Leugnung des Unrechts und der Gewalt, die den Opfern angetan wurde. Sie liegen aber auch im Schamgefühl der Opfer über ihre eigene damalige Hilflosigkeit, ein Gefühl, das durch die jahrelange Unterdrückung leicht in pauschalisierten Hass umschlagen kann. Ohne diese psychologische Dynamik ist auch die Schärfe der jetzigen Forderungen nach Wiedergutmachung und Entschädigung nicht zu verstehen – hier geht es – wie eingangs erwähnt – symbolisch um die späte, wenn auch noch nicht zu späte Anerkennung von Leid.

Es ist notwendig, deutlicher zu unterscheiden und nicht die Heimerziehung pauschal zu verurteilen. Entschädigungsforderungen von Menschen, die im Heim Körperverletzungen und sexuellem Missbrauch ausgesetzt waren, sollten nachdrücklich unterstützt werden, dies war im Übrigen auch nach damaligem Recht eindeutig verboten und hätte schon damals angezeigt werden können und müssen. Dies ist im Einzelfall auch geschehen.

Aber es kann auf der Grundlage der vorliegenden und vergleichbarer Studien nicht behauptet werden, dass alle Menschen, die früher im Heim waren, ihre Erlebnisse als etwas bezeichnen würden, für das sie Entschädigung und Entschuldigung fordern. Leider ist eine der Kehrseite der Opfer-Täter-Debatte auch oft eine Vereinnahmungstendenz auf Seiten der ehemaligen Opfer und die Dämonisierung der Täter. Daher kommen in öffentlichen Debatten diese alternativen Erfahrungen kaum zur Sprache.

Aber so wie nicht alle Juden von Deutschen nur Hass erfuhren, nicht alle Frauen sexuelle Gewalt erleben, so gibt es auch eine Gruppe von ehemaligen Kindern und Jugendlichen im Heim, die sich nicht als Opfer fühlen wollen und sogar eine, wenn auch kleine Gruppe, die dem Heim, in dem sie aufgewachsen sind, dankbar sind. Und sehr viele fanden es zuhause viel schlimmer als im Heim und würdigen durchaus die – im Nachhinein zwar kritisch beurteilten – aber manchmal gut gemeinten pädagogischen Bemühungen.

Für die öffentliche und damit journalistische Debatte sind solcherart Zwischentöne offenbar nicht interessant. Sie interessiert sich für die öffentliche Erziehung immer nur, wenn über Skandale und schlechte Erfahrungen mit der Heimerziehung berichtet werden kann, da dieses das ohnehin vorherrschende Vorurteil bestätigen kann. Auf diese Weise wurde historisch gesehen in regelmäßigen Abständen die Heimerziehung zum Skandal, der wiederum ein öffentliches, aber auch kurzlebiges Interesse am Schicksal von Kindern weckte, die nicht in ihrer Herkunftsfamilie aufwachsen konnten. So geschah es zur Zeit des Waisenhausstreites Ende des 18. Jahrhunderts, wie auch in den 1920er und 1970er Jahren (Kuhlmann/Schrapper 2001, S. 302ff.) Eine Vielzahl von Romanen und Autobiographien erschien jeweils in Folge.

Bereits 1966 stellte die bekannte Kinderbuchautorin Ursula Wölfel die wichtigsten dieser Bücher zur Heimerziehung zusammen. In den Romanen und in vielen „Unterhaltungsschriften" stellte sie eine heute noch zu beobachtende Tendenz zur reißerischen und vorurteilsvollen, zu „grellbunten Darstellungen" der Heimerziehung fest. Die Gründe sah Wölfel in einem „Ressentiment gegen das Pädagogische überhaupt" sowie gegen alles unpersönlich Institutionelle. (Wölfel in Trost 1966, S. 1283)

Den Autobiographien, die alle noch aus der Zeit vor 1950 stammten, gestand Wölfel damals allerdings ein bedingtes Recht zu einer ungerechten Negativdarstellung der erlebten Heimerziehung zu, da diese aus einer verständlichen „inneren Not" heraus geschrieben würden. Wölfel führte diese negative Sicht einerseits darauf zurück, dass die Kinder im Heim durch den Verlust ihrer Familie und Heimat zuviel entbehren müssen, als dass sie noch „Dankbarkeit für ein empfangenes Gutes" empfinden könnten, auch weil sie sich in ihrem „Uranspruch an Liebe, Freiheit und Freude" enttäuscht sehen. So wird das Heim das „gehasste Sinnbild des eigenen Schicksals, das er (der Zögling, C.K.) nicht annehmen will." (Wölfel in Trost 1966, S. 1282) Andererseits boten viele Heime tatsächlich keinen Ersatz für diese „Uranspruch auf Liebe", sondern wurden subjektiv als zwanghafte und düstere Orte erlebt:

„ … das unpersönliche Haus mit seiner verschlossenen Tür, die uniformierte Kleidung, das lieblos bereitete Essen, die pedantische Ordnung, die strenge Tageseinteilung. Der Erzieher blieb ein Fremder, seine Autorität war erzwungen, selten nur wurde er geliebt oder verehrt. (…) das Selbstgefühl des einzelnen stand tief bedrückt unter den Zeichen Verlassenheit und Armut."(Wölfel in Trost 1966, S. 1282)

Auch für die meisten der hier befragten ehemaligen Kinder und Jugendlichen blieben die Erzieher meist Fremde und die Heime für viele Orte der Lieblosigkeit. Bis heute bleibt es eine ungelöste Aufgabe, wie man Kindern gerecht werden kann, die in ihrer eigenen Herkunftsfamilie in ihrem „Uranspruch an Liebe" enttäuscht wurden. Es bleibt neben der pädagogischen Herausforderung vor allem eine sozialpolitische. Es ist eine offene Frage, ob die Gesellschaft bereit ist, ausreichend Mittel zur Verfügung zu stellen, um alternative Orte des Aufwachsens so zu gestalten, dass Erzieherinnen, Erzieher und Kinder dort gut mit einander leben können.

Literatur

Althaus, Herrmann (1937³): Nationalsozialistische Volkswohlfahrt. Wesen, Aufgaben, Aufbau. Schriften der Deutschen Hochschule für Politik, Heft 2, Berlin: Junker & Dünnhaupt

Baas, Gudrun (1986): Auswirkungen von Langzeitunterbringungen im Erziehungsheim – Untersuchungen zum Selbstbild und zu Lebensbewältigung ehemaliger Heimkinder. Dissertation. Frankfurt a.M.: Dissertation

Balz, Hans-Jürgen (2006) Das Trainingsraumprogramm im Urteil der Schüler. Die Deutsche Schule 98. 3, S. 371-372

Baur, Werner (1996): Zwischen Totalversorgung und Straße. Langzeitwirkungen öffentlicher Erziehung. Eine qualitative Studie zu Lebenslauf, Individuallage und Habitus eines ehemaligen Heimzöglings. Langenau-Ulm: Armin Vaas Verlag

Becker, Howard Saul (1973): Außenseiter. Zur Soziologie abweichenden Verhaltens, Frankfurt a.M.: Fischer

Birtsch, Vera et.al. (Hg.) (2001): Handbuch der Erziehungshilfen – Leitfaden für Ausbildung, Praxis und Forschung. Münster: Votum

Blandow, Jürgen (1999): Partizipation als Qualitätsmerkmal in der Heimerziehung. Eine Diskussionsgrundlage. Münster: Votum

Blask, Falk (1997): Einweisung nach Torgau. Texte und Dokumente zur autoritären Jugendfürsorge in der DDR. Publikation des Ministeriums für Bildung, Jugend und Sport des Landes Brandenburg. Berlin: BasisDruck

Brosch, Peter (1971): Fürsorgeerziehung: Heimterror und Gegenwehr. Frankfurt: Fischer

Bundesministerium der Justiz (Hg.) (2005): Report über die Auswirkungen des Gesetzes zur Ächtung der Gewalt in der Erziehung: Vergleich der Studien von 2001, 2002 und 2005- Eltern-, Jugend- und Expertenbefragung. In: http://bussmann2.jura.uni-halle.de/FamG/Bussmann_OnlineReport.pdf. 1.11.07

Bundesministerium f. Familie, Senioren, Frauen und Jugend (Hg.) (1998): Leistungen und Grenzen von Heimerziehung. Ergebnisse einer Evaluationsstudie stationärer und teilstationärer Hilfen. Schriftenreihe des BMFSFJ Bd. 170. Stuttgart: Kohlhammer

Burchhardt, Hellmuth (1961): Heimverhalten und Lebensbewährung der mit "günstiger Prognose" entlassenen Fürsorgezöglinge. Untersuchungen über Heimverhalten, Lebensbewährung und Prognosewerte bei 100 abartigen Jugendlichen der Entlassungsjahrgänge 1945-1950 aus d. Niedersächsischen Landesjugendheim in Göttingen, Göttingen: Dissertation

Bürger, Ulrich (1990): Heimerziehung und soziale Teilnahmechancen. Paffenweiler: Centaurus

Bussmann, Kai-Detlef (2004): Ergebnisse aus der Begleitforschung zum Recht auf gewaltfreie Erziehung. In: Das Jugendamt. Deutsches Institut für Jugendhilfe und Familienrecht e.V., Bd. 77, Heidelberg, S. 400-405

Colla, Herbert Ernst (1973): Der Fall Frank – exemplarische Analyse der Praxis öffentlicher Erziehung. Neuwied: Luchterhand

Dreikurs, Rudolf/Grey, Loren (2000): Kinder lernen aus den Folgen. Freiburg: Herder

Düchting, Otti (1952): Der Lebenserfolg ehemaliger schulentlassener weiblicher Fürsorgezöglinge. Münster: Dissertation

Dudek, Peter (1988): Leitbild: Kamerad und Helfer. Sozialpädagogische Bewegung in der Weimarer Republik am Beispiel der „Gilde Soziale Arbeit". Frankfurt a. M.: dipa-Verlag

Dührssen, Annemarie (1958) : Heimkinder und Pflegekinder in ihrer Entwicklung : eine vergleichende Untersuchung an 150 Kindern in Elternhaus, Heim und Pflegefamilie. Göttingen: Vandenhoeck&Ruprecht

Ell, Ernst (1961): Wider pädagogische Schlagwörter: wen Gott lieb hat, den züchtigt er. In: Jugendwohl 1961, H. 7/8, S. 257-258

Faltermeier, Josef (2001): Verwirkte Elternschaft? Fremdunterbringung – Herkunftseltern – Neue Handlungsansätze. Münster: Votum

Finkel, Margarete (2004): Selbständigkeit und etwas Glück : Einflüsse öffentlicher Erziehung auf die biographischen Perspektiven junger Frauen, Weinheim: Juventa

Flick, Uwe (1999[4]): Qualitative Forschung. Theorie, Methoden, Anwendung in Psychologie und Sozialwissenschaften. Reinbek bei Hamburg: rororo

Fontana, Julia (2007): Fürsorge für ein ganzes Leben? Spuren der Heimerziehung in den Biographien von Frauen. Opladen: Budrich

Frör, Kurt (1954): Grundfragen der evangelischen Heimerziehung, in: Trost 1954, S. 577-596

Fuchs-Kamp, Adelheid (1929): Lebensschicksal und Persönlichkeit ehemaliger Fürsorgezöglinge, Berlin : Julius Springer

Furman, Ben (2002[4]): Es ist nie zu spät, eine glückliche Kindheit zu haben. Dortmund: Borgmann

Gehres, Walter (1997) : Das zweite Zuhause. Institutionelle Einflüsse, Lebensgeschichte und Persönlichkeitsentwicklung von dreißig ehemaligen Heimkindern. Opladen: Leske&Budrich

Gerber, Uwe (Hg.) (1974): Holt die Kinder aus den Heimen. Alternativen zur Heimunterbringung. Referate, Arbeitspapiere u. Resolutionen einer Tagung d. Evangangelischen Akademie. Loccum vom 13. – 15. 11. 1972. Berlin: Marhold

Goeze, Wilhelm (1910): Die Fürsorgeerziehung in Preußen : Ihre Anordnung, Ausführung, ihre Kosten und Erfolge. Berlin : Vahlen

Goffmann, Erving (1973): Stigma. Über Techniken der Bewältigung beschädigter Identität, Frankfurt a.M.: suhrkamp

Gothe, Lothar/Kippe, Rainer (1975): Ausschuss. Protokolle u. Berichte aus der Arbeit mit entflohenen Fürsorgezöglingen. Köln/ Berlin: Kiepenheuer & Witsch

Graeber, Harry (2006): Misshandelte Zukunft. Erschütternder Erlebnisbericht eines Heimkindes im Nachkriegsdeutschland. München: pg-Verlag

Gregor, Adalbert/Voigtländer, Else 1918: Die Verwahrlosung. Ihre klinisch-psychologische Bewertung und ihre Bekämpfung. Berlin: Karger

Gruhle, Hans Walter (1912): Die Ursachen der Jugendverwahrlosung und –kriminalität. Studien zur Frage: Milieu und Anlage. Berlin: Springer

Günter, Mirijam 2004: Heim. München: Deutscher Taschenbuch Verlag

Hansen, Gerd (1994): Die Persönlichkeitsentwicklung von Kindern in Erziehungsheimen : ein empirischer Beitrag zur Sozialisation durch Institutionen der öffentlichen Erziehungshilfe, Weinheim: Beltz

Hartmann, Klaus (1996): Lebenswege nach Heimerziehung. Biographien sozialer Retardierung. Freiburg i.Br.: Rombach

Hebborn-Brass, Ursula (1991): Verhaltensgestörte Kinder im Heim – eine empirische Längsschnittuntersuchung zu Indikation und Erfolg. Freiburg i. Br.: Lambertus

Hecker, Walter (1960): Die Gliederung der Erzieher im Heim. In: Trost (1952-1966), S. 921-931

Heimann, Hildegard (1923): Studien zur Frage der Erziehungsarbeit an verwahrlosten Mädchen. Zwickau: Goering

Heising, Marvin (2005): Betrogene Engel. Münster: ImPrint-Verlag

Herman, Judith L. (1993): Die Narben der Gewalt. Traumatische Erfahrungen verstehen und überwinden. München: Kindler

Hermann, Rudolf (2007): Butterbrot mit Sand : Biographie, Frankfurt a.M. München ; London ; New York : Schiller-Presse

Herriger, Norbert (1979): Verwahrlosung. Eine Einführung in Theorien sozialer Auffälligkeit. München: Juventa

Herrmann, Gertrud (1956): Die sozialpädagogische Bewegung der zwanziger Jahre. Weinheim/Berlin: Beltz

Heubach, Helga (Hg.) (1994):Bertha Pappenheim "Das unsichtbare Isenburg" Über das Heim des Jüdischen Frauenbundes in Neu-Isenburg 1907 bis 1942. Neu Isenburg: Kulturamt

Hoffmann, Hedwig (1932): Das Schicksal braunschweigischer Fürsorgezöglinge. Braunschweig: Lyk

Höhle, Jürgen (2005): Die verfluchten Jahre meines Lebens. Eine Kindheit in DDR-Wohnheimen. Hamburg : BellaVista

Hollstein, Walter/Meinhold, Marianne (Hg.) 1973: Sozialarbeit unter kapitalistischen Produktionsbedingungen. Frankfurt a. M.: Fischer Taschenbuch

Homes, Alexander Markus (1981): Prügel vom lieben Gott. Eine Heimbiografie. Bensheim: Päd. extra Buchverlag

Honkanen-Schoberth, Paula (2002): Starke Kinder brauchen starke Eltern. Der Elterkurs des Deutschen Kinderschutzbundes. Berlin: Urania

Hopmann, Maria Victoria (1972): Agnes Neuhaus. Leben und Werk. Salzkotten: Meinwerk-Verlag

Isermeyer, Herrmann (1955): Wie stehen unsere Mädchen dem Heim gegenüber? In: Evangelische Erziehungshilfe 1955; H.2, S. 30-37

Janssen, Karl (1956): Revolte im Erziehungsheim? In: Evangelische Jugendhilfe1956, H. 6, S. 152-154

Keupp, Heiner (1976): Abweichung und Alltagsroutine. Die Labeling-Perspektive in Theorie und Praxis. Hamburg: Hoffmann und Campe

Kindt, Helga (1962): Die Kriminalität ehemaliger weiblicher Fürsorgezöglinge : eine Nachuntersuchung über in der Jahren 1950 und 1951 aus der Hamburger öffentlichen Erziehung entlassene Jugendliche. Hamburg: Dissertation

Koch, Günther/Lambach, Rolf (2000): Familienerhaltung als Programm. Forschungsergebnisse. Münster: Votum

Kohnle, Edgar Friedrich (1938): Die Kriminalität entlassener Fürsorgezöglinge und die Möglichkeit einer Erfolgsprognose. Leipzig: Dr. E. Wiegandt

Korczak, Janusz (1988[4]): Das Recht des Kindes auf Achtung. Göttingen: Vandenhoeck&Ruprecht

Korczak, Janusz (1992[10]): Wie man ein Kind lieben soll. Göttingen: Vandenhoeck & Ruprecht

Köster, Markus (1999): Die Fürsorgeerziehung. In: Köster, Markus/Küster, Thomas (Hg.) 1999: Zwischen Disziplinierung und Integration. Das Landesjugendamt als Träger öffentlicher Jugendhilfe in Westfalen und Lippe (1924 – 1999). Paderborn: Schöningh

Krieck, Ernst (1922): Philosophie der Erziehung. Jena: E. Diederichs

Krieck, Ernst (1939[23]): Nationalpolitische Erziehung. Leipzig: Armanen-Verlag

Krone, Dietmar (2007): Albtraum Erziehungsheim. Geschichte einer Jugend. Leipzig: Engelsdorfer-Verlag

Krumenacker, Franz-Josef (1998): Bruno Bettelheim. Grundpositionen seiner Theorie und Praxis. München und Basel: E. Reinhardt-Verlag

Kuhlmann, Carola (1989): Erbkrank oder erziehbar? Jugendhilfe zwischen Zuwendung und Vernichtung in der Fürsorgeerziehung in Westfalen 1933-1945. Weinheim und Basel: Juventa

Kuhlmann, Carola (2000): Alice Salomon. Ihr Lebenswerk als Beitrag zur Entwicklung der Theorie und Praxis Sozialer Arbeit. Weinheim: Deutscher Studien Verlag

Kuhlmann, Carola/Schrapper, Christian (2001): Wie und warum Kinder öffentlich versorgt und erzogen wurden – Zur Geschichte der Erziehungshilfen von der Armenpflege bis zu den Hilfen zur Erziehung. In: Birtsch/ Trede, (Hg.) 2001: Handbuch der Erziehungshilfen. Münster: Votum, S. 282-328

Kuhlmann, Carola (2006): Grenzen und Schnittstellen zwischen Erziehungshilfe, Justiz und Psychiatrie, in: Scherpner, Martin/Schrapper, Christian (2006): 100 Jahre AFET – 100 Jahre Erziehungshilfe 1906-2005. Hannover: Selbstverlag , S. 353-361

Kuhlmann, Carola (2007): Evaluation einer heilpädagogisch-therapeutischen Tagesgruppe durch Befragung ehemaliger Kinder und ihrer Eltern. In: Evangelische Jugendhilfe 1/2007, S. 23-30

Lambers, Helmut (1996):Heimerziehung als kritisches Lebensereignis. Eine empirische Längsschnittuntersuchung über Hilfeverläufe im Heim aus systemischer Sicht, Münster: Votum

Landenberger, Georg/ Trost, Rainer (1988): Lebenserfahrungen im Erziehungsheim : Identität und Kultur im institutionellen Alltag. Frankfurt a.M.: Brandes & Apsel

Landeswohlfahrtsverband Hessen (Hg.) (2006): Aus der Geschichte lernen – die Heimerziehung in den 50er und 60er Jahren, die Heimkampagne und die Heimreform. Dokumentation der Veranstaltung des Landeswohlfahrtsverbandes Hessen mit der Internationalen Gesellschaft für Erzieherische Hilfen (IGfH) und dem Spiegel-Buchverlag bei DVA am 9. Juni 2006 in Idstein. Tagungsdokumentation. Kassel: Selbstverlag

Loofs, Maria (1956): Erziehungsmittel – eine kritische Besinnung. In: Jugendwohl 1956, H.6, S. 206-212

Loofs, Maria (1966): Erziehung und Strafe. In: Jugendwohl 1966, S. 146-153

Lützke, Annette (2002): Öffentliche Erziehung und Heimerziehung für Mädchen 1945 bis 1975: Bilder „sittlich verwahrloster" Mädchen und junger Frauen. Elektronische Ressource. In: http://miless.uni-essen.de/servlets/DerivateServlet/Derivate-11226/ luetzke.pdf. 6.6.07

Makarenko, Anton S. (1980): Ein pädagogisches Poem. Der Weg ins Leben. Franfurt a.m./Berlin/Wien: Ullstein

Martikke, Hans-Joachim (1965): Die soziale Integration ehemaliger Fürsorgezöglinge. Dargestellt am Geburtsjahrgang 1932 der männlichen Fürsorgezöglinge in Schleswig-Holstein. Kiel: Dissertation

Mascenaere, Michael/Knab, Eckhart (2004): Evaluationsstudie erzieherischer Hilfen (EVAS) – Eine Einführung, Freiburg im Breisgau: Lambertus

Mehringer, Andreas (1938): Abartige Kindheit und Jugend. In: Deutsche Jugendhilfe. 30. S. 277 ff.

Mehringer, Andreas (1952): Das Prinzip der Pflegefamilie in der Heimerziehung. In: Jugendwohl 1952, H. 4, S. 106-115

Mehringer, Andreas (1976): Heimkinder. Gesammelte Aufsätze zur Geschichte und Gegenwart der Heimerziehung. München und Basel: Ernst Reinhardt Verlag

Meinzholt, Marie (1952): Grundsätzliches über die Strafe in der Heimerziehung. In: Evangelische Jugendhilfe, H. 5, S. 16-24

Miller, Alice (1980): Am Anfang war Erziehung. Frankfurt a.m.: Suhrkamp Verlag

Niethammer, Lutz (2007): Fragen an das deutsche Gedächtnis. Aufsätze zur Oral History. Essen: Klartext

Nohl, Herman (1935): Die pädagogische Bewegung und ihre Theorie. Berlin: Schulte-Bulmke

Nohl, Herman (1965): Aufgaben und Wege der Sozialpädagogik. Vorträge und Aufsätze von Herman Nohl. Weinheim: Juventa

Normann, Edina (2003): Erziehungshilfen in biographischen Reflexionen. Heimkinder erinnern sich. Weinheim und Basel: Juventa

Page, Regina (2006): Der Albtraum meiner Kindheit und Jugend. Zwangseinweisung in deutsche Erziehungsheime. Leipzig: Engelsdorfer-Verlag

Peukert, Detlev J.K. (1986): Grenzen der Sozialdisziplinierung. Aufstieg und Krise der deutschen Jugendfürsorge 1878 – 1932. Köln: Bund-Verlag

Piaget, Jean (2003): Meine Theorie der geistigen Entwicklung. Weinheim/Basel/Berlin: Beltz Verlag

Piecha, Walter (1959) : Die Lebensbewährung der als "unerziehbar" entlassenen Fürsorgezöglinge. Göttinger rechtswissenschaftliche Studien 27. Göttingen: Schwarz Verlag

Pongratz, Lieselotte/Hübner, Hans-Odo (1959):Lebensbewährung nach öffentlicher Erziehung. Eine Hamburger Untersuchung über das Schicksal aus der Fürsorge-Erziehung und Freiwilligen Erziehungshilfe entlassener Jugendlicher. Darmstadt: Luchterhand

Redl, Fritz/Winemann, David (1982[3]): Steuerung des aggressiven Verhaltens beim Kind. München: R. Piper& Co.-Verlag

Rein, Wilhelm (1903): Encyklopädisches Handbuch der Pädagogik. Langensalza: Beyer

Rosenkötter, Wolfgang (2006): Mein erster Tag in Freistatt. In: sozial extra, 30, 12, S. 18

Rosenthal, Gabriele (1995): Erlebte und erzählte Lebensgeschichte. Gestalt und Struktur biographischer Selbstbeschreibungen. Frankfurt a.M./New York: Campus

Roth, Jürgen/Zovkic, Gertrud (1973): Heimkinder. Ein Untersuchungsbericht über Säuglings- und Kinderheime in der Bundesrepublik. Köln: Kiepenheuer und Witsch

Rünger, Helmut (1973[7]): Heimerziehungslehre. Witten: Luther-Verlag

Rutschky, Katharina (2001[8]): Schwarze Pädagogik. Quellen zur Naturgeschichte der bürgerlichen Erziehung. München: Ullstein Taschenbuchverlag

Sanders, Matthew R./ Markie-Dadds, Carol/Turner, Karen (2003): Das Triple P Elternarbeitsbuch. Der Ratgeber zur positiven Erziehung mit praktischen Übungen. ein Konzept der Christoph-Dornier-Stiftung. Münster: PAG-Institut für Psychologie

Scharffenorth, Gerta et. al. (1984): Schwestern. Leben und Arbeit Evangelischer Schwesternschaften. Absage an Vorurteile. Offenbach: Burckhardthaus-Laetare Verlag

Schaubert, Hugo (1960): Handwerker, Gärtner und Landwirte im Erziehungsheim. In Trost (1952-1966), S. 965-970

Scheuber, Walter (1983): Heimerziehung und Heimerziehungserfolg. Eine Längsschnittuntersuchung und Kasuistik zur Darstellung der Entwicklung von Heimkindern. Tübingen: Dissertation

Schlippe, Arist von/Omer, Haim (2002[2]): Autorität ohne Gewalt. Coaching für Eltern von Kindern mit Verhaltensproblemen ; "elterliche Präsenz" als systemisches Konzept. Göttingen : Vandenhoeck und Ruprecht

Schmiedl, Joachim (2006): Rezension zu Wensierski, Peter: Schläge im Namen des Herrn. In: Ordenskorrespondenz. Organ der deutschen Ordensobern-Vereinigungen, 47. Heft 2, S. 238-240

Schumacher, Thomas (1998): Niemand zwingt zum Guten Kinder mit der Ruten. Grundlagen für Aggressionsverständnis und Aggressionslösung in der stationären Jugendhilfe. Frankfurt a. M. u.a.: Lang

Schüpp, Dieter (1978):Verwahrlosung und Lebensbewährung. Analyse der Wirksamkeit therapeutisch-pädagogischer Heimerziehung bei neurotisch-dissozialen Jugendlichen. Essen: Dissertation

Staak, Ernst Heinrich (1954): Autorität und Disziplin in der evangelischen Erziehung. In: Evangelische Jugendhilfe 1954, H. 5, S. 131-136

Stade, Reinhold (1913): Das Problem unserer Fürsorgeerziehung, ihre Erfolge und Mißerfolge – ein sozialpolitischer Ausblick. Stuttgart: Enke

Stutte, Hermann (1954): Methodik und Ergebnisse der Bewährungsprüfungen bei ehemaligen Fürsorgezöglingen. In: Trost 1952-1966, S. 560-564

Stutte, Hermann (1958): Grenzen der Sozialpädagogik. Ergebnisse einer Untersuchung praktisch unerziehbarer Fürsorgezöglinge. Hannover: Buchdruckerei Stefansstift

Trost, Friedrich (1952-1966): Handbuch der Heimerziehung. Unter Mitwirkung von Sachverständigen aller Gebiete und Richtungen der Heimerziehung in Gemeinschaft mit Hans Scherpner. Frankfurt am Main u.a.: Diesterweg

Villinger, Werner (1962) Ausgewählte Kapitel aus der Kinder- und Jugendpsychiatrie, Ingelheim a. R.

Warnecke, Hans (2001): Der schwierige Weg zur evangelischen Heimvolksschule in Vettelhoven (1948-1973), in: Heimatjahrbuch des Kreises Ahrweiler. 58, S. 178-182

Weiß, Wilma (2004): Phillip sucht sein Ich. Zum pädagogischen Umgang mit Traumata in den Erziehungshilfen. Weinheim: Juventa

Wichern, Johann Hinrich (1868): Erziehungsresultate in Rettungsanstalten. In: Meinhold, Peter (Hg.) (1975): Johann Hinrich Wichern – Sämtliche Werke, Bd. VII: Die Schriften zur Pädagogik. Berlin: Lutherisches Verlagshaus, S. 535-541

Wichern, Johann Hinrich (1979): Ausgewählte Schriften, Band 2: Pädagogische Schriften. Gütersloh: Gütersloher Verlagshaus Mohn

Wieland, Norbert (1992): Ein Zuhause – kein Zuhause. Lebenserfahrungen und -entwürfe heimentlassener junger Erwachsener, Freiburg im Breisgau: Lambertus

Wilker, Karl (1921): Der Lindenhof. Werden und Wollen. Heilbronn: Lichtkampf-Verlag

Wolffersdorff, Christian v./Sprau-Kuhlen, Vera/ Kersten, Joachim (1996[2]): Geschlossene Unterbringung in Heimen. Kapitulation der Jugendhilfe? Weinheim: Juventa

Grundlagen
Erziehungswissenschaft

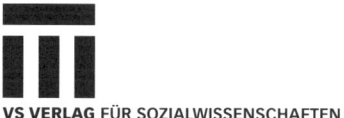

Handbücher Erziehungswissenschaft

Jutta Ecarius (Hrsg.)
Handbuch Familie
2007. 701 S. Br. EUR 59,90
ISBN 978-3-8100-3984-2

Mit dem Handbuch wird erstmals eine der zentralen Erziehungs- und Sozialisationsinstanzen aus einer dezidiert erziehungswissenschaftlichen Perspektive ausgeleuchtet. Dabei wird ein umfassendes Bild von Familie als einer pädagogischen Institution gezeichnet, in das die aktuellen wissenschaftlichen Erkenntnisse und Forschungsergebnisse einfließen.

Uwe Sander / Friederike von Gross / Kai-Uwe Hugger (Hrsg.)
Handbuch Medienpädagogik
2007. ca. 500 S. Br. ca. EUR 39,90
ISBN 978-3-531-15016-1

Das neue Handbuch Medienpädagogik greift die gesamte und aktuelle Breite des pädagogischen Handlungsfeldes auf und gibt einen exzellenten Überblick zu Geschichte, Theorie und Forschung. Gleichzeitig weist es die gegenwärtigen Diskussionsfelder aus und stellt umfassend die Praxisbezüge pädagogischen Handelns in der Arbeit mit Medien her.

Rolf Arnold / Antonius Lipsmeier (Hrsg.)
Handbuch der Berufsbildung
2., überarb. und akt. Aufl. 2006. 643 S.
Br. EUR 59,90
ISBN 978-3-531-15162-5

Das aktualisierte Handbuch der Berufsbildung umfasst die gesamte Breite des pädagogischen Handlungsfeldes und gibt einen Überblick zu Didaktik, AdressatInnen, Vermittlungs- und Aneignungsprozessen und Rahmenbedingungen der Berufsbildung. Alle Beiträge des Handbuchs sind von ausgewiesenen FachexpertInnen geschrieben.

Heinz-Herrmann Krüger / Winfried Marotzki (Hrsg.)
Handbuch erziehungswissenschaftliche Biographieforschung
2., überarb. und akt. Aufl. 2006. 529 S.
Br. EUR 49,90
ISBN 978-3-531-14839-7

Erhältlich im Buchhandel oder beim Verlag.
Änderungen vorbehalten. Stand: Juli 2007.

www.vs-verlag.de

VS VERLAG FÜR SOZIALWISSENSCHAFTEN

Abraham-Lincoln-Straße 46
65189 Wiesbaden
Tel. 0611.7878-722
Fax 0611.7878-400